甲醇汽车运行与技术实践

刘生全　陈镇功　著
兴连根　主审

人民交通出版社
北京

内 容 提 要

本书以工业和信息化部、国家发展和改革委员会、科学技术部开展的"甲醇汽车运行"项目中所采集、试验、检测数据为基础，从燃料与汽车两方面入手，通过对大量数据的分析与研究验证甲醇燃料与甲醇汽车技术的成熟性与实用性。全书共十四章和一个附录，较为完整地介绍了甲醇燃料、甲醇汽车运行中的相关技术状况。

本书可作为新能源汽车、石油化工专业本科生、研究生培养的参考用书，也可供醇醚燃料与汽车技术人员学习参考。

图书在版编目(CIP)数据

甲醇汽车运行与技术实践/刘生全,陈镇功著.
北京:人民交通出版社股份有限公司,2024.12.
ISBN 978-7-114-19855-7
Ⅰ. U469.76
中国国家版本馆 CIP 数据核字第 20240H0C72 号

书　　名：	甲醇汽车运行与技术实践
著 作 者：	刘生全　陈镇功
责任编辑：	李　良
责任校对：	卢　弦
责任印制：	刘高彤
出版发行：	人民交通出版社
地　　址：	(100011)北京市朝阳区安定门外外馆斜街3号
网　　址：	http://www.ccpcl.com.cn
销售电话：	(010)85285911
总 经 销：	人民交通出版社发行部
经　　销：	各地新华书店
印　　刷：	北京建宏印刷有限公司
开　　本：	787×1092　1/16
印　　张：	13.25
字　　数：	320 千
版　　次：	2024 年 12 月　第 1 版
印　　次：	2024 年 12 月　第 1 次印刷
书　　号：	ISBN 978-7-114-19855-7
定　　价：	69.00 元

(有印刷、装订质量问题的图书，由本社负责调换)

著者简介

刘生全，长安大学教授，全国醇醚燃料协会与醇醚汽车专业委员会原西安测试中心主任，曾任国家甲醇汽车试点运行专家组专家，陕西省甲醇汽车试点运行专家组组长，西安市甲醇汽车推广领导组委员。从事科学研究与教学工作40余年，主要研究方向为新型能源开发与汽车排放净化技术。结合汽车清洁燃料研究，1980年开始研究甲醇燃料及车用技术，1987年研究甲醇蒸气在汽车上的应用，1992年在陕西省政府指导下，为延安炼油厂与榆林甲醇厂（原名）研究了两种配方的车用M5甲醇汽油；1996年在科技部指导下，利用"全国清洁汽车行动"启动天然气燃料与汽车研究；1998年研究二甲醚燃料并获得第一个"醚基复合汽油"国家发明专利；2006年获得车辆应用清洁能源的"汽车灵活燃料控制器"国家发明专利；2007年鉴定了新一代低比例、高比例甲醇清洁汽油添加剂。目前进行的国家项目有"甲醇汽车推广应用""新能源、汽车与PM2.5"，其中"新能源、汽车与PM2.5"被评为国家级精品视频课程，也是国家实施"本科教学工程"建设的主要内容；承担的省级项目有"汽车甲醛、PM2.5非常规排放检测技术研究""陕西省甲醇清洁燃料地方标准"；部级项目有"甲醇清洁燃料汽车冷起动系统研究""甲醇燃料识别系统"等。近年来完成国家及省部级科研项目50多项，主持编制完成国家、地方、团体标准16套，其中《车用燃料甲醇》（GB/T 23510—2009）国家标准技术水平达到了国际先进水平。获得专利技术21项，发表研究论文70多篇，出版新能源类专著6部。完成的工业和信息化部、国家发展和改革委员会、科学技术部项目"基于甲醇汽车试点运行工程中的重大技术攻关研究"达到国际领先水平，并获得2021年陕西省科学技术进步进步一等奖，在多年的研究工作中获得了"陕西省产学研联合开发工程先进工作者"与陕西省"三秦人才"奖励。

陈镇功，高级经营管理师，长期从事清洁能源技术的研究与营销管理工作，担任东营科林化工有限公司负责人，对于醇基燃料与甲醇汽油的配伍技术、添加剂技术等具有深入的研究，尤其在醇基车用燃料、民用燃料的应用与燃烧设备上有丰富的技术积累。获得国家专利两项，并于2022年12月获取了南非高效环保型改性甲醇复合燃料及其制备方法的专利证书。

本书编写人员

刘生全　陈镇功　李　鹏　林国庆
滑海宁　李立民　李阳阳　陈梦洁
曹丽娜　门连祥　张　鹏

前言 Preface

工业和信息化部针对我国汽车工业快速发展和石油资源供给瓶颈制约以及严峻的节能减排形势,从2009年起启动了甲醇汽车相关研究工作,重点开展了高比例甲醇燃料替代汽油、柴油的研究,组织专题组对甲醇汽车所涉及的能源、环保、安全、技术、经济等问题进行了综合研究,委托有关机构进行了甲醇燃料与汽油、柴油、乙醇汽油的排放检测对比试验,开展了甲醇汽车安全性评价。在对相关研究试验结果进行充分分析和评估后,2012年1月,工业和信息化部印发《关于开展甲醇试点工作的通知》(工信部节〔2012〕42号),文件中安排在两省一市(陕西省、山西省、上海市)进行甲醇汽车试点运行,2014年又增加甘肃省、贵州省两省加入甲醇汽车试点运行行列。

在陕西省,西安市、汉中市各试点运行甲醇出租汽车20辆,宝鸡市试点运行甲醇出租汽车200辆、微型客车15辆,榆林市试点运行甲醇载重车5辆,陕西省是全国试点运行甲醇车辆类型与数量最多的省份。

2017年7月12日,工业和信息化部、国家发展和改革委员会、科学技术部召开"国家在陕甲醇汽车试点工作验收会",西安市、宝鸡市与榆林市甲醇汽车顺利通过验收。2018年2月8日,全国最后一个试点城市汉中市甲醇汽车试点运行通过验收,与此同时专家委员会对国务院的报告也已形成,实践证明了甲醇燃料的性能优于汽油,甲醇汽车各项性能优于汽油发动机汽车。2019年3月,工业和信息化部、国家发展和改革委员会等八部门联合下发了《关于在部分地区开展甲醇汽车应用的指导意见》(工信部联节〔2019〕61号),首次从国家层面认可了甲醇燃料,给予了甲醇汽车一定的发展空间,正是在这一文件的指导下,陕西省提出发展甲醇汽车两万辆的目标。西安市从2018年12月开始运行甲醇出租汽车,目前正常运行甲醇汽车8124辆,甲醇加注站36座;宝鸡市运行甲醇汽车585辆;贵阳市运行甲醇汽车将近20000辆;甘肃省运行甲醇汽车200多辆。西安市第一批运行的甲醇出租汽车单车行驶里程已将近100万km。甲醇汽车的成功运行对于促进城市治污减霾、降低天然气用气恐慌与推动经济发展起到了重要作用。

在甲醇作为车用燃料的研究方面,国家、地方、大专院校、研究机构多年来投入了巨大的物力、财力、人力,不论是燃料技术还是车用技术,都取得了一大批研究成果,并在甲醇燃料车辆的多年运行中验证了这些技术的实用性与成熟性,从目前的情况来看,车用甲醇燃料的推广应用已经不是简单的技术层面上的问题。甲醇燃料与甲醇汽车的推广是一件利国、利民的大事情,缺失的是国家政策。迄今为止,国家对甲醇燃料的发展没有任何优惠政策,既没有乙醇燃料那样的燃料补贴,也没有电动汽车那样的车辆补贴,甲醇汽车的发展应用步履艰难。

需要特别说明的是,甲醇从化工原料走向燃料,有人认为这是因石油面临枯竭才想到的代替之举,殊不知甲醇之所以没有用于燃料是有两方面的原因,其一是20世纪甲醇的价格远高于汽油,其二是甲醇是一种精细化工品,单一甲醇纯度高达99.9%以上,这么精、纯的化工品用于汽车燃料确实是一种浪费。在我国甲醇生产企业从年产几万吨规模到目前年产300多万吨的情况下,甲醇价格已大幅度下降,有了价格与数量的双重保障后甲醇才有可能用于燃料。甲醇替代汽油是先进取代落后、清洁替代高污染,是我国燃料升级换代的一个绝佳机遇,甲醇燃料产业也是一个新兴产业,希望有识之士能有更广泛的认识,尤其是取得相关主管领导的理解,这也正是编写本书所期待的事情。

本书是以甲醇汽车运行中所采集、试验、检测数据为基础,从燃料与汽车两方面入手,通过对大量数据的分析与研究验证甲醇燃料与汽车技术的成熟性与实用性,同时为确保数据的准确性与真实性,本书数据所有检测单位必须具有相应的检测资质。

本书共十四章和一个附录。前十三章分别从燃料的供给与检测、润滑油的性能检测、车辆排放污染物的检测、车辆空燃比的检测及甲醇汽车的改装等方面分析论证了甲醇燃料与甲醇汽车的优势。第十四章聚甲氧基二甲醚,主要是纠正人们总是想将甲醇也应用于柴油发动机(压缩燃烧)上的误区,理想的柴油替代燃料是聚甲氧基二甲醚,而不是甲醇。附录整理了甲醇汽车运行时工业和信息化部、陕西省、西安市及宝鸡市出台的相关政策。

本书由长安大学与东营贸顺新能源科技有限公司合作完成,为了保证书中相关数据的准确无误,东营贸顺新能源科技有限公司对相关数据进行了进一步试验确认,为此做了大量的工作。

甲醇作为燃料产业才刚刚兴起,有许多政策需要理顺,有许多应用性的问题需要研究,愿本书对行业相关人员能有所启迪,对甲醇燃料及汽车行业技术人员能有所帮助。限于作者水平,书中难免出现错误与不当之处,敬请广大读者批评指正。

著 者

2024年7月

目录 Contents

第一章 甲醇汽车运行与技术实践概述 ……………………………………………… 1
- 第一节 甲醇汽车运行的基本概况 ……………………………………………… 1
- 第二节 车辆运行的组织与措施 ………………………………………………… 2
- 第三节 车辆运行的目标、分工与实施 ………………………………………… 4
- 第四节 甲醇汽车试点实际运行情况 …………………………………………… 6
- 第五节 车辆运行取得的成果 …………………………………………………… 7
- 第六节 推广甲醇汽车应用应落实的几个问题 ………………………………… 8

第二章 运行车辆与数据采集 ……………………………………………………… 9
- 第一节 运行车辆技术参数 ……………………………………………………… 9
- 第二节 数据采集与组织 ………………………………………………………… 12
- 第三节 技术数据采集与报表 …………………………………………………… 14

第三章 甲醇燃料 …………………………………………………………………… 18
- 第一节 甲醇及用途 ……………………………………………………………… 18
- 第二节 甲醇燃料与汽油的理化特性对比 ……………………………………… 19
- 第三节 甲醇燃料的分类 ………………………………………………………… 22
- 第四节 甲醇燃料的技术指标与标准 …………………………………………… 23
- 第五节 甲醇燃料性能委托检验 ………………………………………………… 27
- 第六节 甲醇燃料出厂检验 ……………………………………………………… 31

第四章 甲醇汽车运行里程与燃料消耗数据采集与分析 ………………………… 34
- 第一节 甲醇汽车运行里程数据分析 …………………………………………… 34
- 第二节 甲醇汽车 M100 燃料消耗量数据分析 ………………………………… 36

第五章 甲醇汽车发动机过量空气系数采集与分析 ……………………………… 50
- 第一节 过量空气系数 λ ………………………………………………………… 50
- 第二节 λ 数据测试设备与数据分析 …………………………………………… 51

第六章 甲醇汽车常规排放污染物数据采集与分析 ……………………………… 55
- 第一节 常规排放污染物 ………………………………………………………… 55
- 第二节 甲醇汽车双怠速排放污染物检测 ……………………………………… 56
- 第三节 稳态工况法排放检测 …………………………………………………… 63

第七章 甲醇汽车甲醛排放检测分析 ……………………………………………… 68
- 第一节 甲醛的用途与危害 ……………………………………………………… 68

  第二节 甲醛污染国内外研究现状 ·· 69
  第三节 甲醛测试仪及数据采集 ·· 71
  第四节 影响甲醛生成的因素 ·· 83
第八章 甲醇加注站空气中甲醇浓度检测 ··· 85
第九章 甲醇汽车润滑油性能检测与数据分析 ·· 88
  第一节 甲醇汽车润滑油检测标准和检测项目 ···································· 88
  第二节 抽检车辆 ·· 90
  第三节 抽检车辆检测结果 ·· 91
第十章 甲醇汽车性能试验与数据分析 ·· 94
  第一节 甲醇汽车性能试验项目与条件 ··· 94
  第二节 甲醇汽车性能试验结果分析 ·· 96
第十一章 甲醇燃料汽车改装技术 ·· 107
  第一节 改装的目的与问题 ·· 107
  第二节 甲醇汽车改装的技术线路 ··· 108
  第三节 甲醇汽车的改装 ·· 110
  第四节 甲醇含量传感器 ·· 113
第十二章 甲醇汽车推广应用 ·· 120
  第一节 甲醇汽车试点运行 ·· 120
  第二节 甲醇汽车运行研发的核心技术 ··· 121
  第三节 甲醇汽车运行的验收与技术评价 ·· 128
  第四节 甲醇汽车的推广与运行 ·· 133
  第五节 甲醇汽车运行项目获奖 ··· 143
第十三章 甲醇燃料与甲醇燃料汽车的综合评价 ····································· 145
  第一节 动力性能与燃料经济性评价 ·· 145
  第二节 甲醇汽车环保性评价 ·· 148
  第三节 甲醇燃料安全性评价 ·· 153
  第四节 甲醇燃料的再生性 ·· 155
第十四章 聚甲氧基二甲醚 ··· 156
  第一节 聚甲氧基二甲醚与柴油性能的差异 ····································· 156
  第二节 聚甲氧基二甲醚的研究 ·· 160
  第三节 PODE 燃料的理化特性 ··· 162
  第四节 PODE 燃料燃烧的清洁性 ··· 170
  第五节 PODE 燃料的使用性能 ·· 178
附录 推动甲醇汽车发展的指导性政策 ··· 183
  第一节 甲醇汽车发展的指导性文件汇总 ·· 183
  第二节 工业和信息化部文件 ·· 186
  第三节 陕西省人民政府及相关部门文件 ·· 195
  第四节 西安市人民政府及相关厅局文件 ·· 200
  第五节 宝鸡市人民政府及相关厅局文件 ·· 203

第一章　甲醇汽车运行与技术实践概述

第一节　甲醇汽车运行的基本概况

从2012年1月开始,根据工业和信息化部《关于开展甲醇试点工作的通知》(工信部节〔2012〕42号)要求,在两省一市(陕西省、山西省、上海市)进行甲醇汽车试点运行,2014年该工作改为工业和信息化部(简称工信部)、国家发展和改革委员会(简称国家发改委)及科学技术部(简称科技部)主导,之后又增加甘肃、贵州两省为试点省份。该项目于2018年2月陕西省汉中市验收后第一阶段结束。

陕西省甲醇汽车试点运行研究项目(以下简称项目)参加试点运行的城市有:西安市、宝鸡市、汉中市、榆林市。其中,西安市试点出租汽车20辆,宝鸡市试点出租汽车200辆(试验采集数据100辆),微型客车15辆,汉中市试点出租汽车20辆,榆林市试点甲醇载重汽车5辆。陕西省是全国试点甲醇汽车数量最多、试点车辆类型最多的省份。各参与城市工信委(局)具体负责项目的组织与实施。

该研究项目完成了对高比例甲醇汽车适应性、可靠性、经济性、安全性、环保性评价;编制了甲醇汽车产品相关技术规范、标准,建立了甲醇汽车相关标准体系;提出高比例甲醇汽车替代燃料相关配套基础设施改造、建设和管理规范;研究提出了甲醇汽车产业政策建议。这些为全面科学评价甲醇燃料汽车技术现状、积累甲醇汽车运行管理经验、推动甲醇燃料汽车的应用提供了理论与实践依据。

该项目研究、试验过程中,遵照《甲醇汽车试点技术数据采集管理办法》规定,采集了试点车辆、燃料加注、人体健康的完整数据;开发了陕西省甲醇汽车数据库,保证了各试点城市车辆运行数据的储存、调取、分析与处理;按照国家相关标准进行了汽车性能、燃料理化指标、润滑油指标、环境监测和常规/非常规排放污染数据等项目检测,从而系统地掌握了甲醇汽车运行的状况。

由长安大学组建的甲醇汽车数据采集中心全程检测了试点车辆过量空气系数 λ 值及检测机构检测的常规排放污染物 CO、HC、NO,经过数据处理与研究分析符合国家标准;试点车辆的 PM2.5 与甲醛排放,符合工信部试点车辆技术要求,进一步验证了甲醇汽车的清洁性。

对试点车辆所用燃料及润滑油的研究表明,试点车辆甲醇燃料生产企业产品质量符合国家标准,满足试点要求,检测过程也表明了修订甲醇燃料标准的紧迫性及开发甲醇汽车专用润滑油的重要性。

项目研究了甲醇汽车的应用性能,依据西安汽车产品质量监督检验站进行的汽车"直接挡(5挡)最低稳定车速试验""直接挡(5挡)节气门全开加速试验""起步换挡加速试验""限定条件下60km燃料消耗量试验""限定条件下90km燃料消耗量试验",结合理论分析,甲醇汽车动力性能优于汽油发动机汽车。

项目研究过程中翔实记录了涉醇人员健康体检数据,试点过程未发生任何安全事故及群发性案例,结合环境监测报告,表明了甲醇燃料的使用安全性。

项目中结合甲醇汽车试点进行了相关政策、标准体系、适应性及甲醇汽车零部件保护等专项研究,具有较高的理论与学术水平,知识面广,为甲醇汽车产业的深化发展奠定了良好的基础,同时为从业人员编制的技术培训资料具有较强的实用性。

在项目研究过程中,西安市甲醇试点车辆运行总行驶里程为5745241km,单车平均总行驶里程为287262.05km;试点车辆平均百公里甲醇消耗量为15.58L,90km替代率为1.77;宝鸡市甲醇出租汽车运行总行驶里程为18928665km,单车平均总行驶里程为189286.65km,平均百公里甲醇消耗量为15.4L,90km替代率为1.76;汉中市甲醇试点车辆单车平均行驶里程为201068km,平均百公里甲醇燃料消耗量15.66L,按月计算甲醇替代比为1.4~1.73;榆林市甲醇/柴油双燃料自卸车单车最高行驶里程为79817km,柴油/甲醇双燃料模式车辆车均行驶71406km,重载替换率34%。

陕西省甲醇汽车试点运行研究项目组经过4年多的不懈努力,全部完成了陕西省西安市、宝鸡市、汉中市和榆林市项目方案中规定的全部研究、试验和运行工作。2017年7月12日,西安市、宝鸡市、榆林市,2018年2月8日汉中市甲醇汽车试点运行通过了由工业和信息化部、国家发展和改革委员会、科学技术部联合专家组的验收。

2018年项目转入规模性应用。目前,陕西省已建成甲醇燃料调配中心11座,西安市建成甲醇燃料加注站36座,运行甲醇出租汽车8124辆;宝鸡市建成甲醇燃料加注站3座,运行甲醇出租汽车585辆。项目研究于2020年11月19日完成了陕西省技术转移中心进行的科学技术评价,项目技术被评为国际领先水平,并于2021年获得陕西省科学技术进步一等奖。

第二节 车辆运行的组织与措施

一、落实甲醇汽车运行地区与车辆

根据工信部启动会议精神,结合陕西省实际,充分考虑资源禀赋和基础设施条件,首先确定在西安、宝鸡、咸阳、榆林和汉中五市开展试点,并组织各试点市按工信部节〔2012〕42号文件要求编制了《甲醇汽车试点实施方案》。试点车辆采用陕汽集团研发的甲醇载重车、陕西通家公司生产的甲醇微型车和吉利汽车公司生产的甲醇小汽车。具体车辆安排为:5辆甲醇载重车安排在榆林市一条固定运煤线路运行;15辆甲醇微型车安排在宝鸡市邮政局,进行邮政运输;西安、汉中市各20辆甲醇小汽车以出租汽车方式运营。燃料由延长中立公司、宝姜石化公司和盛隆石化公司调配供应。项目总技术保障由长安大学负责。

二、加强试点组织领导

按照工信部和陕西省政府第22次专题会议要求,2012年10月陕西省政府成立了由时任省政府常务副省长任组长,分管工业副省长任副组长的"陕西省甲醇燃料推广与甲醇汽车试点协调领导小组",成员单位由发改、工信、商务等12个省级部门组成,加强试点工作组织领导。与此同时,宝鸡市、咸阳市、榆林市和汉中市也相继成立了由市政府分管领导任组长,市工信、交通、商务、质监、安监、环保等相关职能部门为成员单位的甲醇汽车试点工作领导小组;西安市将试点纳入了发展节能与新能源汽车协调领导小组,进行协调管理。领导机构的成立为推进试点工作的开展提供了有力的组织保证。

三、强化技术保障措施

(1)成立了"陕西省甲醇汽车试点工作专家组",选聘13位在汽车、内燃机、石油、环境、临床医学、油品等方面具有专长的专家,为试点提供技术支持和咨询服务。

(2)选定长安大学为技术支撑单位,承担数据采集、性能检测、汇总分析、数据库建设和阶段性评估等任务,组建了专门的试点运行技术团队,购置了相应的检测和数据采集仪器设备,制订了科学的数据采集及跟踪检测方案。

(3)甲醇汽车生产厂家陕汽集团、吉利汽车公司和陕西通家公司,负责油料调配供应的延长中立、宝姜石化公司和盛隆石化公司,以及研发生产添加剂的亚能石化等公司,为推进试点工作开展都增加科技投入,设立售后服务站点,制订保障方案、技术规范和安全预案等。

四、争取政策资金支持

必要的政策支持是有效推进试点工作开展的重要保证。为此,从陕西省财政资金和自有资金中,安排855万元专项用于试点工作,其中50万元为工作经费、260万元为数据采集和检测费用、500万元用于补助试点企业。配套资金的落实,有力地缓解了在开展试点培训、体检、数据采集和检测、加注设施建设等方面的费用问题,保证了试点工作的有效推进。同时,经省政府同意,陕西省物价局印发了《关于放开甲醇汽油销售价格的通知》(陕价商发〔2015〕23号)、省发改委等六部门印发了《关于有序做好车用甲醇汽油(燃料)推广工作的通知》(陕发改油气〔2016〕113号),全面放开了甲醇汽油价格,实行市场调节价,对保障试点的燃料供应产生了积极作用。

五、突出抓好试点数据采集管理工作

试点车辆数据的采集分析管理,是关系试点成败的关键环节。按照工信部《甲醇汽车试点技术数据采集管理办法》,及时印发了陕西省《关于做好甲醇汽车试点运行期间数据采集工作的通知》(陕工信发〔2013〕19号),要求各试点市和参与单位要加强对数据采集工作的组织领导,指定专人,落实责任,认真做好试点数据的采集、汇总和上报工作。

(1)建立数据采集管理系统。委托长安大学具体负责做好数据采集管理工作。一是采用先进的数据库管理软件,开发建立了"陕西省甲醇汽车试点数据库"系统。二是组建了专门的试点运行技术团队,购置了相应的检测和数据采集仪器设备,制订了科学的数据采集及跟踪检测方案。三是做好系统运行的维护和培训,确保数据报送通道顺畅。

(2)制订数据采集管理制度。按照工信部要求,对试点数据采集管理工作进行安排部署。一是明确各试点市和运营单位是做好数据采集管理工作的责任主体,要认真做好数据采集和报送等工作,由长安大学统一进行汇总和分析评估。二是细化了数据采集内容,制订了试点运行数据采集表和相应的填写说明,规范数据采集工作。三是规定了数据采集、汇总和报送的具体时间、任务分工和报送流程。

(3)做好试点数据采集检测和分析。在数据采集方面,针对已运行的140辆甲醇出租汽车、15辆微型车和5辆载重车,各相关市加强了数据采集工作,建立了各类试点数据档案和车

辆运行信息台账。一是对甲醇出租汽车驾驶员及涉醇人员进行了职业健康体检,建立了健康档案。二是每日记录车辆加注甲醇燃料量和行驶里程数,每 10 日进行一次统计,每月做一次总结分析,形成甲醇汽车运行数据档案,做到一车一档。三是全程跟踪车辆运行情况,在指定 4S 店统一进行车辆维护和修理,建立了车辆维修台账和维护档案。四是定期对车辆尾气排放进行检测,建立了甲醇汽车尾气排放数据档案。五是建立了驾驶员信息、车辆信息等管理档案,实现了对甲醇出租汽车运行的全程监控。初步完成了对甲醇出租汽车、微型车和载重车整车性能、发动机性能、常规及非常规污染物排放和车辆燃料加注情况的采集汇总。

同时,试点运行期间,为确保试点工作的持续有效安全开展,先后组织西安、宝鸡、榆林和汉中市与试点相关的人员进行了 165 人次培训,针对试点专门编制了适合不同操作人员使用的《车用甲醇燃料应用技术》(人民交通出版社出版发行)和适合甲醇行业技术人员使用的《醇醚燃料与汽车应用技术》(机械工业出版社出版发行),指导和规范相关作业人员的安全操作,保证试点工作安全顺利进行。

第三节　车辆运行的目标、分工与实施

一、车辆运行的目标

完成甲醇汽车适用性、可靠性、安全性、方便性、环保性和经济性等方面的综合评价工作;完成甲醇汽车相关技术规范的制定,建立甲醇汽车相关标准体系;结合本市的地区特点,提出高比例甲醇汽车替代燃料相关配套设施建设和管理规范;研究提出推进甲醇汽车产业发展的相关政策建议等,探索一条较为完善的适合我国国情的甲醇汽车产业发展政策法规体系。

二、西安市车辆运行的任务分工

1. 运行分工

运营车队由西安亚辉汽车运输有限公司负责,车辆为 20 辆纯甲醇汽车;燃料供给由陕西宝姜新能源有限责任公司负责,建设一座甲醇燃料撬装站,提供 M100 高比例甲醇车用燃料;运行车型为吉利控股集团汽车有限公司英伦 SC7 甲醇(M100)轿车,吉利控股集团汽车有限公司负责车辆的日常维修及技术咨询服务工作。

2. 部门分工

西安市工信委负责甲醇汽车试点的牵头工作,市发改委负责相关政策的制定工作,市交通运输局负责试点车辆运行相关手续办理工作,市商务局负责 M100 甲醇燃料加注站的审批工作,市质监局负责甲醇燃料质量及销售计量的监督检查工作,市公安局负责甲醇汽车注册登记工作,市劳动局负责试点过程中工作人员的健康监控工作,市出租汽车管理处负责甲醇出租汽车试点车队运行相关证照的办理并制定相关规章制度工作,市机动车辆管理所配合做好甲醇汽车的牌照办理、审验工作。

三、宝鸡市车辆运行的任务分工

1. 运行分工

(1)吉利汽车集团:负责成立出租汽车公司,购置试点车辆,办理运营手续,做好甲醇出

租汽车的运营管理;按要求完成试点车辆运行及工作人员健康数据的采集、汇总上报,定期对车辆进行维护、检测等工作。

(2)陕汽通家公司:负责完成试点用甲醇微型车的公告与运营手续,提供15辆试点用车,编制车辆使用维修手册。根据采集数据及时研究分析试点车辆各项性能及排放达标情况,提出改进措施。

(3)燃料供给单位:负责建设车用甲醇燃料调配设施、设备、燃料性能检测仪器,调配车用甲醇燃料,保障试点车辆用油。编制甲醇燃料调配中心、加注站点事故应急预案和安全操作手册,对驾驶员、加注人员、维修人员进行甲醇燃料安全使用培训。

依托省甲醇汽车试点工作专家组,建立专家组与参与单位的互动机制,充分发挥专家队伍在甲醇汽车试点工作中的咨询支持作用,指导相关单位进行甲醇汽车及核心零部件等技术研究及技术创新。

2. 部门分工

(1)宝鸡市工信局:完善甲醇出租汽车试点工作方案,并报省工信厅审核后提请工信部专家组评审;负责向上级单位争取支持试点工作的政策和资金;负责衔接试点技术数据采集工作。

(2)宝鸡市交通运输局:负责出租汽车公司的经营许可,确定运营模式、运营区域,负责行业监管,配合市工信局做好技术数据采集工作。

(3)宝鸡市财政局:负责给予经费支持,研究制定并落实甲醇出租车补贴政策。

(4)宝鸡市商务局:负责市区甲醇燃料加注站的建设、审批及相关工作。

(5)宝鸡市公安局:负责甲醇出租汽车登记及车辆常规检测等工作,督促落实各个环节事故应急救援预案。

(6)宝鸡市卫生局:负责组织涉醇人员体检工作。

(7)宝鸡市环保局:负责做好甲醇燃料生产、存储、使用等环节中甲醇含量及汽车尾气排放对环境质量影响的监测。

(8)宝鸡市物价局:协调制定有利于试点的甲醇燃料销售价格。

(9)宝鸡市质监局:负责高比例甲醇燃料质量、计量及使用的特种设备、操作人员的监管,协调制定高比例甲醇燃料添加剂、调制中心、加注站和建设技术标准。

(10)宝鸡市安监局:负责按照危险化学品管理的有关规定及时核发经营许可证,负责甲醇出租汽车试点工作的安全管理。

(11)宝鸡市工商局:负责甲醇出租汽车公司注册手续办理工作。

(12)宝鸡市消防支队:负责甲醇燃料调配、存储、运输安全防火管理规范的制定,督促落实各环节事故应急救援预案。

(13)宝鸡市邮政局:负责15辆甲醇微型客车的日常运行及管理,按要求对车辆进行维护并将相关数据按要求上报。

四、车辆运行的实施

西安市实施期限为2年6个月,2017年3月完成试点运营工作。具体为:2012年7月—11月,开展试点方案的编制工作,组建示范车队,完成甲醇加注站选址建设工作;2014年9月—2017年3月,开展数据采集上报、相关工作人员身体健康定期检查、车辆定期维护等工作;2017年2月—3月,围绕试点目标任务,对甲醇汽车性能指标、车辆运行、标准、规范、加注体系、相关政策等方面进行评估,完成总结评估报告。

宝鸡市车辆投放分两批进行,2014年11月18日投放100辆,结合2014年下半年出租汽车更新工作开展并纳入试点运行车辆,2015年12月底投放100辆,结合2015年出租汽车更新工作完成,采用公司自主运行。驾驶员实行员工化管理,进行严格的从业资格审验以及甲醇汽车的安全文明驾驶培训,按照甲醇汽车维修标准定期维护车辆并准确提供相关数据信息采集,实现对车辆准班准点、运行安全的管控,可保障本次试点甲醇汽车性能参数的获得和有关数据的采集。

宝鸡市邮政局15辆微型客车同样分两批进行,第一批为9辆,第二批为6辆,主要用于日常货物运送。宝鸡市邮政局运行车辆严格执行《宝鸡市邮政生产车辆管理办法》《生产车辆停放、使用管理办法》以及《生产车辆维护实施细则》,加强车辆运行安全培训学习与基础管理,落实"三检"制度,强化日常安全检查,积极配合做好各项采集数据的汇总上报工作,确保甲醇汽车试工作顺利进行。

第四节 甲醇汽车试点实际运行情况

甲醇汽车试点运行过程中,陕西省严格按照工信部批复的各试点市甲醇汽车试点实施方案推进试点工作,工作进度、数据采集、车辆试验及研究等各项任务得到严格落实,对照批复方案中的目标任务,西安、宝鸡市均全部完成,榆林市完成了载重车的试点任务,汉中市试车正在进行,试点运行获得较好效果。

对照实施方案中的目标任务、运行指标,进行了4年的试车运行,通过采集试点车辆运行数据和分析论证,完成了高比例甲醇汽车适用性、可靠性、经济性、安全性、环保性评价研究;初步建立起了甲醇燃料检测、汽车试验、维护、整车及关键零部件的技术规范和行业及地方标准;完善了甲醇燃料调配、运输、加注基础设施,编制了实用性强的安全操作规程与应急预案;按照卫生部门相关标准对试点过程中的涉醇人员进行了身体健康检查,没有发现高比例甲醇燃料对人体造成伤害的情况。

试点过程中进行了甲醇汽车空燃比的定期检测,CO、HC、NO_x常规排放的跟踪检测及非常规排放甲醛、$PM2.5$的测试,为验证甲醇汽车的清洁性获得了大量的一线资料。通过对试点燃料、添加剂、润滑油等的检测进一步证实了甲醇燃料的可行性;通过汽车的道路性能试验,表明了甲醇汽车的性能优于普通汽油机汽车;试点详细记录并整理出了车辆的运行里程和燃料消耗量,并与汽油、天然气车辆的燃料经济性进行了对比分析,证明甲醇作为车用燃料清洁、可行,甲醇汽车的运行是成功的。详细的数据将在下文中介绍。

通过此次甲醇汽车的试点运行,陕西省初步形成了以长安大学为基础的技术研究机构,以陕西省交通新能源开发应用、汽车节能重点实验室及西安汽车产品质量监督检验站为支撑的汽车试验检测机构;形成了以陕西省能源质量检验所及化工检验所为首的燃料检测机构,以陕汽集团为龙头的甲醇汽车研发、生产企业,以陕西延长集团为主的燃料供给企业。甲醇汽车试点不仅促进了相关研发机构和技术团队的形成和建立,而且也为国家及陕西省甲醇汽车和甲醇燃料的产业化发展积累了示范经验。

第五节　车辆运行取得的成果

一、验证了甲醇汽车的清洁性

从常规排放检测结果来看,甲醇汽车的 CO、HC、NO_x 排放远低于汽油发动机汽车,检测数据全部符合国家标准,约 50% 的车辆 CO 排放接近零,HC 排放在 $20×10^{-6}$ 以下,绝大部分小于 $5×10^{-6}$,90% 的车辆 NO_x 排放低于 $50×10^{-6}$;所测试的过量空气系数(λ)符合国家标准要求,并在偏稀的理想范围内,达到了设计与运行中的要求。同时,甲醛抽检车辆排放数值在 $0.15\sim0.25mg/m^3$ 范围内,相当于 $0.03\sim0.04mg/km$,远低于工信部对试点车辆 $10mg/km$ 的水平要求。

PM2.5 是雾霾的主要成因,试点运行对于 PM2.5 排放检测没有统一规定,为检验甲醇汽车的 PM2.5 排放,陕西省数据采集中心按照长安大学开发的检测方法,对部分试点车辆进行了抽检,90% 抽检车辆 PM2.5 排放低于 $1000\mu g/m^3$,大约相当于 $200\mu g/km$,50% 的抽检车辆 PM2.5 排放低于 $500\mu g/m^3$,大约相当于 $100\mu g/km$。PM2.5 的排放浓度取决于燃料的碳原子数与添加剂,甲醇只有一个碳原子,检测结果证实了甲醇汽车的低细颗粒排放,对治理雾霾有积极作用。

榆林甲醇柴油载重车炭烟排放范围为 $0.04\sim0.32m^{-1}$,远低于普通柴油车辆,证实了甲醇柴油载重车的清洁性。

二、完成了甲醇燃料经济性评价

以宝鸡市 2015 年 10 月甲醇试点车辆数据为例,单车平均行驶里程 10595.54km;百公里平均甲醇消耗量 15.6L,汽油消耗量 0.31L。车辆完全燃用汽油时的百公里汽油消耗量以 9.8L 计算,甲醇、汽油比为 1.59。汽油价格 5.86 元/L,压缩天然气(CNG)价格 3.7 元/m^3(以 9.8m^3/100km 计算),甲醇价格按 1.9 元/L 计,则每百公里花费汽油车为 57.428 元、CNG 车 36.26 元,甲醇车为 29.64 元,百公里燃用甲醇比燃用纯汽油便宜 27.788 元,比天然气便宜 6.62 元。

甲醇与汽油车辆燃料经济性上具有较大优势,与天然气汽车相比,在具有一定规模的情况下,考虑一次燃料加注甲醇汽车行驶里程大于天然气汽车,甲醇汽车运营占有一定优势。在一定规模运营下,甲醇燃料的调配、加注站、车辆运营公司、车辆驾驶人员等环节都能够获得一定效益。

三、进行了相关标准体系建设

修订了陕西省地方标准两项:《车用甲醇汽油(M15)》(DB 61/T352—2013)、《车用甲醇汽油(M25)》(DB61/T 353—2013)。形成标准指标体系两项:甲醇燃料添加剂标准指标体系、M85 甲醇汽油组分油指标体系。

四、通过试点运行取得的科研成果

(1)2021 年度陕西省科学技术进步一等奖;

(2)《车用甲醇燃料应用技术》由人民交通出版社出版发行；
(3)《醇醚燃料与汽车应用技术》由机械工业出版社出版发行；
(4)国家级精品视频公开课《新能源、汽车与PM2.5》；
(5)陕西省"13115"重大专项"甲醇车用清洁能源关键应用技术研究"；
(6)新能源产业化政策研究；
(7)甲醇燃料产业标准体系研究；
(8)甲醇汽车的适应性研究；
(9)甲醇燃料泵的耐久性研究；
(10)甲醇燃料汽车动力性与经济性评价；
(11)甲醇燃料、汽车的环保性评价。

五、经过试点获得的专利技术

获得发明专利4项：一种甲醇汽油润滑性的测定方法(ZL 2012 1 0520463.1)；一种高比例甲醇汽油添加剂(ZL 2011 10217729.0)；M15甲醇汽油和M85甲醇汽油的调配装置及调配方法(ZL 2011 1 0219157.X)；一种汽车燃料控制方法及控制器(ZL 2011 1 0218929.8)。实用新型专利1项：一种甲醇汽油中甲醇含量在线测量装置(ZL 2014 2 0733539.3)。

六、培养的研究团队与人才

通过甲醇汽车试点工作，培养甲醇燃料汽车研究团队1个，培养博士研究生3名、硕士研究生25名，培养出的人员已走上工作岗位，在新能源汽车领域发挥着骨干作用。通过甲醇汽车试点研究共发表论文22篇，其中SCI收录3篇，EI收录2篇，其他核心期刊3篇。

第六节 推广甲醇汽车应用应落实的几个问题

经过甲醇汽车试点运行，完成了试点任务，达到了设定的目标，积累了试点运营经验，为进一步推动甲醇汽车和甲醇燃料的产业化发展，根据甲醇汽车试点运行情况，以下四个方面应该给予高度重视：

(1)我国的甲醇产量、产能位居世界首位，甲醇生产主要有焦炉气制甲醇、合成氨联醇、劣质煤制甲醇及绿醇四条技术路线，均属于资源综合利用范畴，具有得天独厚的优势，同时基于经过实施甲醇汽油示范运行与甲醇汽车试点工作，已基本具备了甲醇汽车推广应用的各项保障条件、基础设施和运营经验，建议国家相关部门组织开展甲醇汽车推广应用。

(2)工信部可尽快将甲醇汽车纳入新能源汽车范围，享受新能源汽车的相关优惠政策，或利用工信部节能减排资金给予支持，切实通过有效的政策激励，推动甲醇汽车的产业化发展。

(3)在重型汽车领域，加大甲醇载重车攻关力度，工信部及相关专家给予支持。拓展甲醇汽车应用范围，带动醇醚燃料产业发展。

(4)加快完善包括M100甲醇燃料标准在内的一系列甲醇汽车、甲醇燃料国家标准体系建设。

第二章 运行车辆与数据采集

第一节 运行车辆技术参数

一、甲醇出租汽车技术参数

按照《关于开展甲醇汽车试点工作的通知》(工信部节[2012]42号)附件1"甲醇汽车产品技术要求"的要求,吉利集团完成了匹配JL479QAJ/JL481QJ两款甲醇动力的第二代M100甲醇轿车(即SMA7151K05M型、SMA7181K04M型海景甲醇轿车)产品开发。该产品通过了各项检测及认证,获得工信部2012年第45号《车辆生产企业及产品(第240批)公告》发文许可,成为我国首个获得甲醇汽车公告的产品,也是甲醇汽车试点工作启动后使用的首款甲醇汽车产品。随后吉利集团又陆续开发了JL7152K13M、JL7182K04M等多款甲醇轿车并获得了公告(表2-1)。其中,用于甲醇汽车试点的JL7152K13M型吉利海景甲醇车,是吉利集团的第二代甲醇轿车,搭载1.5L排量的JL479QAJ甲醇发动机,获得工信部2013年第20号《车辆生产企业及产品(第247批)公告》发文许可。

吉利海景 JL7152K13M 甲醇车车辆信息　　　　表2-1

	车辆型号	吉利英伦SC7(海景)SMA7181K04M、SMA7151K05M(1.5L排量)
整车参数	长×宽×高(mm×mm×mm)	4682×1725×1485
	轴距(mm)	2602
	整备质量(kg)	1256
	车身结构	全金属整体结构承载式车身
	悬架系统	前:麦弗逊式独立悬架; 后:纵向摆臂抗扭式复合悬架
	制动系统	前通风盘式/后盘式
	油箱容积(L)	53(甲醇);10(汽油)
	轮胎规格(备用轮)	205/55R16(195/60R15)
	最大转矩[N·m/(r/min)]	汽油128/3400;甲醇135/3400
	最高车速(km/h)	165
	综合工况油耗(L/100km)	汽油≤7.3;甲醇≤12
发动机变速箱参数	发动机型号	JL479QAJ
	发动机类型	直列四缸双顶置凸轮轴16气门电子喷射
	排量(L)	1.498

续上表

	车辆型号	吉利英伦 SC7（海景）SMA7181K04M、SMA7151K05M（1.5L 排量）
发动机变速器参数	发动机额定功率[kW/(r/min)]	汽油 69/6000；甲醇 75/6000
	变速器	五挡手动

西安市甲醇出租汽车采用的是吉利牌 JL7152K13M 型甲醇轿车，该车型是吉利集团的第二代甲醇轿车，搭载 1.5L 排量的 JL479QAJ 甲醇发动机（图2-1）。

陕西省宝鸡市甲醇出租汽车均采用吉利海景甲醇轿车，试点运行的车辆总数为 100 台。根据《宝鸡市甲醇汽车试点实施方案》文件精神，吉利集团于 2014 年 8 月生产 100 台甲醇汽车，并交付给宝鸡海景出租汽车有限公司（图2-2）。该甲醇出租汽车为吉利牌 JL7152K13M 型甲醇轿车，是吉利集团的第二代甲醇轿车，搭载 1.5L 排量的 JL479QAJ 甲醇发动机（图2-3）。

二、甲醇微型客车技术参数

陕汽通家集团自主研发的 STJ5023XXY 甲醇微型客车是在量产车型 STJ6400A 的基础上，搭载 LJ474Q3E2 动力总成，重新开发了 M100 甲醇 EMS 电喷系统、进气系统、排气系统等，按照汽车整车开发流程进行标定，通过采集分析传感器信号，按照预定的控制逻辑和算法，计算输出信号的特性，再由功率驱动电路把输出信号输出到各个执行器，对发动机的点火、喷油、进气量进行控制，使发动机按照既定的控制目标进行运转（表2-2）。同时对发动机进气歧管进行专门设计，增加一套喷射系统，将车辆起动过程设定为汽油起动，当转速和发动机温度达到一定条件之后自动切换成甲醇燃料，整个切换过程车辆运行平稳，确保无任何抖动、熄火现象，这样既可解决冷起动问题，又可将汽油和甲醇进行模式相互切换。该车型 2013 年 1 月 18 日首次获得公告，公告批次为第 244 批。

甲醇微型车车辆信息　　　　　　　表 2-2

	车辆型号	STJ6404A 甲醇客车	STJ5023XXY 甲醇厢式运输车
整车参数	长×宽×高(mm×mm×mm)	4030×1620×1900	
	轴距(mm)	2700	
	整备质量(kg)	1200	
	车身结构	承载式车身	
	悬架系统	前：麦弗逊式独立悬架；后：钢板弹簧整体桥式带双向作动筒式减振器的非独立悬架	
	制动系统	前盘后鼓式	
	油箱容积(L)	45（甲醇）；15（汽油）	
	轮胎规格(备用轮)	175/70R14 LT	
	最大功率[kW/(r/min)]	60.5	
	最大转矩[N·m/(r/min)]	102	
	最高车速(km/h)	135	
	综合工况油耗(L/100km)	汽油≤7.44；甲醇≤15.03	

续上表

车辆型号		STJ6404A 甲醇客车	STJ5023XXY 甲醇厢式运输车
发动机变速器参数	发动机型号	LJ474Q3E2	
	发动机型式	直列四缸双顶置凸轮轴 16 气门电子喷射	
	变速器	LJ474QE2-1700000A	
	排量(L)	1.3	
	排放标准	GB 18352.3—2005 国Ⅳ	

图 2-1　西安市运行车辆技术参数公告界面

图 2-2　吉利交付的试点运行车辆

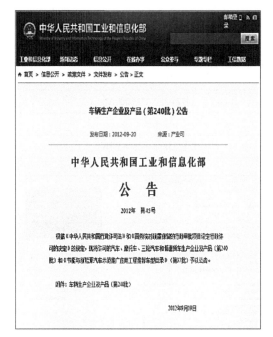 

图 2-3　宝鸡市运行车辆技术参数公告界面

第二节　数据采集与组织

数据采集工作是本次车辆运行的重中之重。为确保数据采集工作的顺利进行及数据的准确性,根据工业和信息化部《甲醇汽车试点数据采集方案》文件精神,陕西省工业和信息化厅组织成立"陕西省甲醇汽车试点运行数据采集中心"(以下简称数据采集中心),办公地点设在长安大学。陕西省甲醇汽车试点数据采集工作涉及单位较多,采集时间和周期各不相同,为确保数据记录的及时性与真实性,特制订陕西省甲醇汽车试点数据采集方案。陕西省甲醇汽车试点数据采集方案具体分工如下。

一、陕西省甲醇汽车试点数据采集中心

陕西省甲醇汽车试点数据采集中心负责汇总各试点单位数据资料并建档,同时按要求将全部采集数据上报国家甲醇汽车试点数据中心;抽调试点甲醇车辆、试点甲醇燃料及试点甲醇车辆润滑油等进行送检;协调组织安排检测甲醇燃料加注站周围大气环境空气中甲醇含量。要求试点期间,每月 10 日前将上月全部采集数据汇总建档,每月 20 日前将全部采集数据填报到国家甲醇汽车试点技术数据中心。

二、陕西省交通新能源开发、应用与汽车节能重点实验室

陕西省交通新能源开发、应用与汽车节能重点实验室负责陕西省甲醇汽车试点车辆常规排放检测(不透光烟度、CO、HC、NO_x、λ)、PM2.5 检测和甲醛非常规排放检测,填写甲醇汽车甲醛及常规排放数据采集表,并上报陕西省甲醇汽车试点数据采集中心。要求试点期间,按一定行驶里程检测一次,检测后 5 日内将检测数据整理上报陕西省甲醇汽车试点数据采集中心。

三、西安汽车产品质量监督检验站

西安汽车产品质量监督检验站负责按照道路试验相应的国家标准,对陕西省甲醇汽车试点数据采集中心抽检的甲醇试点车辆进行动力性和经济性检测,并在检测后5个工作日内向陕西省甲醇汽车试点数据采集中心出具检测报告。

四、陕西省能源质量监督检验所

陕西省能源质量监督检验所负责按照相应的国家标准,对陕西省甲醇汽车数据采集中心送检的甲醇燃料(M100)、润滑油、车用汽油和车用柴油进行理化性能检测,并在送样后10个工作日内向陕西省甲醇汽车试点数据采集中心出具检测报告。

五、陕西省环境监测技术服务咨询中心

陕西省环境监测技术服务咨询中心负责按陕西省甲醇汽车试点数据采集中心要求检测试点甲醇燃料加注站周围大气环境中甲醇含量,并在检测后5个工作日内向陕西省甲醇汽车试点数据采集中心出具检测报告。

六、西安市城南机动车检测站

西安市城南机动车检测站负责按照陕西省在用车辆排放检测标准对陕西省甲醇汽车数据采集中心抽检的甲醇试点车辆进行排放检测,并在送检当日向陕西省甲醇汽车试点数据采集中心出具检测报告。

七、陕西省甲醇汽车试点运营单位

1. 西安市

西安车辆运行单位负责建立西安市试点运营甲醇出租汽车车辆信息档案,填写装用点燃式发动机的甲醇汽车整车性能数据采集表和点燃式甲醇发动机数据采集表;试点期间每年组织一次涉醇人员进行健康检查,填写人体健康数据采集表;积极配合陕西省甲醇汽车试点数据采集中心完成试点车辆及试点车辆润滑油抽检送检工作。要求试点期间,于每月5日前将填写数据采集表上报陕西省甲醇汽车试点数据采集中心。

甲醇燃料供给单位负责按月统计西安市甲醇燃料供应商销售数据,填写甲醇燃料供应商销售数据采集表。要求试点期间,于每月5日前将甲醇燃料供应商销售数据采集表上报陕西省甲醇汽车试点数据采集中心。

2. 宝鸡市

宝鸡出租车辆运行单位建立宝鸡市试点运营甲醇出租汽车车辆信息档案,填写装用点燃式发动机的甲醇汽车整车性能数据采集表和点燃式甲醇发动机数据采集表;试点期间每年组织一次涉醇人员健康检查,填写人体健康数据采集表;采集试点甲醇汽车故障修理数据和养护数据,填写甲醇汽车故障修理数据采集表、甲醇汽车维护数据采集表;积极配合陕西省甲醇汽车试点数据采集中心完成试点车辆及试点车辆润滑油抽检送检工作。要求试点期间,于每月5日前将填写数据采集表上报陕西省甲醇汽车试点数据采集中心。

宝鸡微型客车运行单位负责建立宝鸡市试点运营甲醇邮政车辆信息档案,填写装用点

燃式发动机的甲醇汽车整车性能数据采集表和点燃式甲醇发动机数据采集表;试点期间每年组织一次涉醇人员健康检查,填写人体健康数据采集表;采集试点甲醇汽车故障修理数据和养护数据,填写甲醇汽车故障修理数据采集表、甲醇汽车维护数据采集表;积极配合陕西省甲醇汽车试点数据采集中心完成试点车辆及试点车辆润滑油抽检送检工作。要求试点期间,于每月5日前将填写数据采集表上报陕西省甲醇汽车试点数据采集中心。

宝鸡市甲醇燃料供给单位负责按月统计宝鸡市甲醇燃料供应商销售数据,填写甲醇燃料供应商销售数据采集表。要求试点期间,于每月5日前将甲醇燃料供应商销售数据采集表上报陕西省甲醇汽车试点数据采集中心。

八、甲醇燃料加注站

(1)宝鸡市鑫台商贸有限公司加注站。
(2)宝鸡市秦龙运输(集团)有限公司群众路加油站。
(3)陕西延长中立新能源股份有限公司宝鸡分公司加注站。
(4)宝姜石化亚辉出租汽车公司甲醇加注站。

第三节 技术数据采集与报表

一、技术数据采集中心与数据库

运行车辆的数据采集由数据采集中心负责,数据采集中心设立在长安大学,以西安汽车产品质量监督检验站[授权证书编号:(2011)(陕)质监认字 005 号]、陕西省交通新能源开发应用与汽车节能重点实验室为依托,开展试点运行车辆的性能检测、数据采集工作并建立甲醇汽车试点运行数据库。通过研究分析完成对高比例甲醇汽车适应性、可靠性、经济性、安全性、环保性评价,全面、正确、认真地做好甲醇燃料与甲醇汽车适应性、甲醇燃料对人体和环境的影响评估分析。

甲醇汽车数据库是基于多个优秀的开源项目,高度整合封装而成的高效、高性能、强安全性的开源 Java EE 快速开发平台。甲醇汽车数据库本身是以 Spring Framework 为核心容器,Spring MVC 为模型视图控制器,MyBatis 为数据访问层,Apache Shiro 为权限授权层,Ehcahe 对常用数据进行缓存,Activit 为工作流引擎。

甲醇汽车数据库主要定位于企业信息化领域,已内置企业信息化系统的基础功能和高效的代码生成工具,包括系统权限组件、数据权限组件、数据字典组件、核心工具组件、视图操作组件、工作流组件、代码生成等。前端界面风格采用了结构简单、性能优良、页面美观大气的 Twitter Bootstrap 页面展示框架。采用分层设计、双重验证、提交数据安全编码、密码加密、访问验证、数据权限验证。使用 Maven 做项目管理,提高了项目的易开发性、扩展性。

二、整车数据采集

按照数据采集表,由汽车制造公司记录整车出厂数据,并由车辆运营公司报送数据采集中心。

选定部分运行车辆为测试车辆,测试车辆每运行一定里程由西安汽车产品质量监督检验站按照机动车检验相关规定进行检验,并将检验结果报送数据采集中心。

车辆运行结束后抽取3辆试点用车交汽车制造厂家,由汽车制造厂家与数据采集中心共同选定具有国家级检测资质的第三方检测机构进行甲醇汽车整车耐久性检测与评价,并提交检测报告。

三、发动机数据采集

按照数据采集表附表1或附表2内容,由汽车制造公司记录发动机数据,运营公司报数据采集中心。

试点结束后抽取3辆试点用车发动机,交由汽车制造厂家与数据采集中心共同选定具有国家级检测资质的第三方检测机构,按照国家相关标准进行甲醇发动机耐久性检测与评价,并提交检测报告。

四、常规及非常规排放检测

甲醇汽车排放是甲醇汽车试点工作的重要检测项目,包含常规排放(CO、HC、NO)和非常规排放(甲醛)。对选定的运行测试车辆每隔一定运行里程由西安汽车产品质量监督检验站进行常规与非常规排放检验。检验标准为《汽油车污染物排放限值及测量方法(双怠速法及简易工况法)》(GB 18285—2018)、《在用点燃式发动机轻型汽车稳态工况法排气污染物排放限值》(DB 61/439)、《柴油车污染物排放限值及测量方法(自由加速法及加载减速法)》(GB 3847—2018)、《在用压燃式发动机汽车加载减速法排气烟度排放限值》(DB 61/440)。

对全部参与运行的试点车辆,环保检测线年度检测的排放数据由运营公司将检验结果报送数据采集中心。

五、运行车辆润滑油性能检测

测试车辆每隔一定里程依据运行车辆换油周期,由西安汽车产品质量监督检验站进行检验,检验依据《汽油机油换油指标》(GB/T 8028—2010)、《石油产品运动黏度测定法和动力黏度计算法》(GB/T 265—1988)进行。

六、环境监测数据

由数据采集中心委托具有环境保护监测资质的陕西省环境监测运营公司对甲醇加油站进行监测,监测记录报数据采集中心。

七、甲醇燃料及添加剂数据

甲醇燃料及添加剂,由甲醇燃料调配供应企业按数据采集表附表7中的基本项目及添加剂主要理化性能指标、甲醇燃料标准中所规定的指标上报数据采集中心,每批次甲醇燃料上报1次。

八、甲醇燃料加注站购销数据

甲醇燃料加注站购销数据由甲醇燃料加注站按照数据采集表附表8中的要求上报数据

采集中心,每月上报 1 次。

九、甲醇燃料加注站日加注数据

甲醇燃料加注站日加注数据由甲醇燃料加注站按照数据采集表附表 9 中的要求按日分车记录,每月将数据上报数据采集中心。

十、甲醇汽车燃料加注数据

甲醇汽车燃料加注数据采集,由运行车辆驾驶员负责,记录项目包括日行驶里程、运行线路、燃料加注量、加注站点、实载率、天气状况等。并按数据采集表填写附表 10,上报数据采集中心。

十一、甲醇汽车参试人员健康数据

甲醇汽车参试人员健康数据按照数据采集表由运营公司填写收集,每次体检完毕后统一上报数据采集中心。

十二、甲醇汽车故障维修数据

甲醇汽车故障维修数据由定点的试点运行车辆维修点按照表 2-3 的要求填写,每月上报数据采集中心。

数据填报表　　　　　　　　　　　　　　　　表 2-3

项目	数据采集表	主要内容	填报单位
整车参数及运行状态	表1:点燃式发动机甲醇汽车整车性能采集表	整车基本数据及试点启动及结束时的动力性、经济性的多项指标	甲醇车辆生产企业及相应检测机构共同完成
	表2:压燃式发动机甲醇汽车整车性能采集表		
发动机参数及运行状态	表3:点燃式甲醇发动机数据采集表	发动机基本参数及试点启动和结束时的排放及动力性、经济性数据	
	表4:压燃式甲醇发动机数据采集表		
排放	表5:甲醛及常规排放采集表	供醇系统参数及相应排放数据(试点启动和结束时)	
环境影响	表6:大气环境甲醇含量采集表	生产企业、加注站、驾驶室、实验室及维修车间甲醇含量	相应检测机构
甲醇燃料基础参数	表7-1:添加剂检测表	每批次添加剂的水分、沸点、酸度、闪点等参数	燃料生产企业
	表7-2:M100 出厂检测数据表	每批次 M100 的厂家、添加剂含量、水分等信息	
燃料生产、销售及网络	表8-1:加注站甲醇燃料购销数据采集表	加注站进货、售货量及价格	加注站
	表8-2:加注站数据采集表	加注站的名称、位置、类型等基本信息	

续上表

项目	数据采集表	主要内容	填报单位
燃料生产、销售及网络	表9-1:甲醇燃料供应商销售数据采集表	供应商每月购货及销售情况	加注站
	表9-2:甲醇燃料加注站日加注数据表	加注站每日销售情况	
	表10:甲醇汽车燃料加注统计表	每季度车辆所记录加注燃料及行驶里程和状况等	
	表12:燃料调配中心统计表	调配中心地址、所属企业、生产能力、生产线基本情况等信息	燃料生产企业
健康数据	表11:人体健康数据采集表	试点启动后每年受检人员的内科、神经、眼科等检验信息	定点医院
运行中车辆数据	表13:运行中甲醇汽车整车性能检测表	车辆运行每满20000km后,抽检整车经济性及动力性指标	相应检测机构
	表14:润滑油换油检测数据表	车辆运行每满5000km后,检验更换润滑油的黏度变化	
	表15:甲醇汽车故障维修数据采集表	实时记录车辆故障信息	定点维修单位
	表16:试点甲醇车辆信息表	试点车辆车牌、驾驶员、企业、联系方式等基本信息汇总	运营企业

第三章 甲醇燃料

第一节 甲醇及用途

甲醇有工业用甲醇、化学试剂甲醇与车用燃料甲醇。工业用甲醇执行标准为《工业用甲醇》(GB/T 338—2011),化学试剂甲醇执行标准《化学试剂甲醇》(GB/T 683—2006),车用燃料甲醇执行标准《车用燃料甲醇》(GB/T 23510—2009)。

工业用甲醇主要是以煤、焦油、天然气、轻油、重油为原料合成的工业甲醇,主要用于化学工业、医药工业、农药行业,工业用甲醇分为优等品、一等品、合格品;化学试剂甲醇主要作为化学分析检测中的试剂使用,要求甲醇含量不低于99.5%,分为分析纯与化学纯两种类型;车用燃料甲醇是专供汽车燃料使用的甲醇或调配甲醇汽油使用的甲醇。

甲醇的资源量、特性与价格优势是其可作为车用燃料的基础。近年来,中国甲醇行业仍保持快速发展势头,相关统计数据显示,2022年底,我国甲醇总产能达到9947万t,规模在50万t/年及以上的产能占比超70%。2022年我国全年甲醇产量超8100万t,产能利用率超80%,进口量稳步增加到1220万t左右,出口量比前年同期减少约18万t,表观消费量首次超过9300万t;2023年我国甲醇产能达到10618.6万t/年,同比增加5.8%,增速上涨了2.7个百分点,实际新增645.5万t/年。

甲醇是有机化工的主要原料,经进一步深加工,可制得多种有机化工原料。国内已有成熟生产工艺,以甲醇作为原料的有机化工下游产品有甲胺、甲醛、甲酸、甲醇钠、氯甲烷、甲酸甲酯、甲酰胺、二甲基甲酰胺、二甲基亚砜、硫酸二甲酯、亚磷酸三甲酯、氯氟乙烯、丙烯酸甲酯、甲基丙烯酸甲酯、氯甲酸甲酯、氯乙酸甲酯、二氯乙酸甲酯、氯甲醚、二甲醚、环氧化乙酰蓖麻油酸甲酯、二甲基二硫代磷酸酯、十一烯酸、氨基乙酸、月桂醇、聚乙烯醇、醋酸、醋酐、碳酸二甲酯、溴甲烷、对苯二甲酸二甲酯、甲硫醇、乙二醇等。

甲醛是甲醇最重要的下游产品之一,占甲醇消耗总量的30%~40%。甲醛用途十分广泛,主要用于生产脲醛树脂、盼醛树脂、三聚氰胺-甲醛树脂、乌洛托品、多元醇、尼龙-4、维纶等化工产品。另外在医药、农药和染料等方面的应用也较多,含甲醛35%~40%、甲醇8%的水溶液称为福尔马林(Formalin),是普遍使用的杀菌剂和防腐剂。

二甲醚(dimethyl ether, DME)是最简单的脂肪醚,也是重要的甲醇下游产品,主要可作为冷冻剂、萃取剂、溶剂、气雾剂的抛射剂和燃料等。

碳酸二甲酯(简称DMC)是重要的甲醇衍生物。1992年,DMC在欧洲通过了非毒性化学品(NonToxic Substance)的注册登记,属于无毒或微毒化工产品,因此,其被誉为21世纪有机合成的一个"新基石"和"绿色化工产品"。

美国率先颁布降低汽油中铅含量的法规,世界各国陆续采取相应的措施,推动了醚类化合物作为汽油添加剂的应用。甲基叔丁基醚(MTBE)因其辛烷值高、与汽油互溶性好、毒性低,尤其是可以通过丰富的甲醇和异丁烯大规模工业生产,而获得广泛应用。

甲醇作为重要的化工原料，在农药、染料、医药、合成树脂与塑料、合成橡胶、合成纤维等工业中也得到了广泛应用。

第二节　甲醇燃料与汽油的理化特性对比

一、理化特性

甲醇与汽油的理化特性参数对比见表3-1。

甲醇燃料的理化性质　　　　　　　　表3-1

项目		甲醇	汽油
化学式		CH_3OH	$C_4 \sim C_{12}$ 的烃化合物
分子量		32	95~120
质量成分	碳含量[质量比(%)]	37.5	83.3~88.0
	氢含量[质量比(%)]	12.5	11.0~14.0
	氧含量[质量比(%)]	50.0	1.0~2.7
20℃密度(kg/L)		0.791~0.793	0.730~0.748
理论空燃比(质量比)		6.5	14.9
雷德蒸汽压(37.8℃)(MPa)		0.037	0.05~0.09
沸点(℃)		64.5	30~190
凝固点(℃)		-97.8	-57
闪点(℃)		8	-43
自燃温度(℃)		470	260~370
水中溶解度(mg/L)		互溶	100~200
汽化潜热(kJ/kg)		1109	310
燃料低热值(MJ/kg)		21.5	43.9
层流燃烧速度(cm/s)		52	39~47
空气中燃烧上限体积百分数(%)		36.5	7.6
空气中燃烧下限体积百分数(%)		6.1	1.4
辛烷值	研究法(RON)	112	84~96
	马达法(MON)	102	70~84

二、质量低热值对比(h_u)

燃料的热值是指一定质量的这种燃料完全燃烧生成稳定的产物，并冷却到初始温度所放出的全部热量。固体或液体发热量的常用单位有：千焦耳/千克(kJ/kg)、兆焦耳/千克(MJ/kg)、兆焦耳/标准立方米(MJ/Nm^3)。

燃料热值有高位热值与低位热值之分。高位热值是指燃料在完全燃烧时释放出来的全部热量,即在燃烧生成物中的水蒸气凝结成水时的发热量,也称毛热;低位热值是指燃料完全燃烧,其燃烧产物中的水蒸气以气态存在时的发热量,也称净热。高位热值与低位热值的区别在于燃烧产物中的水呈液态还是气态,水呈液态是高位热值,水呈气态则是低位热值。低位热值等于从高位热值中扣除水蒸气凝结成为液态水的热量。

以车用燃料为例,发动机的排气温度均超过水蒸气的凝结温度,不可能利用水蒸气凝结释放出来的热量,所以在能源利用中一般都以燃料的低位热值作为计算基础。燃料的低热值可以通过热值仪测定,在不具备测定的条件下可由下式进行估算,g_c 为燃料的含碳量,g_h 为燃料的含氢量。

$$h_u = 4.187 \times (8100 \times g_c + 24600 \times g_h)$$

汽油: $h_u = (8100 \times 0.855 + 24600 \times 0.145) \times 4.187 = 43932.1 (kJ/kg)$

甲醇: $h_u = (8100 \times 0.375 + 24600 \times 0.125) \times 4.187 = 25593.0 (kJ/kg)$

燃料低热值的大小直接影响汽车运行中的燃料消耗量,影响的是燃料经济性。燃料低热值大,以汽车运行经济指标 kg/100km 或发动机 g/(kW·h) 计,燃料消耗量减少,反之燃料消耗量增大。

汽油的低热值高于甲醇的低热值,因此,在同等的热效率下,甲醇汽油的有效质量燃油消耗率较普通汽油高,甲醇汽油中的甲醇比例越大,消耗量也就越大。一般情况下,车用甲醇汽油(M15)较普通汽油燃料消耗量增大 3%~5%;车用甲醇汽油(M25)燃料消耗量增大 7%~9%;车用甲醇汽油(M85)燃料消耗量增大 40%~50%;车用甲醇燃料(M100)燃料消耗量增大 60%~70%。

三、混合气的热值的对比(H_m)

燃料在发动机中是以混合气的方式存在并参与燃烧的,在热功转换与能量传递效率一定的情况下发动机的动力性能取决于单位时间内所燃烧的混合气的数量,而在发动机排量相同时则决定于混合气热值的高低。在同等混合气浓度时,如取理论混合气浓度(过量空气系数为1),按下式计算混合气热值。

混合气热值的计算式为:

$$H_m = \frac{h_u}{\lambda L_0 + \frac{1}{m_T}}$$

式中:H_m——可燃混合气的热值;
λ——过量空气系数;
m_T——燃料的分子量。

理论混合气:$\lambda = 1$。

汽油的其他各项参数为:$h_u = 43932.1 (kJ/kg)$,$L_0 = 14.8 (kg/kg) = 0.515 (kmol/kg)$,$m_T = 114$。

甲醇的其他各项参数为:$h_u = 21500.0 (kJ/kg)$,$L_0 = 6.5 (kg/kg) = 0.225 (kmol/kg)$,$m_T = 32$。

天然气的其他各项参数为:$h_u = 51186.1 (kJ/kg)$,$L_0 = 17.2 (kg/kg) = 0.594 (kmol/kg)$,$m_T = 16$。

汽油理论混合气的热值: $H_m = 83839.9 (kJ/kmol)$。

甲醇理论混合气的热值： H_m = 83984.4（kJ/kmol）。

甲醇较汽油理论混合气热值高,加之甲醇含氧燃烧完全度高于汽油,一般情况下甲醇燃料汽车动力性能高于汽油机汽车的动力性能,以发动机的动力性能比较,甲醇发动机的动力性能增加3%~5%。

四、含氧量对比

按质量计算,甲醇中含有50%的氧,汽油含氧量低于3%,燃料的含氧使得甲醇燃烧时更容易与氧混合,使混合、燃烧速度加快,燃烧放热能够集中在上止点附近,热量利用率提高,热功转换的效率提高,燃烧的完全程度提高。

五、汽化潜热对比

甲醇的汽化潜热是汽油的3.6倍,高的汽化潜热及低的蒸汽压和较低的沸点,将导致在寒冷季节尤其是冷机时混合气难以形成,造成发动机起动困难;但从进气方面考虑,高汽化潜热可以降低进气温度,提高充气效率;同时,由于甲醇的汽化潜热大,可以改善发动机燃烧后的内部冷却,改善发动机的动力性,降低排气温度。

六、辛烷值对比

甲醇的辛烷值高,具有较高的抗爆震性能,对通过提高发动机压缩比来提高发动机的热效率很有利,因此,甲醇不仅是良好的汽油机代用燃料,也是提高汽油辛烷值的优良添加剂。以90号汽油为基础调配甲醇汽油,M15甲醇汽油辛烷值可达到94~95,M25甲醇汽油辛烷值可达到96~97,M85甲醇汽油辛烷值可达到103,M100甲醇汽油辛烷值可达到105~108。

七、甲醇的着火界限

甲醇的着火界限比汽油宽,能够使发动机在较稀的混合气下工作,这将使发动机的工况范围比较宽,对排气净化和降低油耗非常有利。

八、甲醇的燃点

甲醇的燃点温度比汽油高,不易于发生火灾事故,比使用汽油安全。

九、甲醇的溶胀与腐蚀

甲醇对某些非金属材料(如塑料、橡胶等)有溶胀作用,对某些金属材料(如Sn、Pb、Al等)有轻微的腐蚀作用,在使用中应采取相应的措施。

十、甲醇与汽油的相溶性

甲醇含有羟基,能与水互溶,而烃类燃料憎水性强,因而甲醇与汽油的相溶性差,甲醇与汽油按一定比例混合时,在一定温度范围内具有分层现象。

十一、甲醇的储存性

甲醇汽油常温常压下为液体,操作容易,储带方便。

十二、甲醇的毒性

甲醇与汽油同为中等毒性物质,甲醇更容易被误用,使用中要严格执行操作规程。

第三节　甲醇燃料的分类

车用甲醇汽油是指在汽油组分中,按体积比加入一定比例的车用燃料甲醇及少量添加剂调配而成的一种新型清洁车用燃料。

车用甲醇燃料有"车用甲醇汽油(M15)""车用甲醇汽油(M25)""车用甲醇汽油(M85)""车用甲醇燃料(M100)"。字母"M"表示甲醇,M 后的数字代表甲醇在车用甲醇汽油中的体积含量。如甲醇含量为 25% 的车用甲醇汽油,其名称为车用甲醇汽油(M25),简称 M25 甲醇汽油。

车用甲醇燃料产品标识为 M15-90#、M15-93#、M15-97#;M25-90#、M25-93#、M25-97#;M85、M100。由于 M85 与 M100 基本以甲醇为主,也称为车用甲醇燃料。

车用甲醇汽油的外观状态为透明、高度挥发、易燃液体,与基础汽油同色,在添加染色剂后呈淡红色。

车用甲醇汽油分为低比例甲醇汽油,中比例甲醇汽油,高比例甲醇汽油。高比例甲醇汽油也称车用甲醇燃料。车用甲醇汽油中甲醇含量小于 30%,称为低比例甲醇汽油;甲醇含量大于 30% 而小于 70%,称为中比例甲醇汽油;甲醇含量大于 70%,称为高比例甲醇燃料。

之所以对甲醇燃料进行如此划分,是基于以下方面的考虑。

当甲醇含量低于 30% 时,甲醇汽油中的氧含量不超过 15%,以目前的汽油发动机供油系统的调节能力,通过增加燃料的喷射量,可以将过量空气系数 λ 调整在国家标准所要求的 $\lambda = 1.00 \pm 0.03$ 以内,能够确保发动机的燃烧及工作状态不发生变化,做到燃料适应汽车,也就是说使用低比例甲醇汽油,发动机不需要进行任何改装。需要说明的是不同类型的汽油发动机,供油系统的调节能力有一定的差别,汽油发动机对燃料中氧的适应能力各不相同,选取 15% 氧含量这一限值,基本上可以满足我国现行生产车辆的要求。另一方面,低比例甲醇汽油需要添加甲醇汽油添加剂,尤其是助溶剂,助溶剂的添加比例一般不宜超过 3%,并且氧含量要低,热值要高,燃烧性能要好。

甲醇含量大于 30% 且小于 70% 的甲醇汽油,为中比例甲醇汽油。一方面是因为当甲醇含量大于 30% 之后,汽车发动机的燃料供给系统已经无法调整过量空气系数 λ 在国家标准所要求的范围内,在用车辆要使用中比例甲醇汽油就必须安装汽车灵活燃料控制器,汽车灵活燃料控制器的功能是扩大发动机供油系统的调整范围。另一方面,中比例甲醇汽油互溶性能差,需要大量使用助溶类添加剂,中比例甲醇汽油助溶剂的用量为 4%~6%,助溶添加剂数量的增加大大地增加了中比例甲醇汽油的成本。

在用车辆使用高比例甲醇燃料需要安装汽车灵活燃料控制器,新设计的应用高比例甲醇燃料的汽车供油系统控制程序需要进行调整。高比例甲醇燃料不需要添加助溶添加剂,高比例甲醇燃料的抗水性能也非常强,但是金属缓蚀剂、分散剂、抗氧稳定剂等需要添加。

高比例甲醇燃料添加剂的功能与中、低比例的完全不同,添加量也要少得多,一般添加比例为百分之零点几,甚至更少。高比例甲醇燃料成本低,使用中的燃料经济性能更好。

低比例甲醇汽油的优势在于汽车完全适应燃料,推广应用方便;高比例甲醇燃料经济性能好,可以替代更多汽油;相比之下中比例甲醇汽油没有什么优势。大量的技术研究成果与实践也证实低比例甲醇汽油与高比例甲醇燃料具有较好的市场应用价值。本次甲醇汽车的运行所使用的燃料是 M100 甲醇汽车。

第四节　甲醇燃料的技术指标与标准

一、车用甲醇燃料技术要求和试验方法

M100 车用甲醇燃料应满足《M100 车用甲醇燃料》(GB/T 42416—2023)标准中的各项技术要求(表3-2)。其中,所使用的甲醇应满足《工业用甲醇》(GB/T 338—2011)中一等品及以上要求,或者《车用燃料甲醇》(GB/T 23510—2009)的技术要求。添加剂应满足《M100 车用甲醇燃料添加剂的技术要求和试验方法》(GB/T 42436—2023)标准要求,按添加剂厂家推荐用量使用,在 M100 车用甲醇燃料中含量(质量分数)不大于 0.5%。M100 车用甲醇燃料中不应人为加入卤素、含钠、含铁等金属化合物及含磷、含硅等化合物。

GB/T 42416—2023 M100 技术要求　　　　　表 3-2

序号	项目	技术要求	试验方法
1	外观	清澈透明,无悬浮物或沉淀	目测
2	甲醇含量(质量分数)	≥99.5%	GB/T 23510
3	密度(20℃)	0.791g/cm³ ~ 0.793g/cm³	GB/T 4472
4	沸程(0℃,101.3kPa,在 64 ~ 65.5℃ 范围内包括64.6℃ ±0.1℃)	≤1.2℃	GB/T 7534
5	蒸发残渣(质量分数)	≤0.05%	GB/T 6324.2
6	水分(质量分数)	≤0.2%	GB/T 6283
7	碱值(以 KOH 计)	0.003mg/g ~ 0.030mg/g	SH/T 0251
8	氮含量	报告	SH/T 0657
9	有机氯含量	≤1mg/kg	GB/T 6324.9
10	无机氯含量(以 Cl⁻计)	≤1mg/L	GB/T 23510
11	硫含量	≤1mg/kg	GB/T 34100
12	钠含量	≤2mg/kg	GB/T 17476
13	铁含量	≤0.01 g/L	SH/T 0712
14	清洁度(颗粒分布)	≤—/16/13 级	GB/T 20082
15	模拟进气阀沉积物质量	≤2mg	GB/T 37322

注:a. 将试样注入具塞比色管中,在日光或日光灯下目测。有异议时以 GB/T 511 测定结果为准。

　　b. 也可用 SH/T 0604、GB/T 2013 进行测定,有异议时,以 GB/T 4472 方法为准。

　　c. 按 GB/T 14039 规定进行分级评定。

　　d. 按 GB/T 37322 进行试验,试样以 275mL 待测 M100 车用甲醇燃料和 25mL 芳烃溶剂 S200 混合而成。测试后,冷却至室温的收集器浸入汽油(不含清净剂的市售车用92 号汽油或 95 号汽油)中静止 6min,然后浸入 60 ~ 90℃石油醚溶液中 1min 后取出。

二、M100 车用甲醇燃料添加剂的技术要求和试验方法

M100 车用甲醇燃料添加剂不应加入卤素、卤化物及可生成灰分的化学物质,按照产品的推荐用量加入 M100 车用甲醇燃料添加剂后的 M100 车用甲醇燃料应符合 GB/T 42416—2023 的要求(表3-3)。

GB/T 42436—2023 技术要求 表3-3

序号	项目	技术要求	试验方法
1	外观	透明、无悬浮物和沉降杂质	目测
2	倾点	−35℃	GB/T 3535
3	闪点(闭口)	≥60℃	GB/T 261
4	氮含量	报告	NB/SH/T 0704
5	硫含量	≤50mg/kg	GB/T 11140
6	磷含量	≤5mg/kg	SH/T 0020
7	有机氯含量	≤10mg/kg	GB/T 6324.9
8	灰分(质量分数)	≤0.01%	GB/T 508
9	防锈性(锈蚀程度)	不大于轻度锈蚀	附录A
10	模拟进气阀沉积物质量	≤2mg	GB/T 37322
11	发动机台架试验相关指标: —喷嘴清洁性(流量变化率) —总燃烧室沉积物质量 —机油碱值-机油酸值(以 KOH 计) —机油酸值增加值(以 KOH 计) —机油铁含量 —机油铜含量 —机油铝含量	≤4% 1400mg/缸 ≥0mg/g 1mg/g ≤80mg/kg ≤25mg/kg ≤25mg/kg	附录B

注:a. 将试样注入 100mL 玻璃量筒中,在室温(20℃±5℃)下观察,应当透明无浑浊、无分层,没有悬浮和沉降的水分及机械杂质,有争议时,以 GB/T 511 测定方法为准。

b. 也可用 NB/SH/T 0842 方法测定,有争议时,以 GB/T 11140 为准。

c. 待测 M100 车用甲醇燃料添加剂按推荐用量调配成 M100 车用甲醇燃料,取 275mL M100 车用甲醇燃料和 25mL 芳烃溶剂 S-200 混合成试样,按 GB/T 37322 试验。测试后,冷却至室温的收集器浸入汽油(不含清净剂的市售车用 92 号汽油或 95 号汽油)中静止 6min,然后浸入 60~90℃石油醚溶液中 1min 后取出。

三、工业用甲醇

工业用甲醇执行标准为 GB/T 338—2011,车用燃料甲醇执行标准为 GB/T 23510—2009。工业用甲醇分为优等品、一等品、合格品,技术要求见表3-4。化学试剂甲醇主要作为化学分析检测中的试剂使用,要求甲醇含量不低于 99.5%,分为分析纯与化学纯两种类型。

工业用甲醇技术要求　　　　　　　　　　　　表3-4

项目	要求	指标		
		优等品	一等品	合格品
色度/Hazen 单位(铂-钴色号)	≤	5		10
密度 ρ_{20}(g/cm³)	—	0.791~0.792	0.791~0.793	
沸程(0℃,101.3 kPa,在64~65.5℃范围内,包括64.6℃±0.1℃)(℃)	≤	0.8	1.0	1.5
高锰酸钾试验(min)	≥	50	30	20
水混溶性试验	—	通过试验(1+3)	通过试验(1+9)	—
水的质量分数(%)	≤	0.10	0.15	—
酸的质量分数(以 HCOOH 计)(%) 或碱的质量分数(以 NH₃ 计)(%)	≤ ≤	0.0015 0.0002	0.0030 0.0008	0.0050 0.0015
羰基人物质量分数(以 HCHO 计)(%)	≤	0.002	0.005	0.010
蒸发残渣的质量分数(%)	≤	0.001	0.003	0.005
硫酸洗涤试验/Hazen 单位(铂-钴色号)	≤	50		—
乙醇的质量分数(%)	≤	供需双方协商	—	

四、车用燃料甲醇

车用燃料甲醇是专供汽车燃料使用的甲醇或调配甲醇汽油使用的甲醇,执行标准为 GB/T 23510—2009,技术要求见表3-5。

车用燃料甲醇技术要求　　　　　　　　　　　　表3-5

项目	要求	指标
外观		无色透明液体,无可见杂质
密度 ρ_{20}(g/cm³)		0.791~0.793
沸程(0℃,101.3 kPa,在64~65.5℃范围内,包括64.6℃±0.1℃)(℃)	≤	1.0
水(w/%)	≤	0.15
酸(以 HCOOH 计)(w/%) 或碱(以 NH₃ 计)(w/%)	≤ ≤	0.003 0.0008
无机氯含量(mg/L)	≤	1
钠含量(mg/kg)	≤	2
蒸发残渣(w/%)	≤	0.003

注:当需要测定甲醇的质量分数时,其试验按本标准第四节的方法进行。

1. 车用燃料甲醇检验规则

检验分为出厂检验和型式检验。

出厂检验项目为表3-5中的外观、密度、沸程、水分、酸度或碱度,应逐批进行检验。

型式检验项目为表3-5中的所有项目,在正常生产的情况下,每三个月应至少进行一次型式检验。

车用燃料甲醇由生产厂的质量检验部门进行检验。生产厂应保证每批出厂产品都符合本标准的要求,并附有一定格式的质量证明书,内容包括:生产厂名称和厂址、产品名称、生产日期或批号、净含量和本标准编号等。

在原材料、工艺不变的条件下,产品连续生产的实际批为一个组批,但若干个生产批构成一个检验批的时间通常不超过一天。

2. 车用燃料甲醇的标志、包装、运输、储存

车用燃料甲醇产品包装容器上应涂有牢固的标志,其内容包括:生产厂名称、产品名称、本标准编号、商标、批号、净重及GB 190中规定的"易燃液体"和"有毒品"标志。

包装应使用专用的清洁干燥的容器包装,包装容器应严加密封。

运输过程中不得与易燃、易爆、有腐蚀性的物品混装混运。运输过程中应防止外界水分的吸入。装卸时应轻装轻卸,防止剧烈振荡、撞击;远离热源和火种。运输、装卸工作中应按照危险货物运输规定进行。

产品应储存在干燥、通风、低温、不受日光直接照射并隔绝热源和火种的地方。库区应符合国家有关防火设计规范要求。露天储罐应有喷淋水或其他冷却设施。产品不得与易燃、易爆、有腐蚀性的物品混合存放。

3. 车用燃料甲醇的安全

(1)危险警告:车用燃料甲醇是易燃液体,闪点为8℃,自燃温度为436℃。空气中爆炸极限6%~36.5%(体积分数)。遇热、明火易引起激烈燃烧或爆炸。车用燃料甲醇有毒,甲醇蒸气对神经系统有刺激作用,吸入人体内,可引起失明和中毒。

(2)安全措施:车用燃料甲醇溢出时应立刻用水冲洗。着火时,用砂子、干粉或抗溶性泡沫灭火器、石棉布等进行扑救。应避免车用燃料甲醇与皮肤接触,如果溅到皮肤上或眼睛里时,应迅速用大量清水冲洗,急速医治。

五、《车用甲醇燃料(M100)》(T/SXSH 001—2018)

《车用甲醇燃料(M100)》(T/SXSH 001—2018)是陕西省石油和化学工业联合会标准,在甲醇汽车试点运行后期与甲醇汽车推广运行初期,由于国家标准尚未颁布,甲醇燃料的性能检测执行此标准。该标准中车用甲醇燃料(M100)的技术要求及试验方法见表3-6。

车用甲醇燃料(M100)的技术要求及试验方法 T/SXSH 001—2018   表3-6

项目	指标	试验方法
外观	清澈透明液体,无可见杂质	GB/T 23510 4.3
密度 ρ_{20}(g/cm³)	0.791~0.794	GB/T 4472
沸程(0℃,101.3 kPa,在64~65.5℃范围内,包括64.6℃±0.1℃)(℃)	≤1.2	GB/T 7534
水含量(w%)	≤0.2	GB/T 6283
酸度(以HCOOH计)(w/%) 或碱度(以NH₃计)(w/%)	≤0.003 ≤0.0008	GB/T 23510 4.7

续上表

项目	指标	试验方法
无机氯含量(mg/L)	≤1	GB/T 23510 4.8
钠含量(mg/kg)	≤2	GB/T 17476
蒸发残渣(w/%)	≤0.05	GB/T 6324.2
铜片腐蚀(50℃,3h),级	≤1	GB/T 5096

注：当需要测定甲醇的质量分数时，其试验方法参见(GB/T 23510—2009)附录 A。

第五节 甲醇燃料性能委托检验

甲醇燃料与传统的国标汽油在性能指标上存在较大差别，因此在设计甲醇燃料汽车和甲醇燃料生产、运输、应用上都需要考虑车用甲醇燃料的特性，此次甲醇汽车运行所使用的燃料按照工业和信息化部42号文件的要求必须符合《车用燃料甲醇》(GB/T 23510—2009)的要求，以保证发动机的正常运行。

车用甲醇燃料检测是陕西省甲醇汽车试点运行过程中的重要部分，陕西省甲醇汽车试点运行项目组高度重视此项工作，针对西安市、宝鸡市的运行车辆使用的车用燃料甲醇，委托具有国家检测资质的机构进行各项性能指标的检测，其中车用燃料甲醇分两个批次送至检测单位。

一、检测单位

承担本次燃料性能检测的单位有陕西省能源质量监督检验所、陕西省化工产品质量监督检验站及陕西省煤炭产品质量监督检验中心。陕西省能源质量监督检验所承担车用机油的检验，陕西省化工产品质量监督检验站负责车用燃料甲醇的检验。

陕西省化工产品质量监督检验站是陕西省质量技术监督局、国家质量监督检验检疫总局依法设置的省级能源产品质量监督检验机构，主要从事能源产品检验和能源产品检测技术研究；陕西省化工产品质量监督检验站是陕西省化工研究所分析室组建而成的本省较早的专业质检站之一，主要为政府相关部门提供技术支撑。单位检测资质：陕西省化工产品质量监督检验站是陕西省质量技术监督局授权的具有计量(CMA)和质检授权(CAL)双认证检验机构，相关资质认定证书如图3-1所示。

二、送检样品说明

(1)西安市样品来源：陕西宝姜能源投资控股有限公司。
(2)样品总量：车用燃料甲醇2个(每个样品2L)。
(3)宝鸡市样品来源：车用燃料甲醇由陕西长青能源化工有限公司提供。
(4)样品总量：车用燃料甲醇2个(每个样品2L)。

所送样品必须使用专用的燃料桶加装，每个样品量为2L，须在其上附加送样类别、试点地区、车牌号、行驶里程、燃料编号及型号，保证样品准确无误的送检。

a)

b)

c)

d)

e)

f)

图 3-1　相关资质认定证书

三、样品检测标准和检测项目

车用燃料甲醇标准为《车用燃料甲醇》（GB/T 23510—2009）。检测项目总共8项，分别为：外观、密度、沸程、水、酸、无机氯含量、钠含量、蒸发残渣。

四、样品检测结果

西安市分别在2016年5月23日和2016年6月21日抽取2L甲醇燃料，送到陕西省化工产品质量监督检验站送检，检验指标为外观、密度、沸程、水、酸、无机氯含量、钠含量、蒸发残渣8项，检验结果见表3-7～表3-9。

（2016）W-209批次甲醇燃料检验结果　　　　表3-7

序号	指标名称	指标	检验结果	单选判定
1	外观	无色透明液体、无可见杂质	无色透明液体、无可见杂质	合格
2	密度（g/cm³）	0.791～0.793	0.791	合格
3	沸程（℃）	≤1	0.7	合格
4	水（%）	≤0.15	0.11	合格
5	酸（以HCOOH计）（%）	≤0.003	0.0007	合格
6	无机氯含量（mg/L）	≤1	0.6	合格
7	钠含量（mg/kg）	≤2	2	合格
8	蒸发残渣（%）	≤0.003	0.005	不合格

（2016）W-250批次甲醇燃料检验结果　　　　表3-8

序号	指标名称	指标	检验结果	单选判定
1	外观	无色透明液体、无可见杂质	无色透明液体、无可见杂质	合格
2	密度（g/cm³）	0.791～0.793	0.791	合格
3	沸程（℃）	≤1	0.8	合格
4	水（%）	≤0.15	0.05	合格
5	酸（以HCOOH计）（%）	≤0.003	0.007	合格
6	无机氯含量（mg/L）	≤1	1	合格
7	钠含量（mg/kg）	≤2	1	合格
8	蒸发残渣（%）	≤0.003	0.008	不合格

（2016）W-251批次甲醇燃料检验结果　　　　表3-9

序号	指标名称	指标	检验结果	单选判定
1	外观	无色透明液体、无可见杂质	无色透明液体、无可见杂质	合格
2	密度（g/cm³）	0.791～0.793	0.791	合格
3	沸程（℃）	≤1	0.4	合格
4	水（%）	≤0.15	0.06	合格

续上表

序号	指标名称	指标	检验结果	单选判定
5	酸（以 HCOOH 计）(%)	≤0.003	0.0008	合格
6	无机氯含量(mg/L)	≤1	1	合格
7	钠含量(mg/kg)	≤2	0.3	合格
8	蒸发残渣(%)	≤0.003	0.001	合格

检验结果表明：两批次样品检验所检项目中除一次蒸发残渣不符合 GB/T 23510—2009 指标要求外，其余指标全部符合标准要求，原因在于 GB/T 23510—2009 标准中不含添加剂，而应用中的样品与抽检样品已经加入了添加剂，该添加剂是由汽车生产厂家指定，因而报告中综合判定该样品不合格，根据陕西省所送检的 6 个样品所出现的同一问题，及没有加入添加剂的(2016)W-251 检测报告综合考虑，所用 M100 符合使用要求，为合格产品。

宝鸡市分别在 2016 年 5 月 13 日和 2016 年 5 月 29 日抽取 2L 甲醇燃料，送到陕西省化工产品质量监督检验站送检，检验指标为外观、密度、沸程、水、酸、无机氯含量、钠含量、蒸发残渣 8 项，检验结果见表 3-10～表 3-12。

(2016)W-217 批次甲醇燃料检验结果　　　　表 3-10

序号	指标名称	指标	检验结果	单选判定
1	外观	无色透明液体、无可见杂质	无色透明液体、无可见杂质	合格
2	密度(g/cm³)	0.791～0.793	0.791	合格
3	沸程(℃)	≤1	0.7	合格
4	水(%)	≤0.15	0.11	合格
5	酸（以 HCOOH 计）(%)	≤0.003	0.002	合格
6	无机氯含量(mg/L)	≤1	1	合格
7	钠含量(mg/kg)	≤2	0.2	合格
8	蒸发残渣(%)	≤0.003	0.015	不合格

(2016)W-218 批次甲醇燃料检验结果　　　　表 3-11

序号	指标名称	指标	检验结果	单选判定
1	外观	无色透明液体、无可见杂质	无色透明液体、无可见杂质	合格
2	密度(g/cm³)	0.791～0.793	0.791	合格
3	沸程(℃)	≤1	0.6	合格
4	水(%)	≤0.15	0.1	合格
5	酸（以 HCOOH 计）(%)	≤0.003	0.002	合格
6	无机氯含量(mg/L)	≤1	1	合格
7	钠含量(mg/kg)	≤2	0.2	合格
8	蒸发残渣(%)	≤0.003	0.014	不合格

(2016)W-251 批次甲醇燃料检验结果　　　　　　表 3-12

序号	指标名称	指标	检验结果	单选判定
1	外观	无色透明液体、无可见杂质	无色透明液体、无可见杂质	合格
2	密度(g/cm³)	0.791～0.793	0.791	合格
3	沸程(℃)	≤1	0.4	合格
4	水(%)	≤0.15	0.06	合格
5	酸(以 HCOOH 计)(%)	≤0.003	0.0008	合格
6	无机氯含量(mg/L)	≤1	1	合格
7	钠含量(mg/kg)	≤2	0.3	合格
8	蒸发残渣(%)	≤0.003	0.001	合格

检验结果表明：两批次样品检验所检项目中除蒸发残渣不符合 GB/T 23510—2009 指标要求外，其余指标全部符合标准要求，原因在于 GB/T 23510—2009 标准中不含添加剂，而应用中的样品与抽检样品已经加入了添加剂，该添加剂是由汽车生产厂家单独认可，因而，报告中综合判定该样品不合格，根据陕西省所送检的 6 个样品所出现的同一问题，及没有加入添加剂的(2016)W-251 检测报告综合考虑，所用 M100 符合使用要求，为合格产品。

第六节　甲醇燃料出厂检验

一、西安市甲醇汽车所用燃料

西安市甲醇汽车所用燃料中的甲醇来自陕西兴化集团有限责任公司，该公司设计产能为年产 30 万 t 煤制甲醇及配套产品，质量可靠，为西安市甲醇汽车提供了稳定的来源。甲醇燃料添加剂生产厂家为吉利集团指定的广州岳华公司。

甲醇燃料调配完成后主要是对 M100 甲醇燃料进行出厂检测，检测的指标和内容符合相关标准，截至 2017 年 1 月底，其检测的产品未出现异常，满足了试点车辆的需求。

M100 出产检测按照 GB/T 23510—2009 标准进行，项目包括：燃料批次号、生产站点、生产日期、添加剂含量、密度、水分等（表 3-13）。添加剂的检测项目包括：生产厂家、添加燃料批次号、添加剂生产执行标准号及各项物化性能指标的测试。

M100 出厂检测数据表　　　　　　表 3-13

燃料批次号	生产站点	生产日期	添加剂含量(%)	外观	密度(g/m³)	水分(%)
20130806-BJ1-01	西安油库	2013 年 8 月 6 日	0.6	浅红色透明液体	0.793	0.061
20140121-BJ-01	西安油库	2014 年 1 月 21 日	0.6	淡红色透明液体	0.7911	0.08
20140327-BJ-02	西安油库	2014 年 3 月 27 日	0.6	淡红色透明液体	0.7911	0.08
20140505-BJ-03	西安油库	2014 年 5 月 5 日	0.6	淡红色透明液体	0.7911	0.08
20140625-BJ-04	西安油库	2014 年 6 月 25 日	0.6	淡红色透明液体	0.7911	0.08

续上表

燃料批次号	生产站点	生产日期	添加剂含量（%）	外观	密度（g/m³）	水分（%）
20140714-BJ-05	西安油库	2014年7月14日	0.6	淡红色透明液体	0.7911	0.08
20140915-BJ-06	西安油库	2014年9月15日	0.6	淡红色透明液体	0.7911	0.08
20141102-BJ-16	西安油库	2014年11月2日	0.6	淡红色透明液体	0.7918	0.06
20141112-BJ-17	西安油库	2014年11月12日	0.6	淡红色透明液体	0.7923	0.07
20141128-BJ-18	西安油库	2014年11月28日	0.6	淡红色透明液体	0.7915	0.08

2013年8月6日至2017年1月12日出厂检验全部合格。

试点期间，甲醇燃料由陕西宝姜石化公司甲醇汽（柴）油调制中心统一生产调配。甲醇燃料调配中心将生产的M100甲醇燃料提供给吉利汽车服务站点，并记录生产日期、产品批次，由特定负责调运和管理，保证整个过程安全顺利进行。

二、宝鸡市甲醇汽车所用燃料

宝鸡市试点的甲醇燃料供应商为延长中立宝鸡分公司，三个燃料加注站分别为延长中立宝鸡分公司下设的延长中立加注站、鑫台商贸加注站和中油远洋加注站。截至2017年1月底，宝鸡市试点运行车辆共消耗M100甲醇燃料4650.264t，全部为合格产品。延长中立宝鸡分公司加注数据见表3-14、表3-15。

延长中立宝鸡分公司2014年M100加注数据　　　表3-14

加注时间	销售量（t）
1—5月	14.86
6—10月	61.47
11—12月	36.81

延长中立宝鸡分公司2015年1月—2017年1月M100加注数据　　　表3-15

加注时间	销售量（t）
2015年1—3月	28.8
2015年4—6月	36.064
2015年7—9月	29.157
2015年10—12月	20.263
2016年1—3月	117.31
2016年4—6月	779.708
2016年7—8月	415.419
2016年9—10月	292.359
2016年11月—2017年1月	433.584

2014年12月宝鸡市新上市了100辆吉利SC7轿车，配套的宝鸡市鑫台商贸有限公司加

注站的购销量较大,由于投入的营运车辆较多,销售量一直较高(表3-16)。

鑫台商贸 2014—2016 年 M100 加注数据　　　　　表3-16

加注时间	销售量(t)
2014 年 12 月	143
2015 年 1—3 月	365
2015 年 4—6 月	381
2015 年 7—9 月	404.9
2015 年 10—12 月	387.79
2016 年 1—3 月	702.77

第四章 甲醇汽车运行里程与燃料消耗数据采集与分析

第一节 甲醇汽车运行里程数据分析

一、西安市甲醇汽车运行状态

西安市试点运行甲醇汽车为20辆,试点启动后总计运行时间为两年四个月。截至运行结束,甲醇出租汽车运行总里程为5745241km,甲醇出租汽车单车平均总行驶里程为287262.05km。图4-1显示了运行中第一次统计的分月度吉利SC7甲醇汽车月均行驶里程,图4-2显示了第二次统计的分月度吉利SC7甲醇汽车单车月均行驶里程。图4-3显示了第三次统计的分月度吉利SC7甲醇汽车单车月均行驶里程。

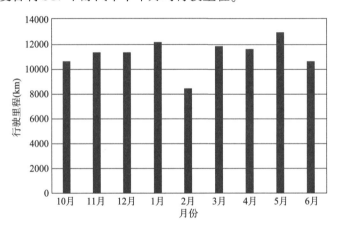

图4-1 西安市出租汽车第一次统计月均行驶里程

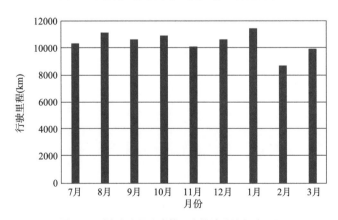

图4-2 西安市出租汽车第二次统计月均行驶里程

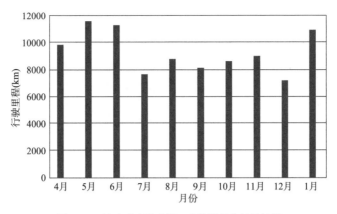

图 4-3 西安市出租汽车第三次统计月均行驶里程

二、宝鸡市甲醇汽车运行状态

宝鸡市试点运行甲醇汽车最多,启动时间最早,总计运行时间为三年,其中甲醇微型客车总行驶里程 445208km,甲醇出租汽车运行总里程为 18928665km,甲醇微型客车单车平均总行驶里程为 29680.53km,甲醇出租汽车单车平均总行驶里程为 189286.65km,图 4-4 及图 4-5 显示了第一次和第二次统计车甲醇微型客车单车月均行驶里程,图 4-6 显示了第三次统计甲醇微型客车单车月均行驶里程。图 4-7 和图 4-8 显示了第一次和第二次统计吉利 SC7 甲醇汽车单车月均行驶里程。

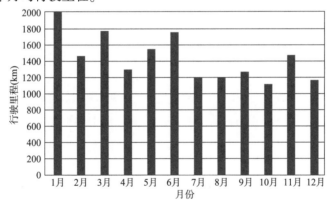

图 4-4 宝鸡市甲醇微型客车第一次统计月均行驶里程

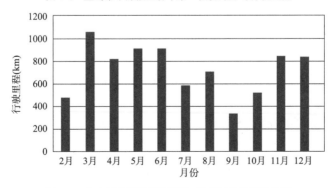

图 4-5 宝鸡市甲醇微型客车第二次统计月均行驶里程

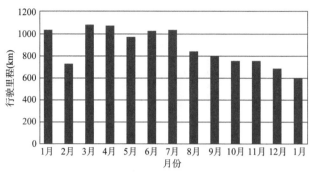

图 4-6　宝鸡市甲醇微型客车第三次统计月均行驶里程

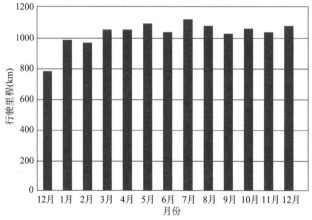

图 4-7　宝鸡市出租汽车第一次统计月均行驶里程

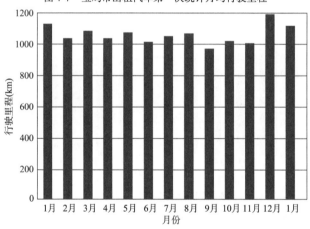

图 4-8　宝鸡市出租汽车第二次统计月均行驶里程

第二节　甲醇汽车 M100 燃料消耗量数据分析

一、西安市甲醇汽车燃料消耗量

1. 甲醇燃料消耗量统计

截至运行结束，西安市甲醇汽车 M100 甲醇燃料消耗总量 89.53 万 L，平均百公里甲醇消耗量为 15.58L。第一次统计吉利 SC7 甲醇出租汽车车况良好，20 辆甲醇汽车中，最大月均行驶里程 12917.95km,最小月均行驶里程 8492.25km。20 辆甲醇汽车月均百公里甲醇消耗量如图 4-9 所示。第二次统计吉利 SC7 甲醇出租汽车最大月均行驶里程为 11443.15km,最小月均行驶里程为 8720.15km。第二次统计 20 辆甲醇出租汽车月均百公里甲醇消耗量如图 4-10 所示。第三次统计吉利 SC7 甲醇出租汽车最大月均行驶里程为 11598.4km,最小月均行驶里程为 7173km。20 辆车月均百公里甲醇消耗量如图 4-11 所示。

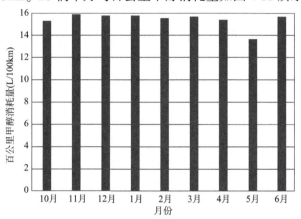

图 4-9　西安市第一次统计甲醇出租汽车月均百公里甲醇消耗量

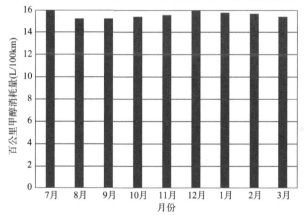

图 4-10　西安市第二次统计甲醇出租汽车月均百公里甲醇消耗量

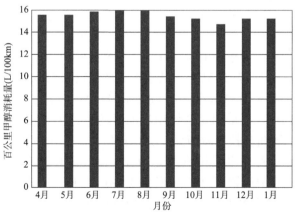

图 4-11　西安市第三次统计甲醇出租汽车月均百公里甲醇消耗量

注意:除甲醇外,车辆还需加入汽油辅助起动。

2. 甲醇汽车月均燃料消耗量统计分析

第一月份甲醇试点车辆单车平均行驶里程10614.15km,百公里平均甲醇消耗量15.3L,汽油消耗量0.29L。车辆完全燃用汽油时的百公里汽油消耗量以9.8L计算,甲醇、汽油比为1.56。汽油价格按当时5.86元/L、CNG(压缩天然气)价格按3.7元/m^3(9.8m^3/100km)、甲醇价格按2.85元/L计,则每百公里费用汽油车为57.428元、CNG车为36.26元、甲醇车为43.605元,百公里燃用甲醇比燃用纯汽油便宜13.823元,比燃用天然气贵7.345元。

第二月份甲醇试点车辆单车平均行驶里程11235.8km,百公里平均甲醇消耗量15.9L,汽油消耗量0.16L。车辆完全燃用汽油时的百公里汽油消耗量以9.8L计算,甲醇、汽油比为1.62。汽油价格按5.86元/L、CNG价格按3.7元/m^3(9.8m^3/100km)、甲醇价格按2.85元/L计,则每百公里费用汽油车为57.428元、CNG车为36.26元、甲醇车为45.315元,百公里燃用甲醇比燃用纯汽油便宜12.113元,比燃用天然气贵9.055元。

第三月份甲醇试点车辆单车平均行驶里程11357.5km,百公里平均甲醇消耗量15.76L,汽油消耗量0.17L。车辆完全燃用汽油时的百公里汽油消耗量以9.8L计算,甲醇、汽油比为1.61。汽油价格按5.86元/L、CNG价格按3.7元/m^3(9.8m^3/100km)、甲醇价格按2.85元/L计,则每百公里费用汽油车为57.428元、CNG车为36.26元、甲醇车为44.916元,百公里燃用甲醇比燃用纯汽油便宜12.512元,比燃用天然气贵8.656元。

第四月份甲醇试点车辆单车平均行驶里程12096.65km,百公里平均甲醇消耗量15.83L,汽油消耗量0.13L。车辆完全燃用汽油时的百公里汽油消耗量以9.8L计算,甲醇、汽油比为1.62。汽油价格按5.86元/L、CNG价格按3.6元/m^3(9.8m^3/100km)、甲醇价格按2.85元/L计,则每百公里费用汽油车为57.428元、CNG车为36.26元、甲醇车为45.116元,百公里燃用甲醇比燃用纯汽油便宜12.3125元,比燃用天然气贵8.856元。

第五月份甲醇试点车辆单车平均行驶里程8492.25km,百公里平均甲醇消耗量15.57L,汽油消耗量0.19L。车辆完全燃用汽油时的百公里汽油消耗量以9.8L计算,甲醇、汽油比为1.59。汽油价格按5.86元/L、CNG价格按3.7元/m^3(9.8m^3/100km)、甲醇价格按2.85元/L计,则每百公里费用汽油车为57.428元、CNG车为36.26元、甲醇车为44.3745元,百公里燃用甲醇比燃用纯汽油便宜13.0535元,比燃用天然气贵8.1145元。

第六月份甲醇试点车辆单车平均行驶里程11853.5km,百公里平均甲醇消耗量15.76L,汽油消耗量0.14L。车辆完全燃用汽油时的百公里汽油消耗量以9.8L计算,甲醇、汽油比为1.61。汽油价格按5.86元/L、CNG价格按3.7元/m^3(9.8m^3/100km)、甲醇价格按2.85元/L计,则每百公里费用汽油车为57.428元、CNG车为36.26元、甲醇车为44.916元,百公里燃用甲醇比燃用纯汽油便宜12.512元,比燃用天然气贵8.656元。

第七月份甲醇试点车辆单车平均行驶里程11623.45km,百公里平均甲醇消耗量15.42L,汽油消耗量0.147L。车辆完全燃用汽油时的百公里汽油消耗量以9.8L计算,甲醇、汽油比为1.57。汽油价格按5.86元/L、CNG价格按3.7元/m^3(9.8m^3/100km)、甲醇价格按2.85元/L计,则每百公里费用汽油车为57.428元、CNG车为36.26元、甲醇车为43.947元,百公里燃用甲醇比燃用纯汽油便宜13.481元,比燃用天然气贵7.687元。

第八月份甲醇试点车辆单车平均行驶里程12917.95km,百公里平均甲醇消耗量13.7L,汽油消耗量0.14L。车辆完全燃用汽油时的百公里汽油消耗量以9.8L计算,甲醇、汽油比为1.40。汽油价格按5.86元/L、CNG价格按3.26元/m^3(9.8m^3/100km)、甲醇价格按2.65

元/L 计,则每百公里费用汽油车为 57.428 元、CNG 车为 31.948 元、甲醇车为 36.305 元,百公里燃用甲醇比燃用纯汽油便宜 21.123 元,比燃用天然气贵 4.357 元。

第九月份甲醇试点车辆单车平均行驶里程 10579.35km,百公里平均甲醇消耗量 15.79L,汽油消耗量 0.198L。车辆完全燃用汽油时的百公里汽油消耗量以 9.8L 计算,甲醇、汽油比为 1.61。汽油价格按 5.86 元/L、CNG 价格按 3.26 元/m^3(9.8m^3/100km)、甲醇价格按 2.65 元/L 计,则每百公里费用汽油车为 57.428 元、CNG 车为 31.948 元、甲醇车为 41.8435 元,百公里燃用甲醇比燃用纯汽油便宜 15.5845 元,比燃用天然气贵 9.8955 元。

第十月份甲醇试点车辆单车平均行驶里程 10330.7km,百公里平均甲醇消耗量 16.92L,汽油消耗量 0.21L。车辆完全燃用汽油时的百公里汽油消耗量以 9.8L 计算,甲醇、汽油比为 1.73。汽油价格按 5.86 元/L、CNG 价格按 3.26 元/m^3(9.8m^3/100km)、甲醇价格按 2.6 元/L 计,则每百公里费用汽油车为 57.428 元、CNG 车为 31.948 元、甲醇车为 43.992 元,百公里燃用甲醇比燃用纯汽油便宜 13.436 元,比燃用天然气贵 12.044 元。

第十一月份甲醇试点车辆单车平均行驶里程 11136.8km,百公里平均甲醇消耗量 15.22L,汽油消耗量 0.2L。车辆完全燃用汽油时的百公里汽油消耗量以 9.8L 计算,甲醇、汽油比为 1.55。汽油价格按 5.86 元/L、CNG 价格按 3.26 元/m^3(9.8m^3/100km)、甲醇价格按 2.6 元/L 计,则每百公里费用汽油车为 57.428 元、CNG 车为 31.948 元、甲醇车为 39.572 元,百公里燃用甲醇比燃用纯汽油便宜 17.856 元,比燃用天然气贵 7.624 元。

第十二月份甲醇试点车辆单车平均行驶里程 10630.85km,百公里平均甲醇消耗量 15.26L,汽油消耗量 0.21L。车辆完全燃用汽油时的百公里汽油消耗量以 9.8L 计算,甲醇、汽油比为 1.56。汽油价格按 5.86 元/L、CNG 价格按 3.26 元/m^3(9.8m^3/100km)、甲醇价格按 2.6 元/L 计,则每百公里费用汽油车为 57.428 元、CNG 车为 31.948 元、甲醇车为 39.676 元,百公里燃用甲醇比燃用纯汽油便宜 17.752 元,比燃用天然气贵 7.728 元。

第十三月份甲醇试点车辆单车平均行驶里程 10865km,百公里平均甲醇消耗量 15.5L,汽油消耗量 0.2L。车辆完全燃用汽油时的百公里汽油消耗量以 9.8L 计算,甲醇、汽油比为 1.58。汽油价格按 5.86 元/L、CNG 价格按 3.26 元/m^3(9.8m^3/100km)、甲醇价格按 2.6 元/L 计,则每百公里费用汽油车为 57.428 元、CNG 车为 31.948 元、甲醇车为 40.3 元,百公里燃用甲醇比燃用纯汽油便宜 17.128 元,比燃用天然气贵 8.352 元。

第十四月份甲醇试点车辆单车平均行驶里程 10108.45km,百公里平均甲醇消耗量 15.65L,汽油消耗量 0.2L。车辆完全燃用汽油时的百公里汽油消耗量以 9.8L 计算,甲醇、汽油比为 1.6。汽油价格按 5.86 元/L、CNG 价格按 3.26 元/m^3(9.8m^3/100km)、甲醇价格按 2.5 元/L 计,则每百公里费用汽油车为 57.428 元、CNG 车为 31.948 元、甲醇车为 39.125 元,百公里燃用甲醇比燃用纯汽油便宜 18.303 元,比燃用天然气贵 7.177 元。

第十五月份甲醇试点车辆单车平均行驶里程 10656.25km,百公里平均甲醇消耗量 16.06L,汽油消耗量 0.2L。车辆完全燃用汽油时的百公里汽油消耗量以 9.8L 计算,甲醇、汽油比为 1.64。汽油价格按 5.67 元/L、CNG 价格按 3.26 元/m^3(9.8m^3/100km)、甲醇价格按 2.5 元/L 计,则每百公里费用汽油车为 55.566 元、CNG 车为 31.948 元、甲醇车为 40.15 元,百公里燃用甲醇比燃用纯汽油便宜 15.416 元,比燃用天然气贵 8.202 元。

第十六月份甲醇试点车辆单车平均行驶里程 11443.15km,百公里平均甲醇消耗量

15.75L,汽油消耗量0.2L。车辆完全燃用汽油时的百公里汽油消耗量以9.8L计算,甲醇、汽油比为1.61。汽油价格按5.67元/L、CNG价格按3.26元/m^3(9.8m^3/100km)、甲醇价格按2.5元/L计,则每百公里费用汽油车为55.566元、CNG车为31.948元、甲醇车为39.375元,百公里燃用甲醇比燃用纯汽油便宜16.191元,比燃用天然气贵7.427元。

第十七月份甲醇试点车辆单车平均行驶里程8720.15km,百公里平均甲醇消耗量15.69L,汽油消耗量0.21L。车辆完全燃用汽油时的百公里汽油消耗量以9.8L计算,甲醇、汽油比为1.6。汽油价格按5.67元/L、CNG价格按3.26元/m^3(9.8m^3/100km)、甲醇价格按2.5元/L计,则每百公里费用汽油车为55.566元、CNG车为31.948元、甲醇车为39.225元,百公里燃用甲醇比燃用纯汽油便宜16.341元,比燃用天然气贵7.277元。

第十八月份甲醇试点车辆单车平均行驶里程9952.9km,百公里平均甲醇消耗量15.46L,汽油消耗量0.19L。车辆完全燃用汽油时的百公里汽油消耗量以9.8L计算,甲醇、汽油比为1.58。汽油价格按5.67元/L、CNG价格按3.26元/m^3(9.8m^3/100km)、甲醇价格按2.5元/L计,则每百公里费用汽油车为55.566元、CNG车为31.948元、甲醇车为38.65元,百公里燃用甲醇比燃用纯汽油便宜16.916元,比燃用天然气贵6.702元。

第十九月份甲醇试点车辆单车平均行驶里程9780.9km,百公里平均甲醇消耗量15.67L,汽油消耗量0.19L。车辆完全燃用汽油时的百公里汽油消耗量以9.8L计算,甲醇、汽油比为1.6。汽油价格按5.67元/L、CNG价格按3.26元/m^3(9.8m^3/100km)、甲醇价格按2.5元/L计,则每百公里费用汽油车为55.566元、CNG车为31.948元、甲醇车为39.175元,百公里燃用甲醇比燃用纯汽油便宜16.391元,比燃用天然气贵7.227元。

第二十月份甲醇试点车辆单车平均行驶里程11598.4km,百公里平均甲醇消耗量15.62L,汽油消耗量0.17L。车辆完全燃用汽油时的百公里汽油消耗量以9.8L计算,甲醇、汽油比为1.59。汽油价格按5.67元/L、CNG价格按3.26元/m^3(9.8m^3/100km)、甲醇价格按2.5元/L计,则每百公里费用汽油车为55.566元、CNG车为31.948元,甲醇车为39.05元,百公里燃用甲醇比燃用纯汽油便宜16.516元,比燃用天然气贵7.102元。

第二十一月份甲醇试点车辆单车平均行驶里程11266.05km,百公里平均甲醇消耗量15.95L,汽油消耗量0.21L。车辆完全燃用汽油时的百公里汽油消耗量以9.8L计算,甲醇、汽油比为1.63。汽油价格按5.67元/L、CNG价格按3.26元/m^3(9.8m^3/100km)、甲醇价格按2.5元/L计,则每百公里费用汽油车为55.566元、CNG车为31.948元、甲醇车为39.875元,百公里燃用甲醇比燃用纯汽油便宜15.691元,比燃用天然气贵7.927元。

第二十二月份甲醇试点车辆单车平均行驶里程7601.35km,百公里平均甲醇消耗量16.28L,汽油消耗量0.25L。车辆完全燃用汽油时的百公里汽油消耗量以9.8L计算,甲醇、汽油比为1.66。汽油价格按5.67元/L、CNG价格按3.26元/m^3(9.8m^3/100km)、甲醇价格按2.5元/L计,则每百公里费用汽油车为55.566元、CNG车为31.948元、甲醇车为40.7元,百公里燃用甲醇比燃用纯汽油便宜14.866元,比燃用天然气贵8.752元。

第二十三月份甲醇试点车辆单车平均行驶里程8723.45km,百公里平均甲醇消耗量16.44L,汽油消耗量0.23L。车辆完全燃用汽油时的百公里汽油消耗量以9.8L计算,甲醇、汽油比为1.68。汽油价格按5.67元/L、CNG价格按3.26元/m^3(9.8m^3/100km)、甲醇价格按2.5元/L计,则每百公里费用汽油车为55.566元、CNG车为31.948元、甲醇车为41.1元,百公里燃用甲醇比燃用纯汽油便宜14.466元,比燃用天然气贵9.152元。

第二十四月份甲醇试点车辆单车平均行驶里程 8095km,百公里平均甲醇消耗量 15.5L,汽油消耗量 0.23L。车辆完全燃用汽油时的百公里汽油消耗量以 9.8L 计算,甲醇、汽油比为 1.58。汽油价格按 5.67 元/L、CNG 价格按 3.26 元/m³(9.8m³/100km)、甲醇价格按 2.5 元/L 计,则每百公里费用汽油车为 55.566 元、CNG 车为 31.948 元,甲醇车为 38.75 元,百公里燃用甲醇比燃用纯汽油便宜 16.816 元,比燃用天然气贵 6.802 元。

第二十五月份甲醇试点车辆单车平均行驶里程 8555.55km,百公里平均甲醇消耗量 15.32L,汽油消耗量 0.23L。车辆完全燃用汽油时的百公里汽油消耗量以 9.8L 计算,甲醇、汽油比为 1.56。汽油价格按 5.67 元/L、CNG 价格按 3.26 元/m³(9.8m³/100km)、甲醇价格按 2.5 元/L 计,则每百公里费用汽油车为 55.566 元、CNG 车为 31.948 元,甲醇车为 38.3 元,百公里燃用甲醇比燃用纯汽油便宜 17.266 元,比燃用天然气贵 6.352 元。

第二十六月份甲醇试点车辆单车平均行驶里程 8948.8km,百公里平均甲醇消耗量 14.8L,汽油消耗量 0.23L。车辆完全燃用汽油时的百公里汽油消耗量以 9.8L 计算,甲醇、汽油比为 1.51。汽油价格按 5.67 元/L、CNG 价格按 3.26 元/m³(9.8m³/100km)、甲醇价格按 2.5 元/L 计,则每百公里费用汽油车为 55.566 元、CNG 车为 31.948 元、甲醇车为 37 元,百公里燃用甲醇比燃用纯汽油便宜 18.566 元,比燃用天然气贵 5.052 元。

第二十七月份甲醇试点车辆单车平均行驶里程 7173km,百公里平均甲醇消耗量 15.27L,汽油消耗量 0.23L。车辆完全燃用汽油时的百公里汽油消耗量以 9.8L 计算,甲醇、汽油比为 1.56。汽油价格按 5.67 元/L、CNG 价格按 3.26 元/m³(9.8m³/100km)、甲醇价格按 2.5 元/L 计,则每百公里费用汽油车为 55.566 元、CNG 车为 31.948 元、甲醇车为 38.175 元,百公里燃用甲醇比燃用纯汽油便宜 17.391 元,比燃用天然气贵 6.227 元。

第二十八月份甲醇试点车辆单车平均行驶里程 10904.7km,百公里平均甲醇消耗量 15.3L,汽油消耗量 0.21L。车辆完全燃用汽油时的百公里汽油消耗量以 9.8L 计算,甲醇、汽油比为 1.56。汽油价格按 5.67 元/L、CNG 价格按 3.26 元/m³(9.8m³/100km)、甲醇价格按 2.5 元/L 计,则每百公里费用汽油车为 55.566 元、CNG 车为 31.948 元、甲醇车为 38.25 元,百公里燃用甲醇比燃用纯汽油便宜 17.316 元,比燃用天然气贵 6.302 元。

三种燃料车辆的每百公里费用对比见表 4-1。

三种燃料车辆的每百公里费用对比　　　　　表 4-1

月份	单车月均行驶里程(km)	甲醇消耗量(L/100km)	甲醇车费(元/100km)	汽油车费(元/100km)	CNG 车费(元/100km)	与汽油对比(元/100km)	与 CNG 对比(元/100km)
1	10614.15	15.3	43.605	57.428	36.26	↓13.823	↑7.345
2	11235.8	15.95	45.4575	—	—	↓11.9705	↑9.1975
3	11357.5	15.76	44.916	—	—	↓12.512	↑8.656
4	12096.65	15.83	45.1155	—	—	↓12.3125	↑8.8555
5	8492.25	15.57	44.3745	—	—	↓13.0535	↑8.1145
6	11853.5	15.76	44.916	—	—	↓12.512	↑8.656
7	11623.45	15.42	43.947	—	—	↓13.481	↑7.687
8	12917.95	13.7	36.305	—	31.948	↓21.123	↑4.357

续上表

月份	单车月均行驶里程(km)	甲醇消耗量(L/100km)	甲醇车费(元/100km)	汽油车费(元/100km)	CNG车费(元/100km)	与汽油对比(元/100km)	与CNG对比(元/100km)
9	10579.35	15.79	41.8435	—	—	↓15.5845	↑9.8955
10	10330.7	16.92	43.992	—	—	↓13.436	↑12.044
11	11136.8	15.22	39.572	—	—	↓17.856	↑7.624
12	10630.85	15.26	39.676	—	—	↓17.752	↑7.728
13	10865	15.5	40.3	—	—	↓17.128	↑8.352
14	10108.45	15.65	39.125	—	—	↓18.303	↑7.177
15	10656.25	16.06	40.15	55.566	—	↓15.416	↑8.202
16	11443.15	15.75	39.375	—	—	↓16.191	↑7.427
17	8720.15	15.69	39.225	—	—	↓16.341	↑7.277
18	9952.9	15.46	38.65	—	—	↓16.916	↑6.702
19	9780.9	15.67	39.175	—	—	↓16.391	↑7.227
20	11598.4	15.62	39.05	—	—	↓16.516	↑7.102
21	11266.05	15.95	39.875	—	—	↓15.691	↑7.927
22	7601.35	16.28	40.7	—	—	↓14.866	↑8.752
23	8723.45	16.44	41.1	—	—	↓14.466	↑9.152
24	8095	15.5	38.75	—	—	↓16.816	↑6.802
25	8555.55	15.32	38.3	—	—	↓17.266	↑6.352
26	8948.8	14.81	37.025	—	—	↓18.541	↑5.077
27	7173	15.27	38.175	—	—	↓17.391	↑6.227
28	10904.7	15.3	38.25	—	—	↓17.316	↑6.302

二、宝鸡市甲醇汽车燃料消耗量

1. 甲醇燃料消耗量统计

（1）甲醇微型客车。

宝鸡市甲醇微型客车运行期间M100甲醇燃料的消耗量为7.5万L。第一次统计甲醇微型客车月均百公里燃料消耗量如图4-12所示，全年平均值为6.27L/100km。冬季比夏季燃料消耗量高，这是由于冬季车内采暖和车辆低温状况所致。另外，甲醇车刚投入使用时，车辆磨合期及驾驶员操作不习惯也是燃料消耗较高的一个原因。第二次统计甲醇微型客车月均百公里燃料消耗量如图4-13所示。第三次统计甲醇微型客车月均百公里燃料消耗量如图4-14所示。

第一次统计，9辆甲醇微型客车单车月均行驶里程1444.667km，百公里平均甲醇消耗量16.27L。汽油价格按5.86元/L（9.8L/100km）、CNG价格按3.7元/m^3（9.8m^3/100km）、甲醇价格按 1.9 元/L 计,每百公里费用汽油车为 57.428 元、CNG 车为 36.26 元、甲醇车为 30.91 元,百公里燃用甲醇比燃用纯汽油便宜 26.518 元,比燃用天然气便宜 5.35 元。

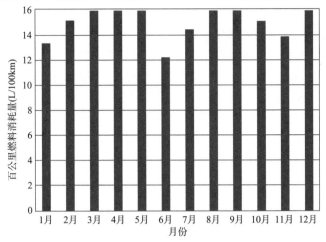

图 4-12　宝鸡市第一次统计甲醇微型客车月均燃料消耗量

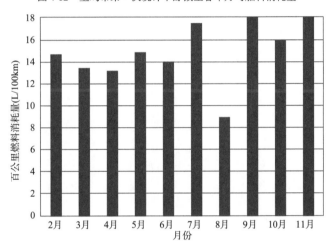

图 4-13　宝鸡市第二次统计甲醇微型客车月均燃料消耗量

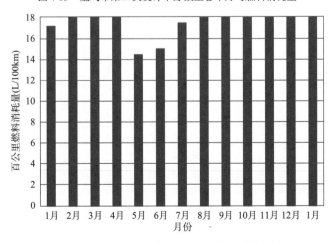

图 4-14　宝鸡市第三次统计甲醇微型客车月均燃料消耗量

第二次统计,15辆甲醇微型客车单车平均行驶里717.1km,百公里平均甲醇消耗量15.3L。汽油价格按5.86元/L、CNG价格按3.7元/m³、甲醇价格按1.9元/L计,则每百公里费用汽油车为57.428元、CNG车为36.26元、甲醇车为29.07元,百公里燃用甲醇比燃用纯汽油便宜28.358元,比燃用天然气便宜7.19元。

第三次统计,15辆甲醇微型客车单车平均行驶里程876.2km,百公里平均甲醇消耗量18.0L。汽油价格按5.67元/L、CNG价格按3.12元/m³、甲醇价格按2.3元/L计,则每百公里费用汽油车为55.566元、CNG车为30.576元、甲醇车为41.4元,百公里燃用甲醇比燃用纯汽油便宜14.166元,比燃用天然气贵10.824元。

(2)甲醇出租汽车。

宝鸡市运行期间甲醇出租汽车平均百公里甲醇消耗量15.4L。

第一次统计运营的吉利SC7甲醇出租汽车车况良好,抽取100辆车的运行数据进行了检查,100辆车中,最大月均行驶里程11186.88km,最小月均行驶里程7832km。100辆车月均百公里甲醇消耗量如图4-15所示。第二次统计运营的吉利SC7甲醇出租汽车最大月均行驶里程为11346.18km,最小月均行驶里程为9679.17km。100辆车月均百公里甲醇消耗量如图4-16所示。

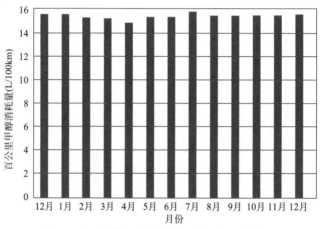

图4-15 宝鸡市第一次统计出租汽车月均甲醇消耗量

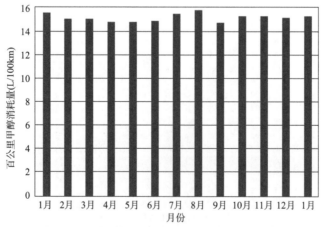

图4-16 宝鸡市第二次统计出租汽车月均甲醇消耗量

注意:除甲醇外,车辆还需加入汽油辅助起动,上图中未计入。

2. 甲醇出租汽车月均燃料消耗量统计分析

第一月份甲醇试点车辆单车平均行驶里程7832km，百公里平均甲醇消耗量15.7L，汽油消耗量0.16L。车辆完全燃用汽油时的百公里汽油消耗量以9.8L计算，甲醇、汽油比为1.6。汽油价格按5.86元/L、CNG价格按3.7元/m^3（9.8m^3/100km）、甲醇价格按1.9元/L计，则每百公里费用汽油车为57.428元、CNG车为36.26元、甲醇车为29.83元，百公里燃用甲醇比燃用纯汽油便宜27.598元，比燃用天然气便宜6.43元。

第二月份甲醇试点车辆单车平均行驶里程9856.58km，百公里平均甲醇消耗量15.67L，汽油消耗量0.32L。车辆完全燃用汽油时的百公里汽油消耗量以9.8L计算，甲醇、汽油比为1.6。汽油价格按5.86元/L、CNG价格按3.6元/m^3（9.8m^3/100km）、甲醇价格按1.9元/L计，则每百公里费用汽油车为57.428元、CNG车为36.26元、甲醇车为29.773元，百公里燃用甲醇比燃用纯汽油便宜27.655元，比燃用天然气便宜6.487元。

第三月份甲醇试点车辆单车平均行驶里程9640.24km，百公里平均甲醇消耗量15.34L，汽油消耗量0.24L。车辆完全燃用汽油时的百公里汽油消耗量以9.8L计算，甲醇、汽油比为1.57。汽油价格按5.86元/L、CNG价格按3.7元/m^3（9.8m^3/100km）、甲醇价格按1.9元/L计，则每百公里费用汽油车为57.428元、CNG车为36.26元、甲醇车为29.146元，百公里燃用甲醇比燃用纯汽油便宜28.282元，比燃用天然气便宜7.114元。

第四月份甲醇试点车辆单车平均行驶里程10522.51km，百公里平均甲醇消耗量15.28L，汽油消耗量0.32L。车辆完全燃用汽油时的百公里汽油消耗量以9.8L计算，甲醇、汽油比为1.56。汽油价格按5.86元/L、CNG价格按3.7元/m^3（9.8m^3/100km）、甲醇价格按1.9元/L计，则每百公里费用汽油车为57.428元、CNG车为36.26元、甲醇车为29.032元，百公里燃用甲醇比燃用纯汽油便宜28.396元，比燃用天然气便宜7.228元。

第五月份甲醇试点车辆单车平均行驶里程10553.86km，百公里平均甲醇消耗量14.92L，汽油消耗量0.29L。车辆完全燃用汽油时的百公里汽油消耗量以9.8L计算，甲醇、汽油比为1.52。汽油价格按5.86元/L、CNG价格按3.7元/m^3（9.8m^3/100km）、甲醇价格按1.9元/L计，则每百公里费用汽油车为57.428元、CNG车为36.26元、甲醇车为28.348元，百公里燃用甲醇比燃用纯汽油便宜29.08元，比燃用天然气便宜7.912元。

第六月份甲醇试点车辆单车平均行驶里程10927.9km，百公里平均甲醇消耗量15.42L，汽油消耗量0.46L。车辆完全燃用汽油时的百公里汽油消耗量以9.8L计算，甲醇、汽油比为1.57。汽油价格按5.86元/L、CNG价格按3.7元/m^3（9.8m^3/100km）、甲醇价格按1.9元/L计，则每百公里费用汽油车为57.428元、CNG车为36.26元、甲醇车为29.298元，百公里燃用甲醇比燃用纯汽油便宜28.13元，比燃用天然气便宜6.962元。

第七月份甲醇试点车辆单车平均行驶里程10352.2km，百公里平均甲醇消耗量15.36L，汽油消耗量0.31L。车辆完全燃用汽油时的百公里汽油消耗量以9.8L计算，甲醇、汽油比为1.57。汽油价格按5.86元/L、CNG价格按3.7元/m^3（9.8m^3/100km）、甲醇价格按1.9元/L计，则每百公里费用汽油车为57.428元、CNG车为36.26元、甲醇车为29.184元，百公里燃用甲醇比燃用纯汽油便宜28.244元，比燃用天然气便宜7.076元。

第八月份甲醇试点车辆单车平均行驶里程11186.88km，百公里平均甲醇消耗量15.93L，汽油消耗量0.32L。车辆完全燃用汽油时的百公里汽油消耗量以9.8L计算、甲醇、汽油比为1.63。汽油价格按5.86元/L、CNG价格按3.7元/m^3（9.8m^3/100km）、甲醇价格按 1.9 元/L 计,则每百公里费用汽油车为 57.428 元、CNG 车为 36.26 元、甲醇车为 30.267 元,百公里燃用甲醇比燃用纯汽油便宜 27.161 元,比燃用天然气便宜 5.993 元。

第九月份甲醇试点车辆单车平均行驶里程 10755.89km,百公里平均甲醇消耗量 15.6L,汽油消耗量 0.31L。车辆完全燃用汽油时的百公里汽油消耗量以 9.8L 计算,甲醇、汽油比为 1.59。汽油价格按 5.86 元/L、CNG 价格按 3.7 元/m³(9.8m³/100km)、甲醇价格按 1.9 元/L 计,则每百公里费用汽油车为 57.428 元、CNG 车为 36.26 元、甲醇车为 29.64 元,百公里燃用甲醇比燃用纯汽油便宜 27.788 元,比燃用天然气便宜 6.62 元。

第十月份甲醇试点车辆单车平均行驶里程 10260.78km,百公里平均甲醇消耗量 15.6L,汽油消耗量 0.31L。车辆完全燃用汽油时的百公里汽油消耗量以 9.8L 计算,甲醇、汽油比为 1.59。汽油价格按 5.86 元/L、CNG 价格按 3.7 元/m³(9.8m³/100km)、甲醇价格按 1.9 元/L 计,则每百公里费用汽油车为 57.428 元、CNG 车为 36.26 元、甲醇车为 29.64 元,百公里燃用甲醇比燃用纯汽油便宜 27.788 元,比燃用天然气便宜 6.62 元。

第十一月份甲醇试点车辆单车平均行驶里程 10595.54km,百公里平均甲醇消耗量 15.6L,汽油消耗量 0.31L。车辆完全燃用汽油时的百公里汽油消耗量以 9.8L 计算,甲醇、汽油比为 1.59。汽油价格按 5.86 元/L、CNG 价格按 3.7 元/m³(9.8m³/100km)、甲醇价格按 1.9 元/L 计,则每百公里费用汽油车为 57.428 元、CNG 车为 36.26 元、甲醇车为 29.64 元,百公里燃用甲醇比燃用纯汽油便宜 27.788 元,比燃用天然气便宜 6.62 元。

第十二月份甲醇试点车辆单车平均行驶里程 10335.01km,百公里平均甲醇消耗量 15.6L,汽油消耗量 0.32L。车辆完全燃用汽油时的百公里汽油消耗量以 9.8L 计算,甲醇、汽油比为 1.59。汽油价格按 5.86 元/L、CNG 价格按 3.7 元/m³(9.8m³/100km)、甲醇价格按 1.9 元/L 计,则每百公里费用汽油车为 57.428 元、CNG 车为 36.26 元、甲醇车为 29.64 元,百公里燃用甲醇比燃用纯汽油便宜 27.788 元,比燃用天然气便宜 6.62 元。

第十三月份甲醇试点车辆单车平均行驶里程 10708.97km,百公里平均甲醇消耗量 15.68L,汽油消耗量 0.34L。车辆完全燃用汽油时的百公里汽油消耗量以 9.8L 计算,甲醇、汽油比为 1.6。汽油价格按 5.67 元/L、CNG 价格按 3.12 元/m³(9.8m³/100km)、甲醇价格按 2.3 元/L 计,则每百公里费用汽油车为 55.566 元、CNG 车为 30.576 元、甲醇车为 36.064 元,百公里燃用甲醇比燃用纯汽油便宜 19.502 元,比燃用天然气贵 5.488 元。

第十四月份甲醇试点车辆单车平均行驶里程 11346.18km,百公里平均甲醇消耗量 15.76L,汽油消耗量 0.3L。车辆完全燃用汽油时的百公里汽油消耗量以 9.8L 计算,甲醇、汽油比为 1.6。汽油价格按 5.67 元/L、CNG 价格按 3.12 元/m³(9.8m³/100km)、甲醇价格按 2.3 元/L 计,则每百公里费用汽油车为 55.566 元、CNG 车为 30.576 元、甲醇车为 36.248 元,百公里燃用甲醇比燃用纯汽油便宜 19.318 元,比燃用天然气贵 5.672 元。

第十五月份甲醇试点车辆单车平均行驶里程 10449.05km,百公里平均甲醇消耗量 15.27L,汽油消耗量 0.25L。车辆完全燃用汽油时的百公里汽油消耗量以 9.8L 计算,甲醇、汽油比为 1.56。汽油价格按 5.67 元/L、CNG 价格按 3.12 元/m³(9.8m³/100km)、甲醇价格按 2.3 元/L 计,则每百公里费用汽油车为 55.566 元、CNG 车为 30.576 元、甲醇车为 35.121 元,百公里燃用甲醇比燃用纯汽油便宜 20.445 元,比燃用天然气贵 4.545 元。

第十六月份甲醇试点车辆单车平均行驶里程 10898.85km,百公里平均甲醇消耗量 15.29L,汽油消耗量 0.3L。车辆完全燃用汽油时的百公里汽油消耗量以 9.8L 计算,甲醇、汽油比为1.56。汽油价格按5.67元/L、CNG价格按3.12元/m³(9.8m³/100km)、甲醇价格按2.3元/L计,则每百公里费用汽油车为55.566元、CNG车为30.576元、甲醇车为35.167元,百公里燃用甲醇比燃用纯汽油便宜20.399元,比燃用天然气贵4.591元。

第十七月份甲醇试点车辆单车平均行驶里程10418.03km,百公里平均甲醇消耗量14.97L,汽油消耗量0.2L。车辆完全燃用汽油时的百公里汽油消耗量以9.8L计算,甲醇、汽油比为1.53。汽油价格按5.67元/L、CNG价格按3.12元/m³(9.8m³/100km)、甲醇价格按2.3元/L计,则每百公里费用汽油车为55.566元、CNG车为30.576元、甲醇车为34.481元,百公里燃用甲醇比燃用纯汽油便宜21.085元,比燃用天然气贵3.905元。

第十八月份甲醇试点车辆单车平均行驶里程10758.22km,百公里平均甲醇消耗量15.03L,汽油消耗量0.038L。车辆完全燃用汽油时的百公里汽油消耗量以9.8L计算,甲醇、汽油比为1.53。汽油价格按5.67元/L、CNG价格按3.12元/m³(9.8m³/100km)、甲醇价格按2.3元/L计,则每百公里费用汽油车为55.566元、CNG车为30.576元、甲醇车为34.569元,百公里燃用甲醇比燃用纯汽油便宜20.997元,比燃用天然气贵3.993元。

第十九月份甲醇试点车辆单车平均行驶里程10193.01km,百公里平均甲醇消耗量15.08L,汽油消耗量0L。车辆完全燃用汽油时的百公里汽油消耗量以9.8L计算,甲醇、汽油比为1.54。汽油价格按5.67元/L、CNG价格按3.12元/m³(9.8m³/100km)、甲醇价格按2.3元/L计,则每百公里费用汽油车为55.566元、CNG车为30.576元、甲醇车为34.684元,百公里燃用甲醇比燃用纯汽油便宜20.882元,比燃用天然气贵4.108元。

第二十月份甲醇试点车辆单车平均行驶里程10572.9km,百公里平均甲醇消耗量15.71L,汽油消耗量0L。车辆完全燃用汽油时的百公里汽油消耗量以9.8L计算,甲醇、汽油比为1.6。汽油价格按5.67元/L、CNG价格按3.12元/m³(9.8m³/100km)、甲醇价格按2.3元/L计,则每百公里费用汽油车为55.566元、CNG车为30.576元、甲醇车为36.133元,百公里燃用甲醇比燃用纯汽油便宜19.433元,比燃用天然气贵5.557元。

第二十一月份甲醇试点车辆单车平均行驶里程10751.53km,百公里平均甲醇消耗量16L,汽油消耗量0.2L。车辆完全燃用汽油时的百公里汽油消耗量以9.8L计算,甲醇、汽油比为1.63。汽油价格按5.67元/L、CNG价格按3.12元/m³(9.8m³/100km)、甲醇价格按2.3元/L计,则每百公里费用汽油车为55.566元、CNG车为30.576元、甲醇车为36.8元,百公里燃用甲醇比燃用纯汽油便宜18.766元,比燃用天然气贵6.224元。

第二十二月份甲醇试点车辆单车平均行驶里程9679.17km,百公里平均甲醇消耗量14.95L,汽油消耗量0.2L。车辆完全燃用汽油时的百公里汽油消耗量以9.8L计算,甲醇、汽油比为1.53。汽油价格按5.67元/L、CNG价格按3.12元/m³(9.8m³/100km)、甲醇价格按2.3元/L计,则每百公里费用汽油车为55.566元、CNG车为30.576元、甲醇车为34.385元,百公里燃用甲醇比燃用纯汽油便宜21.181元,比燃用天然气贵3.809元。

第二十三月份甲醇试点车辆单车平均行驶里程10237.97km,百公里平均甲醇消耗量15.51L,汽油消耗量0.12L。车辆完全燃用汽油时的百公里汽油消耗量以9.8L计算,甲醇、汽油比为1.58。汽油价格按5.67元/L、CNG价格按3.12元/m³(9.8m³/100km)、甲醇价格按2.3元/L计,则每百公里费用汽油车为55.566元、CNG车为30.576元、甲醇车为35.673元,百公里燃用甲醇比燃用纯汽油便宜19.893元,比燃用天然气贵5.097元。

第二十四月份甲醇试点车辆单车平均行驶里程10075.68km,百公里平均甲醇消耗量

15.44L。车辆完全燃用汽油时的百公里汽油消耗量以 9.8L 计算,甲醇、汽油比为 1.58。汽油价格按 5.67 元/L、CNG 价格按 3.12 元/m³(9.8m³/100km)、甲醇价格按 2.3 元/L 计,则每百公里费用汽油车为 55.566 元、CNG 车为 30.576 元、甲醇车为 35.512 元,百公里燃用甲醇比燃用纯汽油便宜 20.054 元,比燃用天然气贵 4.936 元。

第二十五月份甲醇试点车辆单车平均行驶里程 11964.45km,百公里平均甲醇消耗量 15.37L。车辆完全燃用汽油时的百公里汽油消耗量以 9.8L 计算,甲醇、汽油比为 1.57。汽油价格按 5.67 元/L、CNG 价格按 3.12 元/m³(9.8m³/100km)、甲醇价格按 2.3 元/L 计,则每百公里费用汽油车为 55.566 元、CNG 车为 30.576 元、甲醇车为 35.351 元,百公里燃用甲醇比燃用纯汽油便宜 20.215 元,比燃用天然气贵 4.775 元。

第二十六月份甲醇试点车辆单车平均行驶里程 11231.11km,百公里平均甲醇消耗量 15.42L。车辆完全燃用汽油时的百公里汽油消耗量以 9.8L 计算,甲醇、汽油比为 1.57。汽油价格按 5.67 元/L、CNG 价格按 3.12 元/m³(9.8m³/100km)、甲醇价格按 2.3 元/L 计,则每百公里费用汽油车为 55.566 元、CNG 车为 30.576 元、甲醇车为 35.466 元,百公里燃用甲醇比燃用纯汽油便宜 20.1 元,比燃用天然气贵 4.89 元。

三种燃料车辆的百公里费用对比见表 4-2。

三种燃料车辆的每百公里费用对比表　　　　表 4-2

月份	单车月均行驶里程(km)	甲醇消耗量(L/100km)	甲醇车费(元/100km)	汽油车费(元/100km)	CNG 车费(元/100km)	与汽油对比(元/100km)	与 CNG 对比(元/100km)
1	7832.0	15.7	29.83	57.428	36.26	↓27.598	↓6.43
2	9856.58	15.67	29.773	—	—	↓27.655	↓6.487
3	9640.24	15.34	29.146	—	—	↓28.282	↓7.114
4	10522.51	15.28	29.032	—	—	↓28.396	↓7.228
5	10553.86	14.92	28.348	—	—	↓29.08	↓7.912
6	10927.9	15.42	29.298	—	—	↓28.13	↓6.962
7	10352.2	15.36	29.184	—	—	↓28.244	↓7.076
8	11186.88	15.93	30.267	—	—	↓27.161	↓5.993
9	10755.89	15.6	29.64	—	—	↓27.788	↓6.62
10	10260.78	15.6	29.64	—	—	↓27.788	↓6.62
11	10595.54	15.6	29.64	—	—	↓27.788	↓6.62
12	10335.01	15.6	29.64	—	—	↓27.788	↓6.62
13	10708.97	15.68	36.064	55.566	30.576	↓19.502	↑5.488
14	11346.18	15.76	36.248	—	—	↓19.318	↑5.672
15	10449.05	15.27	35.121	—	—	↓20.445	↑4.545
16	10898.85	15.29	35.167	—	—	↓20.399	↑4.591
17	10418.03	14.97	34.481	—	—	↓21.085	↑3.905
18	10758.22	15.03	34.569	—	—	↓20.997	↑3.993

续上表

月份	单车月均行驶里程(km)	甲醇消耗量(L/100km)	甲醇车费(元/100km)	汽油车费(元/100km)	CNG车费(元/100km)	与汽油对比(元/100km)	与CNG对比(元/100km)
19	10193.01	15.08	34.684	—	—	↓20.882	↑4.108
20	10572.9	15.71	36.133	—	—	↓19.433	↑5.557
21	10751.53	16	36.8	—	—	↓18.766	↑6.224
22	9679.17	14.95	34.385	—	—	↓21.181	↑3.809
23	10237.97	15.51	35.673	—	—	↓19.893	↑5.097
24	10075.68	15.4	35.512	—	—	↓20.054	↑4.936
25	11964.45	15.37	35.351	—	—	↓20.215	↑4.775
26	11231.11	15.42	35.466	—	—	↓20.1	↑4.89

第五章　甲醇汽车发动机过量空气系数采集与分析

第一节　过量空气系数 λ

过量空气系数定义为 1kg 燃料燃烧，实际所供给的空气量(L)与理论上完全燃烧所需要的空气量(L_0)之比，用符号 λ(或 α)表示。过量空气系数 λ 是混合气浓度指标。

$$\lambda = L/L_0$$

当 λ = 1 时，表示实际燃烧所供给的空气量与理论上完全燃烧所需要的空气量相等，理论上讲，燃烧结果空气中的氧气量被全部用完，燃料也完全被燃烧，这种混合气称为理论混合气。

当 λ > 1 时，表示实际燃烧所供给的空气量大于理论上完全燃烧所需要的空气量，理论上讲，燃烧结果空气中的氧气量有剩余，燃料被完全燃烧，这种混合气称为稀混合气。

当 λ < 1 时，表示实际燃烧所供给的空气量少于理论上完全燃烧所需要的空气量，理论上讲，燃烧结果空气中的氧气量被全用完，燃料有剩余，这种混合气称为浓混合气。

由此可见，λ 值越大，混合气越稀，λ 值越小，混合气越浓。

从甲醇发动机工作性能方面来分析，不同的混合气浓度发动机的工作性能不同，主要表现在动力、经济、排放性能上。

当 λ = 1.05 ~ 1.15 时，混合气中的燃料能够完全燃烧，汽油机效率高，经济性好，这种混合气称为经济混合气。

当 λ = 0.85 ~ 0.95 时，混合气燃烧火焰具有更高的传播速度，发动机的动力性好，这种混合气称为功率混合气。

当 λ = 1.00 ± 0.03 时，发动机排放后处理系统三元催化转换器工作效率最高，排放污染最低，这种混合气称为排放混合气。

早期的汽油机受设计、制造水平的限制，为了获得所需要的最大功率，燃烧的是功率混合气；随着燃料供应的紧缺，要求汽车的燃油消耗量越来越低，汽油机混合气的供给按照大负荷时供给功率混合气，保证其动力性，中小负荷下供给经济混合气，降低汽车的油耗；从 20 世纪末开始，随着人们环保意识的增强，排放标准的严格，只有混合气浓度接近理论混合气时，三元催化转换器才能充分工作，排放污染才能满足国家标准中的限值。因而，目前的汽油机所使用的是排放混合气。国家排放标准《汽油车污染物排放限值及测量方法(双怠速法及简易工况法)》(GB 18285—2018)中要求 λ 在 1.00 ± 0.03，如果 λ 超出此范围，即便是排放污染物限值合格，也判定排放检测不合格。

甲醇发动机对过量空气系数 λ 的要求与汽油机相同。

柴油机是依靠混合气浓度的不同来调整负荷的，对 λ 来讲是一个变化的量值，混合气浓时，λ 可小到 1.2 ~ 1.3，混合气稀时 λ 可大到 6 以上。

第二节 λ数据测试设备与数据分析

一、测试设备

陕西省西安市、宝鸡市开展的甲醇汽车发动机过量空气系数（λ）数据采集主要仪器是五气分析仪，λ用以验证发动机燃烧甲醇时燃料、空气混合比的调整是否满足国家标准的要求。AVL五气分析仪如图5-1所示，技术参数如表5-1所示。

AVL4000L 五气分析仪参数　　　表5-1

项目	测量范围	分辨率
发动机转速	200~9900r/min	1r/min
CO	0~10%vol	0.01%vol
CO_2	0~20%vol	0.1%vol
HC	$0 \sim 20000 \times 10^{-6}$	1×10^{-6}
O_2	0~4%vol	0.01%vol
	4%~25%vol	0.1%vol
NO	$0 \sim 5000 \times 10^{-6}$	1×10^{-6}
机油温度	0~150℃	1℃
过量空气系数	0~9.999	0.001

图5-1　AVL五气分析仪

二、西安市甲醇汽车λ值检测

在甲醇汽车运行过程中，对西安市运行的甲醇汽车高、低怠速下的过量空气系数（λ）共采集三次，图5-2~图5-7为散点统计图，其中两条横线（红线）为国家标准限值1.00±0.03。

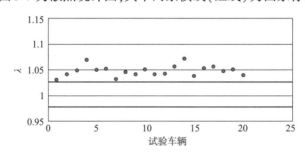

图5-2　西安市甲醇汽车第一次低怠速λ

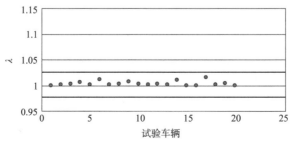

图5-3　西安市甲醇汽车第一次高怠速λ

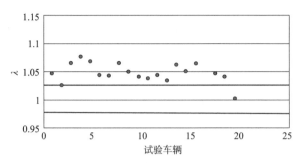

图 5-4　西安市甲醇汽车第二次低怠速 λ

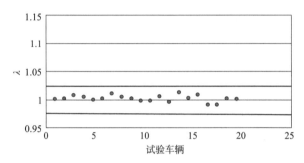

图 5-5　西安市甲醇汽车第二次高怠速 λ

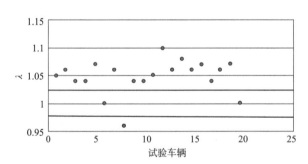

图 5-6　西安市甲醇汽车第三次低怠速 λ

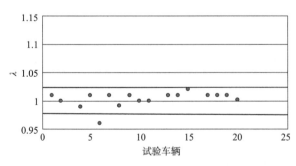

图 5-7　西安市甲醇汽车第三次高怠速 λ

从上图可以看出,西安市所运行的甲醇汽车过量空气系数在低怠速工况下,主要集中在国家标准的上方,原因在于低怠速时的开环控制;在高怠速工况下,过量空气系数大部分在国家标准之间,并偏上限,有利于降低油耗,反映了甲醇汽车控制系统完全适应甲醇燃料。

三、宝鸡市甲醇汽车 λ 值检测

在甲醇汽车运行期间,分三次对宝鸡市甲醇汽车的高、低怠速过量空气系数(λ)采集并做散点统计图(图 5-8 ~ 图 5-13),其中两条平行线之间为国家标准限值 1±0.3。

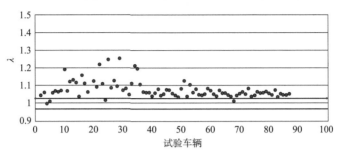

图 5-8　宝鸡市甲醇汽车第一次低怠速 λ

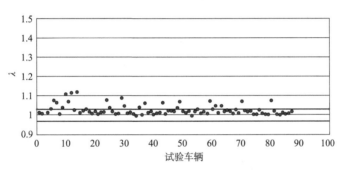

图 5-9　宝鸡市甲醇汽车第一次高怠速 λ

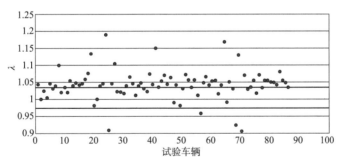

图 5-10　宝鸡市甲醇汽车第二次低怠速 λ

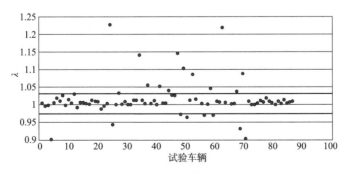

图 5-11　宝鸡市甲醇汽车第二次高怠速 λ

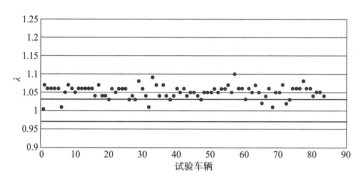

图 5-12　宝鸡市甲醇汽车第三次低怠速 λ

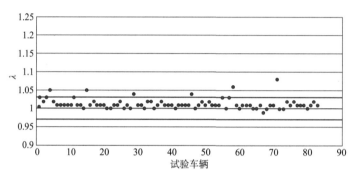

图 5-13　宝鸡市甲醇汽车第三次高怠速 λ

从上图可以看出,甲醇汽车的过量空气系数在低怠速工况下,主要集中在国家标准的上方,原因在于低怠速时的开环控制;在高怠速工况下,过量空气系数大部分在国家标准之间,并偏上限,有利于降低油耗,反映了试点运行中的甲醇汽车控制系统完全适应甲醇燃料。

第六章　甲醇汽车常规排放污染物数据采集与分析

第一节　常规排放污染物

汽车的清洁性取决于燃料的清洁与汽车排放的清洁性两个方面。燃料的清洁又决定于燃料自身的性能,燃料在加工、运输、储存、加注、应用过程中直接挥发进入大气中,对空气造成污染。汽车对大气造成的污染分为四个层次:二氧化碳(CO_2)污染为第一层次,一氧化碳(CO)、碳氢化合物(HC)、氮氧化合物(NO_x)污染为第二层次,可挥发性有机物(VOC)为第三层次,PM2.5污染为第四层次。CO_2为温室气体;CO、HC、NO_x称为汽车的常规排放污染,它直接危害人身健康;可挥发性有机物的代表物为甲醛,甲醛被认定为致癌物质;PM2.5为可入肺颗粒物。

根据《汽车排放术语和定义》(GB/T 5181—2001),汽车的排放物是指汽车的排气排放物、蒸发排放物和曲轴箱排放物的总称。排放污染物的定义为汽车排放物中污染环境的各种物质,主要有一氧化碳、碳氢化合物、氮氧化合物、颗粒物等。排放污染物的形态有气态污染物和颗粒物。气态污染物是指一氧化碳(CO)、碳氢化合物(HC)和氮氧化合物(NO_x);颗粒物(PM)是指在温度不超过325K(52℃)的稀释排气中,由规定的过滤介质上收集到的所有物质。

汽油车的常规排放物已经明确列入国家标准中,指定了测试方法,给出了指标的限值,如汽油机:CO、HC(国6排放标准分非甲烷碳氢:NMHC)、NO_x。以甲醇汽油作为发动机的燃料后,汽车的常规排放物CO、HC明显降低,而NO_x的排放变化不大。

汽车这些排放物最主要的危害表现为烟雾、酸雨、臭氧层减薄和臭氧浓度过高以及温室效应。烟雾是由各种排气扩散过程中的化学反应形成的;酸雨产生的主要原因是由于SO_2和SO_3在大气中而引起的雨水pH值的变化;排气污染物对臭氧的影响主要是平流层的臭氧浓度增长,而大气同温层中,臭氧的浓度在下降,出现了臭氧洞。表6-1列出了汽车排放污染物的性质和危害。

一氧化碳(CO)是一种窒息性有毒气体。由于CO和人体血液中有输氧能力的血红蛋白素(Hb)的亲和力,比氧气与Hb的亲和力大200~300倍,因而CO能很快和Hb结合形成碳氧血红蛋白(CO-Hb),使血液的输氧能力大大降低,导致心脏、头脑等重要器官缺氧,引起头晕、恶心、头痛等症状。轻度时使人中枢神经系统受损,慢性中毒,严重时会使人心血管工作困难,直至死亡。

碳氢化合物(HC)包括未燃和未完全燃烧的燃油、润滑油及其裂解产物和部分氧化物,如苯、酮、醛、烯、多环芳香族碳氢化合物等200多种复杂的成分。饱和烃的危害不大,不饱和烃危害性很大。当甲醛、丙烯醛等醛类气体浓度超过1×10^{-6}时,就会对眼、呼吸道和皮肤有强烈刺激性作用,浓度超过25×10^{-6}时,会引起头晕、呕吐、红细胞减少、贫血等。应当特别注意的是带更多环的多环芳香烃,如苯并芘及硝基烯,是强致癌物。

氮氧化合物(NO_x)是甲醇燃料燃烧过程形成的多种氮氧化物,如NO、NO_2、N_2O、N_2O_5等,统称为NO_x。在发动机中主要是NO,约占95%,其次是NO_2,占5%。NO只有轻度刺激性,毒性不大,高浓度时会造成中枢神经有轻度障碍,NO可被氧化成NO_2。NO_2是一种棕红色强刺激性的有毒气体,其含量为$0.1×10^{-6}$时即可被人嗅到,$(1\sim4)×10^{-6}$就会使人感到恶臭。它对人体健康的影响主要是吸入人体后,和血液中的血红素蛋白Hb结合,使血液输氧能力下降,影响呼吸系统。当其含量为$250×10^{-6}$时,很快会引起肺水肿而造成死亡。

光化学烟雾是HC和NO_x在强太阳光照射下生成臭氧(O_3)和过氧酰基硝酸盐(PAN)等物质,即浅蓝色的光化学烟雾,它是一种强刺激性有害气体的二次污染物。光化学烟雾中的O_3是强氧化剂,能使植物变黑直至枯死,能使橡胶开裂,它有特殊的臭味,$1×10^{-6}$浓度接触1h会引起人气喘、慢性中毒,$50×10^{-6}$浓度接触30min就能使人死亡。

通常在发动机测试中把分析排气中CO、HC、NO_x、SO_2等有害气体成分含量的测量称为废气分析,而把对排气中所含可见污染物的测量称为烟度测量或排气可见污染物测量。

据相关部门的研究结果表明,汽车对空气污染的分担率非常高,在城市空气污染中20%的CO_2、60%~70%的CO、40%的NO_x和70%的HC来自汽车排放。

常规排放污染物试验所采用的尾气分析设备为AVL4000L五气分析仪,是由奥地利AVL公司生产的,外观如图5-1所示,AVL五气分析仪基本参数如表6-1所示。

汽车常规排放污染物的性质及危害 表6-1

排放物	物理性质	危害
CO	无色无味,难溶于水,对空气比重为0.967(0℃),在空气中点燃可产生蓝色火焰,生产CO_2	CO可与血液中的血色素结合,其亲和力比氧大210倍,形成碳氧血色素,从而使血液的输氧能力下降,造成缺氧现象
HC	HC是指碳氢有机化合物的总称,按化学性质分为链烷烃、烃、环烷烃、烯烃及芳香烃	HC能刺激黏膜、破坏组织,特别是苯和甲苯危害更大。活性HC(烯烃、芳香烃)是产生光化学烟雾的根源,一些高分子重芳香烃可以致癌
NO_x	NO_x主要是NO和NO_2,NO是无色无味,难溶于水的气体,与空气接触能生成NO_2,NO_2是暗褐色有刺激性臭味的气体,与水反应生成亚硝酸、硝酸	NO_x对鼻、眼、口腔、咽喉及呼吸道有刺激作用,能引起失眠和咳嗽等中毒症状。NO_x也是光化学烟雾的主要根源

注:HC和NO_x在强阳光照射下生成臭氧(O_3)和过氧酰基硝酸盐(PAN)等物质,即浅蓝色的光化学烟雾,其中O_3是强氧化剂,能使植物变黑直接枯死,使橡胶开裂。

第二节 甲醇汽车双怠速排放污染物检测

按照工业和信息化部印发的《甲醇汽车试点技术数据采集管理办法》要求,对甲醇汽车的常规排放污染物和甲醛排放进行检测,其中常规污染物排放检测按照《点燃式发动机汽车排气污染物排放限值及测量方法(双怠速法及简易工况法)》(GB 18285—2005)中的双怠速法,检测主要内容为 CO 排放,HC 排放,NO_x 排放。

一、西安市运行车辆 CO、HC、NO_x 排放检测

西安市对运行的 20 辆甲醇出租汽车进行常规排放检测,检测共进行了三次,检测结果的平均值见表 6-2。

西安市甲醇汽车常规排放污染物平均值　　　表6-2

污染物	排放限值		第一次检测		第二次检测		第三次检测	
	低怠速	高怠速	低怠速	高怠速	低怠速	高怠速	低怠速	高怠速
CO(%)	4.5	3.0	0.0265	0.029	0.057	0.17	0.34	0.21
HC($\times 10^{-6}$)	900	900	1.75	0.55	23.42	28.26	51.32	59.53

对三次检测的高、低怠速甲醇汽车 CO、HC、NO_x 做散点统计图,如图 6-1 ~ 图 6-18 所示。

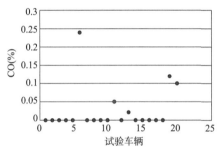

图 6-1　西安市甲醇汽车第一次低怠速 CO 散点统计图

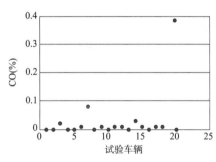

图 6-2　西安市甲醇汽车第一次高怠速 CO 散点统计图

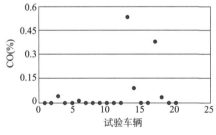

图 6-3　西安市甲醇汽车第二次低怠速 CO 散点统计图

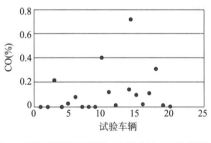

图 6-4　西安市甲醇汽车第二次高怠速 CO 散点统计图

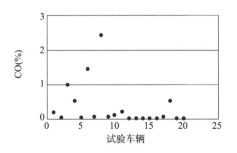

图 6-5　西安市甲醇汽车第三次低怠速 CO 散点统计图

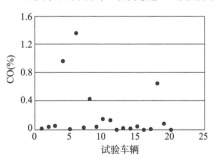

图 6-6　西安市甲醇汽车第三次高怠速 CO 散点统计图

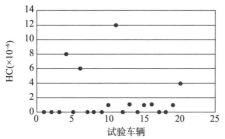

图 6-7　西安市甲醇汽车第一次低怠速 HC 散点统计图

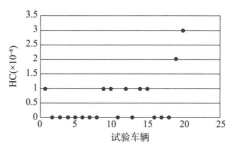

图 6-8　西安市甲醇汽车第一次高怠速 HC 散点统计图

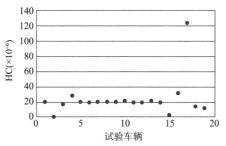

图 6-9　西安市甲醇汽车第二次低怠速 HC 散点统计图

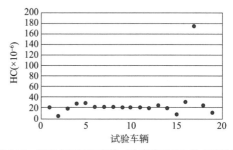

图 6-10　西安市甲醇汽车第二次高怠速 HC 散点统计图

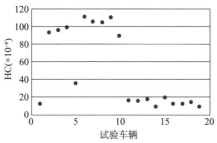

图 6-11　西安市甲醇汽车第三次低怠速 HC 散点统计图

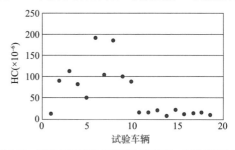

图 6-12　西安市甲醇汽车第三次高怠速 HC 散点统计图

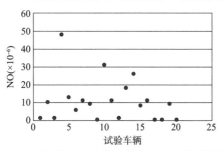

图 6-13　西安市甲醇汽车第一次低怠速 NO 散点统计图

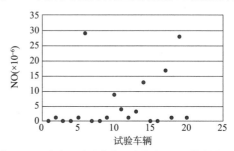

图 6-14　西安市甲醇汽车第一次高怠速 NO 散点统计图

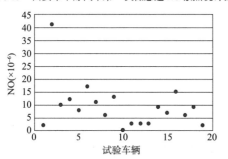

图 6-15　西安市甲醇汽车第二次低怠速 NO 散点统计图

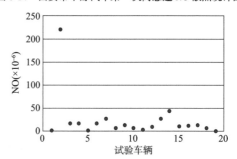

图 6-16　西安市甲醇汽车第二次高怠速 NO 散点统计图

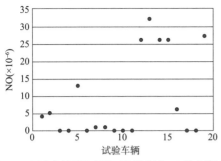
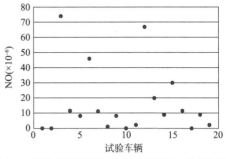

图6-17　西安市甲醇汽车第三次低怠速NO散点统计图　　图6-18　西安市甲醇汽车第三次高怠速NO散点统计图

二、宝鸡市运行车辆CO、HC、NO_x排放检测

宝鸡市投入100辆甲醇出租汽车进行试运行,甲醇汽车排放检测共进行了三次,进行甲醛排放检测的为12辆,常规污染物排放检测是按照GB 18285—2005中的双怠速法,CO、HC、NO_x排放检测使用的仪器是五气分析仪,表6-3是主要检测数据的平均值。

宝鸡市甲醇汽车常规排放污染物平均值　　表6-3

污染物	排放限值		第一次检测		第二次检测		第三次检测	
	低怠速	高怠速	低怠速	高怠速	低怠速	高怠速	低怠速	高怠速
CO(%)	4.5	3.0	0.027	0.029	0.06	0.12	0.34	0.21
HC($\times 10^{-6}$)	900	900	1.75	0.55	23.42	28.26	51.32	59.53

如表6-3所示,CO排放值和HC排放值都随着时间增加而小有增大,但仍远小于国标GB 18285—2005的排放限值,其中2016年4月份的低怠速CO检测值仅为标准限值的7.56%,HC检测值为排放限值的5.7%,说明甲醇汽车的常规污染物排放符合国家要求。

对高、低怠速试验的甲醇汽车CO、HC、NO做散点统计图,如图6-19~图6-36所示。

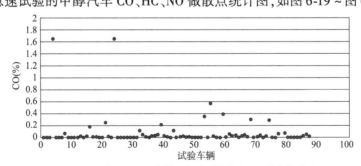

图6-19　宝鸡市甲醇汽车第一次检测低怠速CO散点统计图

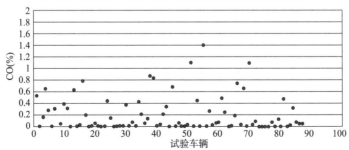

图6-20　宝鸡市甲醇汽车第一次检测高怠速CO散点统计图

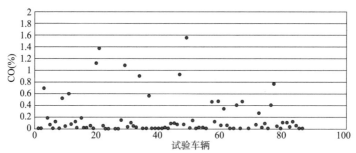

图 6-21　宝鸡市甲醇汽车第二次检测低怠速 CO 散点统计图

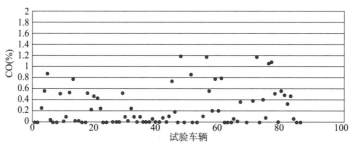

图 6-22　宝鸡市甲醇汽车第二次检测高怠速 CO 散点统计图

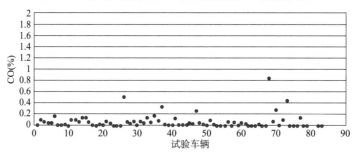

图 6-23　宝鸡市甲醇汽车第三次检测低怠速 CO 散点统计图

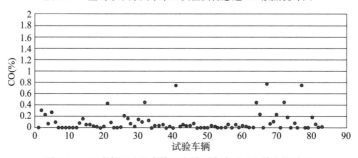

图 6-24　宝鸡市甲醇汽车第三次检测高怠速 CO 散点统计图

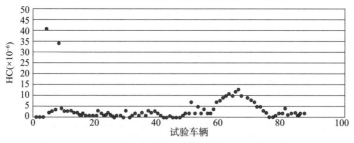

图 6-25　宝鸡市甲醇汽车第一次检测低怠速 HC 散点统计图

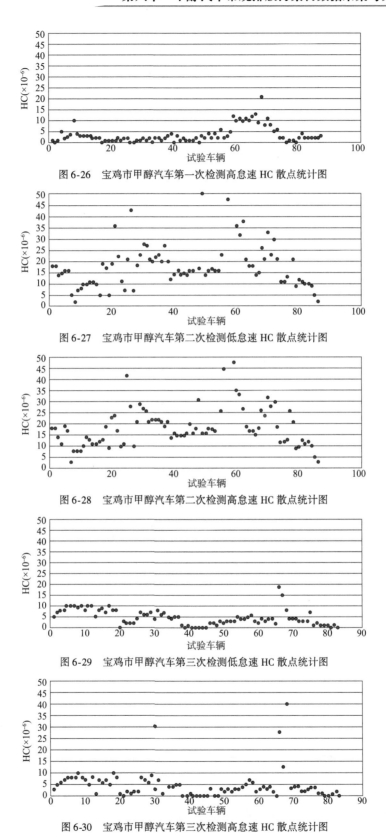

图 6-26 宝鸡市甲醇汽车第一次检测高怠速 HC 散点统计图

图 6-27 宝鸡市甲醇汽车第二次检测低怠速 HC 散点统计图

图 6-28 宝鸡市甲醇汽车第二次检测高怠速 HC 散点统计图

图 6-29 宝鸡市甲醇汽车第三次检测低怠速 HC 散点统计图

图 6-30 宝鸡市甲醇汽车第三次检测高怠速 HC 散点统计图

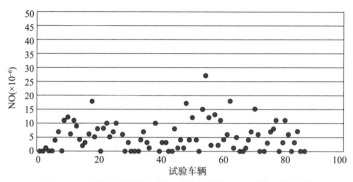

图 6-31 宝鸡市甲醇汽车第一次检测低怠速 NO 散点统计图

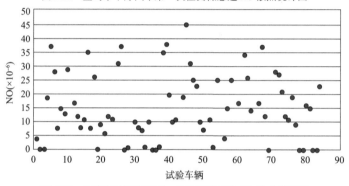

图 6-32 宝鸡市甲醇汽车第一次检测高怠速 NO 散点统计图

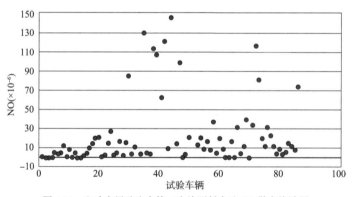

图 6-33 宝鸡市甲醇汽车第二次检测低怠速 NO 散点统计图

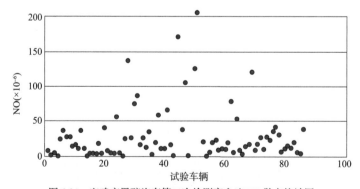

图 6-34 宝鸡市甲醇汽车第二次检测高怠速 NO 散点统计图

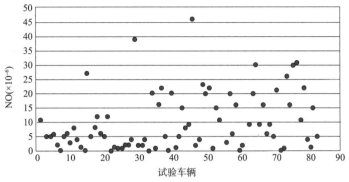

图 6-35　宝鸡市甲醇汽车第三次检测低怠速 NO 散点统计图

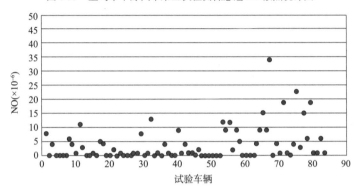

图 6-36　宝鸡市甲醇汽车第三次检测高怠速 NO 散点统计图

第三节　稳态工况法排放检测

一、西安市运行车辆检测

1. 检测车辆

西安市抽取了 4 辆出租汽车作为检测车辆,该 4 辆出租汽车的车牌号分别为陕 AU1813、陕 AU1214、陕 AU1514、陕 AU1764。

为保证排放检测数据的全面性和准确性,从出租汽车抽取检测车辆分为两次进行,第一次试验抽取里程数较少的车辆,第二次试验抽取里程数较多的车辆,使得检测结果对比性更强。

2. 检测单位

第三方检测机构为西安城南汽车综合检测服务有限公司。

3. 检测标准与时间

检测依据为国家标准 GB 18285—2005,地方标准 DB 61/439—2008。

检测方法:稳态工况法。

检测日期:2016 年 5 月。

检测内容:HC、CO、NO。

4. 检测程序

(1) 发动机进气系统应装有空气滤清器,排气系统应装有排气消声器,外观及发动机排放控制装置检查合格后由引车员以低于 5km/h 车速按测功机规定方向驾驶到转鼓中央位置。

（2）关闭并解除主动型制动功能和转矩控制功能（ESP 等），如无法关闭和解除，和全时四驱车一样，应使用双怠速法进行检测。

（3）对废气分析仪及取样管路进行校准调零和气体泄漏检查，排气管长度小于测量深度时应使用排气加长管，且发动机机油温度不低于 80℃，或达到汽车使用说明所规定的热车状态。

（4）按照显示器提示，举升器落下前驱车后轮轮胎前放上三角挡块，后驱车前轮前放上三角挡块，测功机上装好限位器，将取样探头插入排气管中深度不少于 400mm。

（5）加速至 25km/h，工况计时器开始计时（$t=0s$），保持车速 25km/h ± 1.5km/h 等速 5s 后开始检测，（$t=15s$）进入"ASM5025"工况，否则，系统将重新计时，（$t=25s$）快速检查工况结束，低于等于限值的 50% 测试结束。

（6）举升器升起后车辆驶离测功机，检测结束。

5. 车辆检测

第一次检测车辆：陕 AU1813，陕 AU1214；
第二次检测车辆：陕 AU1764，陕 AU1214。
车辆检测流程如图 6-37 ~ 图 6-39 所示。

图 6-37　西安市待检车辆

图 6-38　西安市上线车辆

图 6-39　西安市车辆检测

6. 检测结果

主要检测数据见表 6-4、表 6-5。

西安市 M100 出租汽车常规排放数据（平均里程 160798.5km）　表 6-4

检测项目	限值	第一次	
		陕 AU1813	陕 AU1214
HC（$\times 10^{-6}$）	170	30	27
CO（%）	1.0	0.03	0.43
NO（$\times 10^{-6}$）	1300	1	14
里程（km）	—	150745	170852

西安市 M100 出租汽车常规排放数据（平均里程 229567.5km）　　　表 6-5

检测项目	限值	第二次	
		陕 AU1764	陕 AU1514
HC($\times 10^{-6}$)	70	22	20
CO(%)	1.0	0.08	0.03
NO($\times 10^{-6}$)	300	24	116
里程(km)	—	242392	216734

在第一次试验中被检测出租车辆的运行里程均在 16 万 km 左右，第二次试验中被检测出租车辆的运行里程均在 23 万 km 左右，远远超过了国家标准所要求的 8 万 km 耐久要求，4 辆车均通过 ASM5025 检测，为超低排放车辆，从检测数据表中可以看出甲醇汽车常规排放远远低于陕西省标准规定的限值。

二、宝鸡市运行车辆检测

1. 检测车辆

宝鸡市抽取的检测车辆为 10 辆，其中出租汽车 8 辆、微型客车 2 辆。出租汽车为宝鸡市海景出租汽车有限公司运营车辆，车牌号分别为陕 CT8568、陕 CT8543、陕 CT8571、陕 CT8503、陕 CT8530、陕 CT8519、陕 CT8529、陕 CT8409。微型客车为中国邮政集团宝鸡市分公司运行车辆，车牌号分别为陕 CR5070、陕 CU6029。其中选取车牌号为陕 CT8530 的出租汽车燃用 92 号汽油作为对比试验。

为保证排放检测数据的全面性和准确性，出租汽车抽取检测车辆分为两次进行，第一次试验抽取里程数较少的车辆，第二次试验抽取里程数较多的车辆，使得检测结果对比性更强。检测结果如图 6-40、图 6-41 所示。

a)　　　　　　　　　　　　　　　　　b)

图 6-40　宝鸡市待检车辆

2. 检测结果

主要检测数据见表 6-6 ~ 表 6-9。

在第一次试验中被检测出租车辆的运行里程均在 15 万 km 左右，远远超过了国家标准所要求的 8 万 km 耐久要求，其中陕 CT8543 达到了 17.9 万 km，全部车辆通过 ASM5025 检测，为超低排放车辆，从检测数据表中可以看出甲醇汽车常规排放远远低于陕西省标准规定的限值。

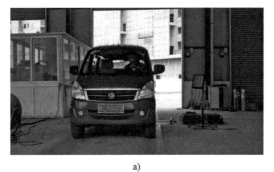

a)   b)

图 6-41　宝鸡市车辆检测

宝鸡市 M100 出租汽车常规排放数据（平均里程 159312.5km）　　　表 6-6

检测项目	限值	2016 年 5 月			
		陕 CT8503	陕 CT8543	陕 CT8568	陕 CT8571
HC（$\times 10^{-6}$）	170	4	2	5	7
CO（%）	1.0	0.01	0.01	0	0.02
NO（$\times 10^{-6}$）	1300	2	2	69	1
里程（km）	—	156885	179784	149982	150599

宝鸡市 M100 出租汽车常规排放数据（平均里程 223738.3km）　　　表 6-7

检测项目	限值	2016 年 6 月			
		陕 CT8409	陕 CT8519	陕 CT8529	陕 CT8530
HC（$\times 10^{-6}$）	170	1	1	5	1
CO（%）	1.0	0.01	0.07	0.06	0.02
NO（$\times 10^{-6}$）	1300	1	574	1	5
里程（km）	—	239885	215811	220432	218825

宝鸡市 92 号汽油出租汽车常规排放数据（平均里程 223738.3km）　　　表 6-8

检测项目	限值	2016 年 6 月			
		陕 CT8409	陕 CT8519	陕 CT8529	陕 CT8530
HC（$\times 10^{-6}$）	170	4	2	2	3
CO（%）	1.0	0.01	0.26	0.02	0.01
NO（$\times 10^{-6}$）	1300	1	592	1	5
里程（km）	—	239885	215811	220432	218825

宝鸡市微型客车常规排放表　　　表 6-9

检测项目	限值	陕 CR5070	陕 CU6029
HC（$\times 10^{-6}$）	170	78	74
CO（%）	1.0	0.27	0.02

续上表

检测项目	限值	陕 CR5070	陕 CU6029
NO($\times 10^{-6}$)	1300	379	15
里程(km)	—	33370	2460

微型客车排放性能也是表现良好,均远低于陕西省标准限值。

在第二次试验中被检测车辆的运行里程均在 21 万 km 以上,在这种情况下,除陕 CT8519 通过 ASM2540 检测排放指标远低于限值标准要求外,其余车辆通过 ASM5025 检测,均为超低排放车辆。

检测中的 92 号汽油与 M100 燃料车辆排放对比显示,甲醇燃料汽车更为清洁,使得甲醇汽车的环保性得到充分验证。

三、检测单位资质

检测单位资质证明如图 6-42 所示。

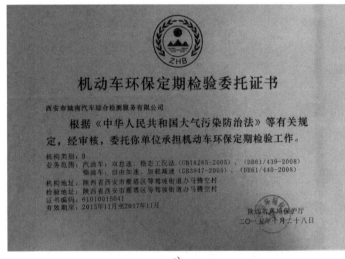
a)

b)

图 6-42 检测单位资质证明

第七章　甲醇汽车甲醛排放检测分析

第一节　甲醛的用途与危害

一、概述

甲醛是汽车非常规排放污染物之一。甲醛是经动物实验确认的致癌物质,动物实验证实甲醛能引起大鼠鼻腔扁平细胞癌。大量文献记载,甲醛对人体健康的影响主要表现在嗅觉异常、刺激、过敏、肺功能异常、肝功能异常和免疫功能异常等方面。

早在2007年,项目研究小组进行汽车排放甲醛的试验研究,通过汽车甲醛排放的测试过程以及研究所获得的结果,经国内外相关学术会议交流引起了领导层的高度重视,加深了人们对这一项目研究意义的认识。

对室内空气质量、民用建筑工程环境污染物,国家标准GB/T 18883、GB/T 50325分别就测试方法、仪器、限值等都作了明确的规定,尤其是甲醛的含量,前者规定为不超过$0.08mg/m^3$,后者规定为不超过$0.10mg/m^3$。

然而,汽车使用汽油、柴油、甲醇、乙醇、天然气燃料时排气中都会有甲醛存在,而且浓度大于环境空气中甲醛浓度的数十甚至数百倍。遗憾的是目前人们对汽车排放甲醛的认识并不全面,而进行该项研究的人员更少,有关汽车甲醛排放测试的方法、仪器、规范还没有,国家、地区更没有限制性法规,因而,控制汽车甲醛排放、出台甲醛排放的法律、法规已刻不容缓。

通过对甲醇汽车甲醛测试方法的研究,获得了适合汽车甲醛检测的技术与方法,成功试制了汽车甲醛检测系统样机两台,甲醇测试仪器一台。获取了汽油、柴油、甲醇及其新能源甲醛污染物的试验参数,厘清了汽车甲醛的排放浓度与变化规律及生成机理,通过研究分析其影响因素,获得了降低甲醛排放的有效措施。

二、甲醛的用途与危害

甲醛(化学分子式HCHO,分子量:30.03)是一种无色、有强烈刺激性气味的气体,气体相对密度1.067(空气为1),液体相对密度为0.815(-20℃),熔点-92℃,沸点-19.5℃,易溶于水、醇和醚。甲醛在常温下是气态,通常以水溶液形式出现,其40%的水溶液称为福尔马林,此溶液沸点为19℃。甲醛在室温时极易挥发,随着温度的上升挥发速度加快。

醛类物质存在于碳氢燃料部分氧化的产物中,主要包括甲醛($HCHO$)、乙醛(CH_3CHO)、丙醛(C_2H_5CHO)、丙烯醛(C_2H_3CHO)、丁醛(C_3H_7CHO)等。其中主要是甲醛及丙烯醛,会使排气产生臭味和具有较强的刺激性。

一般认为,发动机排放物中甲醛的排放主要来自汽缸和排气系统中未燃HC的部分氧化。其中,排气管道对甲醛的排放有一定的影响。排气管道中气体的流动状况比较复杂,温度范围在 500~800K 之间,滞留时间约几毫秒。在较高温度下,HC 和 CH_4O 可能完全氧化生成 CO 和 CO_2;在温度较低时,化学反应速率会极低,以至排气成分产生明显变化。

甲醛是一种极强的杀菌剂,在医院和科研部门广泛用于标本的防腐保存,一些水性内墙涂料及白乳胶也有使用甲醛作为防腐剂;食品行业某些违规操作也有用其来进行食品(如海产品、米粉等)的保鲜。

甲醛广泛用于工业生产中,是制造合成树脂、油漆、塑料以及人造纤维的原料,是人造板工业制造脲醛树脂胶、三聚氰胺树脂胶和酚醛树脂胶的重要原料。目前,世界各国生产人造板(包括胶合板、大芯板、中密度纤维板和刨花板等)主要使用脲醛树脂胶(UF)为胶粘剂,脲醛树脂胶是以甲醛和尿素为原料,在一定条件下进行加成反应和缩聚反应而制成的胶粘剂。

甲醛是经动物实验确认的致癌物质,对于人有无致癌性则尚无确切证据。美国进行的甲醛接触人群与非接触人群的流行病学研究,没有发现有超额死亡的病例。动物实验证实,甲醛能引起大鼠鼻腔扁平细胞癌。大量文献记载,甲醛对人体健康的影响主要表现在使人嗅觉异常、刺激、过敏、肺功能异常、肝功能异常和免疫功能异常等方面。其浓度在空气中达到 $0.06~0.07mg/m^3$ 时,儿童就会发生轻微气喘。当室内空气中甲醛含量为 $0.1mg/m^3$ 时,就有异味和不适感;达到 $0.5mg/m^3$ 时,可刺激眼睛,引起流泪;达到 $0.6mg/m^3$,可引起咽喉不适或疼痛,浓度更高时,可引起恶心呕吐,咳嗽胸闷,气喘甚至肺水肿;达到 $30mg/m^3$ 时,会立即致人死亡。在室内环境下,我国允许的甲醛最高浓度为 $0.08mg/m^3$。

第二节 甲醛污染国内外研究现状

美国政府非常重视甲醛排放污染,在多个行业都有甲醇释放量的相关标准,CARB 是美国针对板材甲醛释放含量控制的法规。目前该法规是复合木制品甲醛释放量最严格的标准之一,并且要求工厂严格按照法规要求的质量管理体系来监管工厂的生产过程;从 2009 年 1 月 1 日起没有通过 CARB 认证的复合木制品和含有复合木制品的成品都不能获得进入美国加利福尼亚州(简称加州)的"绿卡"。

CARB 法规的甲醛释放标准比国内甲醛释放标准严格七十几倍。CARB 是"加州空气资源委员会"(California Air Resources Board)的缩写,2007 年 4 月 27 日,CARB 根据该调查举行公众听证会,批准"空中传播有毒物质的控制措施"(Airborne Toxic Control Measure,ATCM),以减少木制品的甲醛释放量。

2008 年 4 月 18 日,美国加州行政法案办公室批准了加州空气资源委员会(CARB)颁发的降低复合木制品甲醛排放的有毒物质空气传播控制措施(ATCM),该法规已被纳入加州法案第 17 册。

甲醛排放是在替代能源的应用过程中被提了出来,我国工业和信息化部在 4 省 1 市的甲醇汽车试点中就明确指定要检测汽车甲醛的排放,本章内容正是在此试点项目中运行甲醇汽车的甲醛检测、数据采集及分析结果。

2006 年,西安交通大学的吕胜春等曾使用气相色谱仪检测甲醇/汽油混合燃料发动机排气中的醇醛类排放。排气测试结果发现,汽油机燃用 M10 混合燃料时,排气中的甲醛中低负荷高达 0.2mg/L。此外,发动机燃用市售汽油和 M10 两种燃料时,排气中的甲醇、乙醇和乙醛量相差在 10% 左右。经三元催化转换器后,可以被控制到接近零排放的水平。

2007年长安大学刘丹丹等人广泛地参考了国内外有关研究成果、文献,着重从甲醛的测试方法、汽车目前排放现状以及影响因素方面,客观地试验分析了人们关心的这一问题。在研究过程中,分别进行了汽油、甲醇汽油、乙醇汽油和乙醇柴油的甲醛排放试验,获得了大量的试验数据,对试验结果与方法进行了研究分析,结果表明:发动机燃用汽油、柴油或醇燃料时,排气中都会产生醛类排放物,且随着混合燃料中醇含量的增加,排气中醛类排放物也相应增加,汽油的甲醛排放要高于柴油;同一种燃料进行测试时,甲醛排放随着功率的增加呈先增大后减小的趋势;双三元催化转换器对甲醛有一定的催化作用。

2007年,汪洋等在天津大学内燃机燃烧国家重点实验室对一台电控M85甲醇燃料发动机开展排气测试研究。研究发现,在非常规碳氢排放方面,甲醛在总碳氢排放中占有较大的比例,而甲醇的排放接近于0。三元催化转换器对甲醛的净化率为73%,并且存在随负荷增大净化率降低的趋势。甲醇的净化率始终接近100%。

2008年,吉林大学的张辉等通过试验测试分析发现,影响发动机甲醛排放量的主要因素为燃料中甲醇含量的多少。甲醇含量越多,尾气中甲醛排放越高;甲醛排放还随发动机转速的提高而降低,随发动机负荷的增加而下降。

为了推动我国替代能源的利用与非常规排放控制技术的发展,全国醇醚燃料协会先后邀请了美国能源部及所属阿岗实验室以王全录为代表的多位专家,及由美国甲醇协会会长John Lynn、副总裁Gregory Dolan率领的美国、德国、英国等6个国家的12个专家组成的代表团。美国甲醇协会会长John Lynn还作了《替代燃料 真实的甲醇故事》的专题发言。其结论是醇类燃料是一种理想的车用能源,而根据各国国情,美国适合乙醇、中国适合甲醇作为替代能源。经过多年大量的调研、考察、座谈、交流,达成的共识是非常规排放污染物也必须引起足够的重视。

2010年,清华大学的张凡等对低比例(不超过30%)甲醇汽油发动机尾气中的甲醇和甲醛排放进行研究。研究发现,常规的三元催化剂对甲醇、甲醛、乙醛等非常规排放污染物有较高的转换效率,催化剂后甲醇、乙醇、甲醛、乙醛等排放能达到与纯汽油机相同的排放水平。对于冷起动过程的非常规排放,甲醇和甲醛的累计排放量随着燃料中甲醇比例的增大而增加,并且低温的累计排放量高于常温。在常温下,M10、M20、M30的催化剂前甲醇排放分别为汽油的5倍、8倍、19倍,而催化剂后分别为汽油的2倍、6倍、8倍。在低温下,M10、M20、M30的催化剂前甲醇排放分别约为汽油的5倍、13倍、31倍,而催化剂后分别约为汽油的4倍、7倍、13倍。

2014年,商红岩等在北京理工大学动力性与排放性测试国家专业实验室开展了汽车尾气非常规排放试验,试验车辆是捷达舒适型FV7160CIF E3。测试结果发现尾气中的非常规排放物,汽车燃用93号汽油的非常规排放物中含有甲醛,但是未发现乙醛、丙醛、丙烯醛和丙酮;汽车燃用M15甲醇汽油尾气非常规排放物中既有甲醛,也有乙醛、丙醛、丙烯醛和丙酮。燃用M15甲醇汽油的汽车尾气中甲醛排放量略低于燃用普通93号汽油,并且非常规排放物总量也略低于燃用普通93号汽油。

2015年,长安大学本书作者团队对M15甲醇汽车开展了排放试验研究,对试验车辆进行双急速工况下的甲醛排放开展测试。由试验结果可见,在急速(900r/min)以及高急速(2000r/min)工况下,试验车辆上使用的M15甲醇汽油和使用93号汽油相比,甲醛排放的量略高于93号汽油的排放量,但是甲醛排放量与燃用汽油时相比,仍然处于同一个数量级。

第三节 甲醛测试仪及数据采集

汽车甲醛排放的两个显著特点是：高温度、高浓度。汽车发动机在靠近排气歧管处尾气温度高达900～1000℃，在三元催化转换器后尾气温度也在500～600℃，其甲醛排放浓度超过室内甲醛排放浓度的数十倍，不可能直接采样、直接检测。为测试发动机尾气中的甲醛含量，必须确定一种适合发动机尾气测试的方法，包括利用尾气采集装置、储存仓、分析仪表等。由于汽车发动机运行工况参数多、变化快，并且很多参数对于发动机尾气的排放都有较大的影响。因此，选取控制参数与试验工况也是关系测试成功与否的重要因素之一。

目前大气和室内环境中甲醛的测定方法一般分为分光光度法和仪器分析法。分光光度法主要有变色酸法、乙酰丙酮法、副品红法、酚试剂法等。仪器分析法主要有示波极谱法、吸附伏安法、电位法、气相色谱法、高效液相色谱法、气相色谱-质谱联用法和高效液相色谱-质谱联用法等分析方法。

其中分光光度法最突出的特点是操作简单、成本低，但是该方法的灵敏度普遍不如仪器分析法好。具体来说，变色酸分光光度法和乙酰丙酮分光光度法都需要在沸水浴条件下显色，显色反应所需的时间较长。酚试剂分光光度法在常温下就能显色，而且具有较低的检测限值，适用于检测机动车尾气中的痕量物质。

色谱分析法主要包括气相色谱法、气相色谱-质谱联用法、离子色谱法、高效液相色谱-质谱联用法及高效液相色谱法。与分光光度法相比，这些方法具有灵敏度高、准确、可靠、不易受干扰等优点，因此，目前尚处于不可替代的地位。但同时也存在设备昂贵、使用成本高、操作烦琐等缺点，因此还没有被大范围采用。

光谱分析法具有灵敏度高、检测时间短、能够进行实时在线分析等特点，该方法不但可以用来检测气体的浓度，还普遍应用于鉴别不同的分子结构方面。目前，该方法在汽车尾气检测方面的准确性与可行性已经得到了证明，但是同样由于其成本较高，对试验条件的要求也较为苛刻，因而作为一种常规检测仪器仍然存在困难。

综上所述，甲醛的几种检测方法各有利弊，在实际工作中要针对不同的分析对象和浓度高低作出恰当的选择，同时研究灵敏度高、选择性好并能满足现场分析的快速检测方法将是甲醛分析研究的发展方向。

本项目采用了基于国家标准方法电化学法的台式机快速甲醛测量仪，结合长安大学自行研制的甲醛分析仪前处理器，分别对汽油与甲醇汽油等车辆进行了甲醛测试研究。

一、汽车甲醛分析仪前处理器

本项目研究中甲醛的收集设备使用的是自主研发设计的汽车甲醛分析仪前处理器。甲醛的收集方法是将尾气探头一端置于在汽车发动机排气管内，尾气探头的另一端与甲醛分析仪前处理器的进气口端相连，甲醛分析仪前处理器的排气口端再与甲醛分析仪相连，从而实现甲醛的收集和测试准备工作。

汽车甲醛分析仪前处理器系统包括：油水分离器、颗粒滤清器、三通阀、抽气泵、流量传感器、叶片式混合仪、半导体恒温仪、压力表、二通阀等，各个部分由相应的接口和管道进行连接。

该处理器可实现对尾气在进入气体分析仪之前的水分过滤、气体恒温以及气路反吹功能和漏气监测等功能。

汽车甲醛分析仪前处理器控制面板如图 7-1 和表 7-1 所示,进出气面板如图 7-2 和表 7-2 所示。

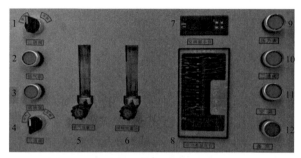

图 7-1 甲醛分析仪前处理器控制面板

甲醛分析仪前处理器面板控制说明　　　　　　　　　　表 7-1

名称	参数	名称	参数	名称	参数
1	三通阀 A 开关	5	流量传感器 A	9	液柱表开关
2	抽气泵开关	6	流量传感器 B	10	二通阀开关
3	稀释泵开关	7	半导体恒温仪	11	空调开关
4	三通阀 B 开关	8	液柱表	12	备用开关

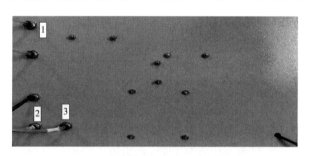

图 7-2 甲醛分析仪前处理器进出气面板

甲醛分析仪前处理器进出气面板说明　　　　　　　　　　表 7-2

序号	气口功能
1	正常吸气口
2	正常出气口,反吹吸气口
3	反吹出气口

1. 正常吸气系统

正常吸气过程中尾气含有的水分和颗粒物同时经过颗粒物过滤装置,会造成气路的堵塞,将水分过滤装置安装在颗粒物过滤装置之前,能有效地避免气路堵塞的问题发生,正常吸气系统如图 7-3a) 所示。

2. 气体稀释系统

空气中含有大量的颗粒物及水分,空气进入气路时应该进行水分过滤和颗粒物过滤,并且应该控制空气进入气路的流量,如图 7-3b) 所示。

3. 气体反吹系统

通过使用气体流向转换装置可以实现将气路中残留的尾气排出的功能,保证尾气检测仪数据的准确性,如图 7-3c)所示。

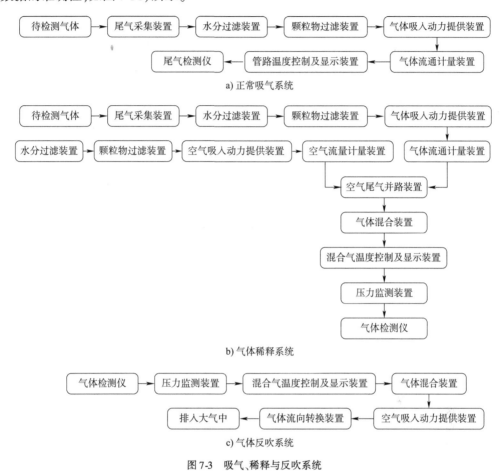

图 7-3 吸气、稀释与反吹系统

4. 泄漏监测系统

气路通断功能可以在系统关闭时,唯一出气口关闭,当气路压力稳定时,说明该前处理器气密性良好,可以满足尾气检测仪对气密性的要求,泄漏监测系统如图 7-4 所示。

5. 前处理器总体结构

前处理器由各功能系统构成,其总体框架图如图 7-5 所示。

6. 前处理器的主要部件参数

(1)水分过滤装置(油水分离器)。

油水分离器外形及尺寸如图 7-6、图 7-7 所示,参数见表 7-3。

特点:该油水分离器满足处理器对水分过滤的要求,并且具有体积小的优点。

(2)气体吸入动力提供装置。

气体吸入动力提供装置主要为泵体,其外形尺寸如图 7-8、图 7-9 所示。

该泵体满足汽车尾气检测仪对管路压力的要求,泵体体积符合便于携带原则,充气时压力稳定性良好,气路堵塞时压力也可以保证稳定压力,其参数见表 7-4。

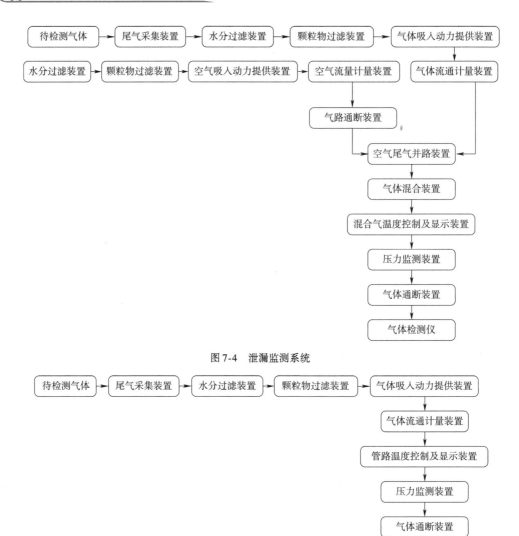

图 7-4　泄漏监测系统

图 7-5　总体框图

图 7-6　油水分离器

第七章 甲醇汽车甲醛排放检测分析

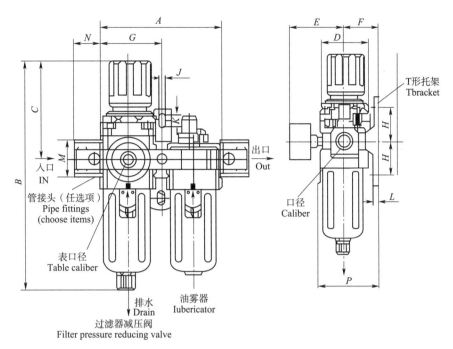

图 7-7 油水分离器结构尺寸

油水分离器(单位:mm)　　　　　　　　　　　　　　表 7-3

名称	参数	名称	参数	名称	参数
型号	AC4010	E	70.5	L	7
口径	3/8.1/2	F	50	M	42.2
宽	154	G	77	N	33
长	260	H	40	P	88
高	112	J	9	连自动排水器	300
D	70	K	13	L	7

图 7-8 泵体

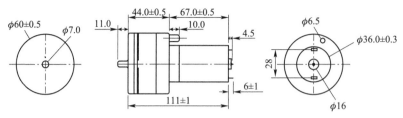

图7-9 泵体尺寸(尺寸单位:mm)

真空泵参数　　　　　　　　　　　　　　　　　　表7-4

名称	参数	名称	参数	名称	参数
额定电压	DC12V DC24V	最大真空	<-375mmHg(-50kPa)	管径	φ7.0mm
额定电流	900mA	气密	<10mmHg/min	尺寸	φ60×120mm
充气时间	<5s(0~300mmHg 在500CC密闭容器)	流量	<15.0L/min		
最大压力	>525mmHg(70kPa)	噪声	<60dB		

(3)气体流量计量装置。

①借用"氩弧焊气体混合配比器"来实现气体的稀释和混合效果(图7-10)。

②混合配比器把流量调节出的气体输入混合,使其通过滤网和扩散器把气体调为混合气体。

③该配比器操作简单,观察直观,当气源压力、输出流量在规定范围内变化时,配比值均能保证精度不变。

④规格参数:进气压力0.4~0.6MPa,最大流量$3m^3/h$,配比精度±2%。

图7-10 气体混合配比器

(4)气体混合装置。

混合仓由安装在中空管中的一系列不同尺寸的混合单元组成(图7-11)。由于混合单元的作用,流体有时是左旋的,有时是右旋的,不断地改变流动方向,不仅将中心液体流推向周边,而且还将周边流体推向中心,从而产生良好的径向混合效果。同时,流体本身的旋转也可以发生在相邻部件与界面处。这种完美的径向循环混合效果使材料均匀混合。正常工作气路与反吹过程气路如图7-12、图7-13所示。

规格参数:公称直径DN15,1/2in,内径20mm,参考流量$0.4~1m^2/h$;连接方式:承插、丝口、凸缘。

第七章　甲醇汽车甲醛排放检测分析

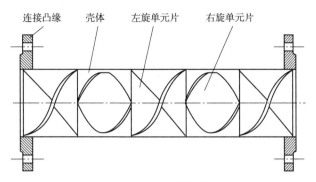

图 7-11　叶片式混合仓

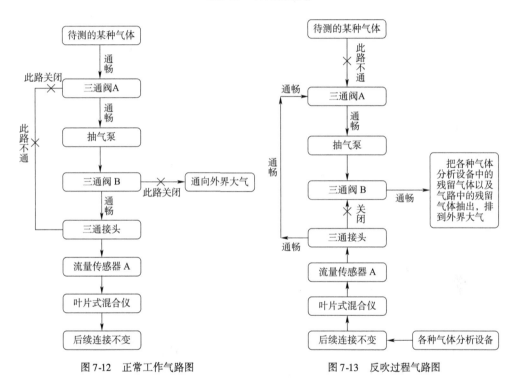

图 7-12　正常工作气路图　　　　图 7-13　反吹过程气路图

二、汽车甲醛测试仪

1. 甲醛测试仪概述

甲醛测试仪是用于汽车尾气、室内空气等领域检测甲醛含量的直读式仪器。仪器内有电池供电的内置采样泵,检测元件是高灵敏度、高稳定性、高精确度的电化学传感器,传感器呈线性稳定,结果准确。

2. 甲醛测试仪的特点

甲醛测试仪采用高精度电化学传感器,响应时间短;连续泵吸式采样、无耗材;液晶显示,体积小、质量轻,操作简单、易携带。

3. 甲醛测试仪的技术参数

甲醛测试仪包括自动化和气体传感器,每个通道自带样品采样泵和不锈钢转子流量传感器,具有多通道独立控制和显示的功能,可以实现用户可调的低、高报警设定点,拥有激活每个监控通道的专用继电器,独立通道的 4～20mA/0～1V 模拟输出。该仪器的测试精度为读数的 ±2.0%,±1 至少有效位数;线性度达到 ±1.0% 满量程;零点漂移达到满量程的 ±1.0%(24h);量程漂移小于 ±2.0% 满量程(24h);滞后时间小于 1s;测试精度范围为 0～19.99×10^{-6};体积是 483mm×292mm×178mm,质量为 4.5kg。

4. 甲醛测试仪的原理

甲醛测试仪中的二电极传感器是一款高灵敏度的检测器,根据气体的类型,其灵敏度是扩散性传感器的 50～200 倍,可以测量非常低的值,这对于低浓度气体测量是重要的条件。

这款传感器属于电压型传感器,是一种电化学气体检测器,它是在控制扩散的条件下运行的。样气的气体分子被吸收到电化学敏感电极,经过扩散介质后,在适当的敏感电极电位下气体分子发生电化学反应,这一反应产生一个与气体浓度成正比的电流,这一电流转换为电压值并送给仪表读数或记录仪记录。取样公式为:

$$i_{\lim} = \frac{nFAD}{\delta}$$

式中,扩散限定电流 $i_{\lim}$ 是直接与气体浓度成正比的,这里 $i_{\lim}$ 是电流,用 A 表示;F 是法拉第常数(96500C);A 是界面面积,用 cm^2 表示;n 是每摩尔反应物的电子数;δ 是扩散长度;C 是气体浓度(mol/cm^3);D 是气体扩散常数,代表扩散介质中气体渗透率因素和溶解度因素的乘积。

外部电压偏置在敏感电极上维持一个恒定的电位,这个电位以二电极传感器中不可极化的参考反电极为基准。"不可极化的"指的是反电极能维持一个电流流动而不受电位变化的影响。这样,反电极也用作参考电极,所以就不需要第三个电极和回馈电路。而其他传感器则需要用一个可极化的空气反电极。

5. 甲醛测试仪的功能键

甲醛测试仪的功能键如图 7-14、图 7-15 所示。

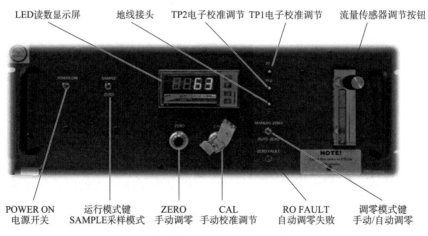

图 7-14 甲醛测试仪的正面面板

6. 仪器安装

(1)把仪器的颗粒过滤器接到 INLET 进气口(图 7-16)。

(2)把自动调零器接到 AERO AIRIN 自动零气进气口。

(3)把仪器排气口接管在通风处。

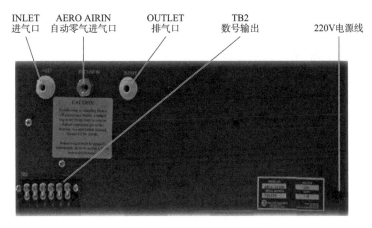

图 7-15 甲醛测试仪的背面面板

7. 测量操作程序

(1) 打开电源开关 POWER ON。

(2) 把运行模式键开关调到 ZERO 调零模式,同时把调零模式键调到 MANUAL ZERO 手动调零模式,直到仪器读数稳定在某一个值基本不变(不用理会读数的大小),此步骤是仪器预热过程,时间可在 10min～1h。

(3) 仪器预热完成后,把运行模式键开关调到 SAMPLE 采样模式,仪器开始进入测量模式。

8. 手动调零

如果仪器是间断使用,建议采用手动调零模式。

(1) 打开电源开关 POWER ON。

(2) 把运行模式键开关调到 ZERO 调零模式,同时把调零模式键调到 MANUAL ZERO 手动调零模式,直到仪器读数稳定在某一个值基本不变(不用理会读数的大小),此步骤是仪器预热过程,时间可在 10min～1h。

(3) 在仪器后面的进气口上接上手动调零器(图 7-17)。

图 7-16 颗粒过滤器

图 7-17 手动调零器

(4) 预热完成后,把运行模式键开关调到 SAMPLE 采样模式,仪器开始进入手动调零模式。

(5)此时观察仪器读数直到读数稳定不变,如果读数不是零,就要调节 ZERO 手动调零键,左右微调直到仪器读数为零,手动调零结束。

(6)拔掉手动调零器,即进入测量模式。

(7)测量时,进气流量必须保持在 500mL/min。

9. 仪器测试时的软件界面

甲醛测试仪的软件界面如图 7-18 所示。

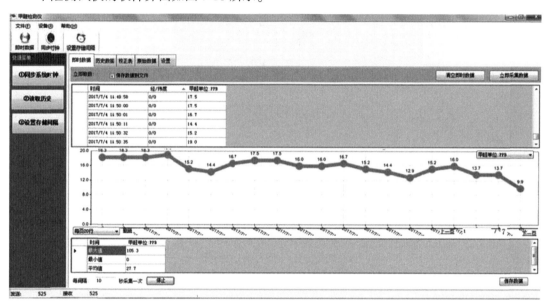

图 7-18 甲醛测试仪的软件界面

三、甲醛检测

1. 试验车辆

试验车辆为吉利 SMA7151K05M 型海景甲醇轿车,该产品通过了各项检测及认证,获得工业和信息化部 2012 年第 45 号《车辆生产企业及产品(第 240 批)公告》发文许可,成为我国首个获得甲醇汽车公告的产品,也是首款由汽车制造企业推出的甲醇汽车,同时在 100 辆出租汽车中随机抽取作为试验车辆。车辆技术参数见表 7-5。

试验车辆技术参数　　表 7-5

生产企业	上海华普汽车公司
型号	SMA7181K04M
外尺寸(长×宽×高)(mm)	4682×1725×1485
整备质量(kg)	1256
额定载客(人)	5
最高车速(km/h)	165
发动机排量(L)	1498
发动机额定功率[kW/(r/min)]	汽油 69/6000;甲醇 75/6000

本次试验车辆为国五排放车辆,试验分为三次进行,第一次试验车辆平均行驶里程约15.0万km,第二次试验车辆平均行驶里程约22.0万km,第三次试验车辆平均行驶里程约27.0万km。车辆相对固定,所属宝鸡市的第一次测试车辆12辆,第二次11辆,第三次10辆;所属西安市的第一次测试车辆4辆,第二次4辆,第三次3辆。

2. 测试结果分析

不同车辆甲醛排放测试结果如图7-19～图7-24所示。

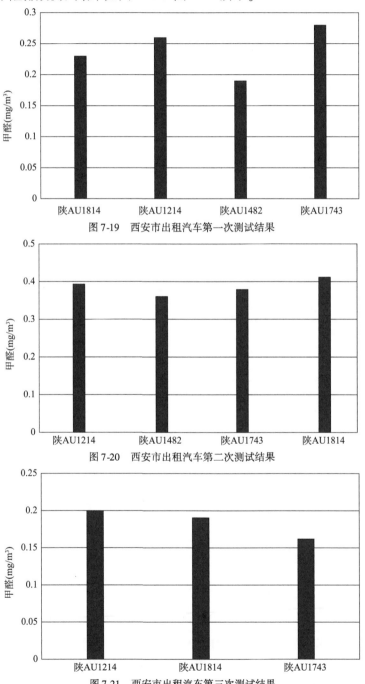

图7-19 西安市出租汽车第一次测试结果

图7-20 西安市出租汽车第二次测试结果

图7-21 西安市出租汽车第三次测试结果

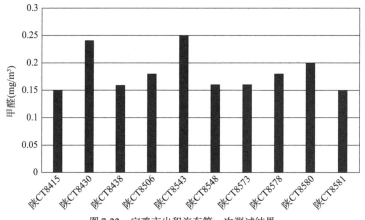

图 7-22　宝鸡市出租汽车第一次测试结果

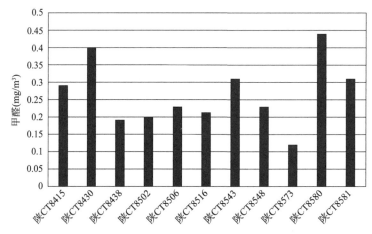

图 7-23　宝鸡市出租汽车第二次测试结果

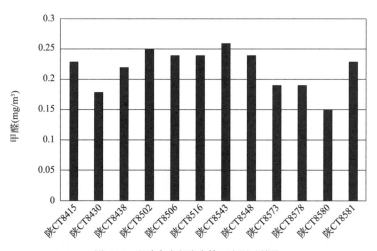

图 7-24　宝鸡市出租汽车第三次测试结果

将西安市三辆试验车辆吉利 JL7152K13M，分别编号为 1 号、2 号、3 号试验车辆，试验结果见图 7-19 至图 7-21 与表 7-6 至表 7-8，甲醇汽车的甲醛排放平均值为 0.22mg/m³，宝鸡市测试结果见图 7-22 至图 7-24。可见汽油燃料的甲醛排放总体略低于甲醇燃料。

第七章 甲醇汽车甲醛排放检测分析

西安市 1 号车辆甲醛排放试验结果　　　　　表 7-6

工况	燃料	2 万 km (mg/m³)	8 万 km (mg/m³)	18 万 km (mg/m³)
低急速	92 号汽油	0.34	0.56	0.48
	M100 甲醇	0.76	0.96	0.72
高急速	92 号汽油	0.45	0.51	0.39
	M100 甲醇	0.68	0.63	0.71

西安市 2 号车辆甲醛排放试验结果　　　　　表 7-7

工况	燃料	2 万 km (mg/m³)	8 万 km (mg/m³)	18 万 km (mg/m³)
低急速	92 号汽油	0.96	1.12	0.88
	M100 甲醇	1.24	1.15	1.28
高急速	92 号汽油	0.79	0.86	0.64
	M100 甲醇	1.16	0.87	0.76

西安市 3 号车辆甲醛排放试验结果　　　　　表 7-8

工况	燃料	2 万 km (mg/m³)	8 万 km (mg/m³)	18 万 km (mg/m³)
低急速	92 号汽油	0.48	0.56	0.63
	M100 甲醇	0.88	0.70	0.77
高急速	92 号汽油	0.38	0.49	0.65
	M100 甲醇	0.71	0.58	0.80

第四节　影响甲醛生成的因素

一、燃料的影响

在甲醛排放试验研究中已经发现,燃料中醇类所占比例及发动机的负荷对甲醛排放有明显的影响,并且具有一定的变化趋势,总体呈现出:柴油发动机甲醛排放低于汽油发动机甲醛排放;汽油中加入甲醛与乙醇都会引起甲醛排放增加,并且随着添加比例的增加甲醛排放浓度增大;柴油中加入生物柴油配制的 ED10 燃料较柴油燃烧时甲醛浓度上升;天然气汽车甲醛排放与甲醇燃料(汽油)相当。

二、发动机工作区域的影响

控制车辆在排放较低的工况范围内运行,可以降低甲醛排放,但是这种降低排放的做法在保证车辆正常运行的前提下难以实现。

三、排气温度的影响

排气温度的升高,甲醛排放值呈先上升后下降的趋势,在试验发动机上温度达到600℃时,甲醛排放最大,在低温的情况下,主要是不利于发生甲醇的脱氢反应,致使甲醛排放量比较低。随着温度的升高,氧化反应加剧,生成的甲醛含量加大;当温度继续升高时,高温不利于甲醛的生成,并且甲醛被氧化生成CO_2和H_2O的反应加剧,致使甲醛的排放量降低。

四、点火提前角度的影响

由试验数据可知,点火正时对甲醛排放影响并不显著,但也呈现一定的变化趋势,在试验发动机上当点火提前角处于26°CA位置时,甲醛的排放量最小,当点火提前角增大或减小时,甲醛排放浓度都在增大。

五、混合气浓度的影响

试验表明过量空气系数λ过低过高,都会使甲醛排放值增加,当过量空气系数λ处于1时,燃料燃烧最完全,甲醛排放值最小。不难看出,甲醛排放对λ值的要求与常规排放是一致的,这要求车辆在使用醇类燃料时,需要严格控制混合气的浓度,从降低排放的角度来看,开发能够调整混合气浓度的汽车灵活燃料控制器是非常必要和迫切的。

六、二次催化的影响

三元催化转换器对汽车甲醛排放具有较大影响,其主要是通过不同的催化剂及串入的催化器数量不同而产生不同的结果。如试验发动机三元催化转换器前采样测得的甲醛排放值为3.89mg/m³,一个三元催化转换器后采样测得的甲醛排放值为7.78mg/m³,采用双三元催化转换器两次催化之后甲醛排放又减少到2.49mg/m³,不同采样点测得的甲醛排放数值明显不同。经一个三元催化转换器催化后,甲醛排放量大约为三元催化转换器前甲醛排放量的1倍,经过双三元催化转换器之后甲醛排放又减少了30%左右。而三元催化转换器中的催化剂有Pt/Rh(铂-铑)型、Pd/Rh(钯-铑)型、Pt/Pd/Rh(铂-钯-铑)型,对甲醛排放的影响结果还待进一步研究。

第八章　甲醇加注站空气中甲醇浓度检测

本项检测的目的在于检测甲醇加注过程中泄漏在空气中甲醇的数量,进而考察其对环境造成的影响,委托陕西环境监测技术服务咨询中心依据《陕西省甲醇汽车试点运行项目甲醇浓度监测方案》进行,西安市检测选定的是东二环加注站,检测2次,两次间隔3个月;宝鸡市检测在运行中的3个加注站进行,每个加注站检测1次。

一、检测方案

检测方案见表8-1。

检测方案　　　　　　　　　　　　　　　　　表8-1

序号	点位名称	地点
1	加注机旁1m	西安市
2	上风向5m	
3	下风向5m	
4	加注机旁1m	宝鸡市1
5	上风向5m	
6	下风向5m	
7	加注机旁1m	宝鸡市2
8	上风向5m	
9	下风向5m	
10	加注机旁1m	宝鸡市3
11	上风向5m	
12	下风向5m	

二、检测项目

甲醇加注站空气中甲醇浓度。

三、检测时段

检测两期,每期1天,每天1次。检测必须在汽车加注甲醇过程中进行。

四、检测要求

检测采样严格按照《固定污染源排气中甲醇的测定 气相色谱法》(HJ/T 33—1999)等相关技术规范执行。

五、检测点位

检测点位、项目、频次见表8-2。

检测点位、项目、频次一览表　　　　　　　　　　　表 8-2

类别	点位布置	检测项目	检测频次	测试要求
环境空气	1号加注机旁,2号上风向,3号下风向	甲醇 3个样品	1期	工况稳定,正常运行

六、检测标准与仪器

检测标准:《大气污染物无组织排放监测技术导则》(HJ/T 55—2000)。分析方法及仪器见表 8-3。

分析方法及仪器　　　　　　　　　　　表 8-3

类别	项目	分析方法/依据	检出限	检测仪器名称、型号及管理编号
环境空气	甲醇	甲醇气相色谱法《空气和废气监测分析方法》第4版	$0.1 mg/m^3$	崂应 2020 大气采样器,SEMA-YQ- 084、086、087、7890B 气相色谱仪,SEMA-YQ-025

七、检测结果

西安市甲醇加注站检测结果见表 8-4、表 8-5。

甲醇浓度检测结果　　　　　　　　　　　表 8-4

样品名称	项目	标准(mg/m^3)	分析结果(mg/m^3)
1号加注机旁	甲醇	—	0.1ND
2号上风向	甲醇	—	0.1ND
3号下风向	甲醇	—	0.1ND

注:1."ND"表示未检出,前数字表示检出限;
　　2.监测数据仅对本次监测结果负责。

甲醇浓度检测结果　　　　　　　　　　　表 8-5

样品名称	项目	标准(mg/m^3)	分析结果(mg/m^3)
1号加注机旁	甲醇	—	0.1ND
2号上风向	甲醇	—	0.1ND
3号下风向	甲醇	—	0.1ND

注:1."ND"表示未检出,前数字表示检出限;
　　2.监测数据仅对本次监测结果负责。

本次空气中的甲醇浓度检测在各个点位均未检出(检出限 $0.1 mg/m^3$)。
宝鸡市监测结果见表 8-6~表 8-8。

鑫台商贸加注站甲醇浓度监测结果　　　　　　　　　　　表 8-6

样品名称	项目	标准(mg/m^3)	分析结果(mg/m^3)
1号加注机旁	甲醇	—	0.344
2号上风向	甲醇	—	0.1ND
3号下风向	甲醇	—	0.1ND

注:1."ND"表示未检出,前数字表示检出限;
　　2.监测数据仅对本次监测结果负责。

中油远洋加注站甲醇浓度监测结果 表8-7

样品名称	项目	标准(mg/m³)	分析结果(mg/m³)
1号加注机旁	甲醇	—	0.433
2号上风向	甲醇	—	0.1ND
3号下风向	甲醇	—	0.1ND

注:1. "ND"表示未检出,前数字表示检出限;
  2. 检测数据仅对本次监测结果负责。

延长石油加注站甲醇浓度检测结果 表8-8

样品名称	项目	标准(mg/m³)	分析结果(mg/m³)
1号加注机旁	甲醇	—	0.1ND
2号上风向	甲醇	—	0.1ND
3号下风向	甲醇	—	0.1ND

注:1. "ND"表示未检出,前数字表示检出限;
  2. 检测数据仅对本次监测结果负责。

  本次空气中的甲醇浓度检测除鑫台商贸加注站、中油远洋加注站在加注机1m处检测值分别为0.344mg/m³、0.433mg/m³外,其他点位均未检出(检出限0.1mg/m³)。

  检测单位资质证明如图8-1所示。

图8-1 检测单位资质证明

第九章 甲醇汽车润滑油性能检测与数据分析

第一节 甲醇汽车润滑油检测标准和检测项目

一、汽油机油换油指标

汽油机油检测标准为《汽油机油换油指标》(GB/T 8028—2010),检测项目总共 11 项,分别为:运动黏度变化率、水分、闪点、酸值、正戊烷不溶物、铁含量、铜含量、硅含量、铝含量、(碱值-酸值)、燃油稀释,见表 9-1。

表 9-1 甲醇燃料汽车润滑油换油指标检验项目

检验项目	要求	质量指标	采用标准
运动黏度变化率(100 ℃)(mm²/s)	>	±20	GB/T 265—1988
闪点(闭口)(℃)	<	100	GB/T 261—2008
(碱值-酸值)(以 KOH 计)(mg/g)	<	0.5	SH/T 0251—1993 GB/T 4945—2002
燃油稀释(质量分数)(%)	>	5	NB/SH/T 0474—2010
酸值(以 KOH 计)[(mg/g)增加值]	>	2	GB/T 4945—2002
正戊烷不溶物(质量分数)(%)	>	1.5	GB/T 8926—2012
水分(质量分数)(%)	>	0.2	GB/T 260—1977
铁含量(μg/g)	>	70	ASMT D6595—2000
铜含量[(μg/g)增加值]	>	40	ASMT D6595—2000
铝含量(μg/g)	>	30	ASMT D6595—2000
硅含量[(μg/g)增加值]	>	30	ASMT D6595—2000

试点运行车辆所用汽油机油按照《汽油机油》(GB 11121—2006)检测。

通过对甲醇燃料汽车更换下来的甲醇汽车专用机油进行换油指标检测,研究其各项指标是否合格,特别是金属含量指标,来判断润滑油对甲醇发动机的适应性(表 9-2)。

表 9-2 汽油机油检测指标(YW2016DII0561)

检验项目	检测值	判定	采用标准
运动黏度变化率(100 ℃)(mm²/s)	11.03	合格	GB/T 265—1988
酸值(以 KOH 计)(mg/g)	1.06	合格	GB/T 4945—2002
铁含量(μg/g)	1.23	合格	ASMT D6595—2000
铜含量(μg/g)	0.00	合格	ASMT D6595—2000

续上表

检验项目	检测值	判定	采用标准
硅含量（μg/g）	14.75	合格	ASMT D6595—2000
铝含量（μg/g）	3.13	合格	ASMT D6595—2000
碱值（以 KOH 计）（mg/g）	9.51	合格	SH/T 0251—1993

二、汽油机油换油指标说明

1. 运动黏度变化率（100℃）

运动黏度是衡量油品油膜强度、流动性的重要指标，而运动黏度变化率反映了油品油膜强度、流动性的变化情况。

在用油运动黏度的变化反映了油品发生深度氧化、聚合、轻组分挥发生成油泥，以及受燃油稀释、水污染和机械剪切的综合结果。黏度的增长会增加动力消耗，过高的黏度增长甚至会带来泵送困难，从而影响润滑造成事故。黏度的下降则会造成发动机机油油膜变薄，润滑性能下降，机件磨损加大，黏度大幅下降往往会造成拉缸的后果。

2. 燃油稀释

车辆在使用过程中，因种种原因燃料会部分窜入机油油底壳，污染发动机机油，甚至会造成拉缸的严重后果。通常只有发动机活塞间隙变大或发生不正常磨损等异常情况发生时，燃油才会大量进入润滑油中。

3. 闪点（闭口）

汽油机油的闪点反映出油品馏分的组成，是确保油品安全运输、储存的重要数据。润滑油在使用中其闪点如显著下降，可能发生燃油稀释等，需引起重视。由于在用油中不可避免存在燃油稀释，采用闭口杯法能更有效地检测燃油稀释对油品闪点的影响。

4. 水分

发动机在做功过程中，燃料燃烧生成的水汽以及通过油箱呼吸孔吸入的水汽，会进入发动机机油中带来污染。油中的水分会导致油品乳化变质，并造成发动机零部件表面的锈蚀、腐蚀。由于在工作中发动机机油始终处于相对较高的温度（>80℃）下，正常情况下油中的水含量均较低。

5. 酸值增加和碱值的变化

油品在使用中受温度、水分或其他因素的影响，油品会逐渐老化变质。随着油品老化程度增加，产生较多的酸性物质，使油品酸值增加。较大量的酸性物质对设备造成一定程度的腐蚀，并在金属的催化作用下继续加速油品的老化状况，影响发动机正常运行。

油品的碱值是用于中和燃烧生成的强酸性物质及油品自身氧化产生的有机酸，因此碱值的下降直接反映了油品中添加剂有效组分的消耗、使用性能的下降。

6. 正戊烷不溶物

正戊烷不溶物是反映油品容污能力的一个指标。在用油正戊烷不溶物含量达到一定值后，油品黏度增大、流动性变差，油品中的不溶物聚集成团，堵塞油路，造成润滑不良等严重后果。

7. 铁、铜、铝磨损金属含量

发动机的主要磨损件为缸套、曲轴、活塞环等，因此油品的抗磨损性能和在行驶过程中机件的磨损情况可通过定期分析试油中铁、铜、铝等金属含量的变化来评价。

8. 硅含量

在用油中硅元素的来源主要与车辆的行驶环境有关,当车辆行驶于尘土飞扬的恶劣环境中或空气滤清器工作不正常,都会造成油中硅含量的大量增加,造成发动机零部件的磨料磨损。

第二节 抽检车辆

一、西安市抽检车辆

西安市甲醇出租汽车润滑油的抽检分 3 批次,每批次 4 辆车,车辆行驶里程在 180000 ~ 280000km 之间,基本按照 5000km 换油里程抽取(表 9-3)。

西安市吉利甲醇燃料出租汽车抽检车辆　　　　表 9-3

试验批次	车牌号码	里程(km)	编号
第一批	陕 AU1791	256316	XA002
	陕 AU1514	201612	XA003
	陕 AU1743	192359	XA004
	陕 AU1814	231304	XA005
第二批	陕 AU1134	232706	XA006
	陕 AU1764	274986	XA007
	陕 AU1214	177586	XA008
	陕 AU1412	244280	XA009
第三批	陕 AU1817	279824	XA010
	陕 AU1412	239302	XA011
	陕 AU1843	246590	XA012
	陕 AU1814	235355	XA013

二、宝鸡市抽检车辆

宝鸡市甲醇出租汽车润滑油的抽检分 3 批次,每批次 5 辆车,车辆行驶里程在 180000 ~ 220000km 之间,基本按照 5000km 换油里程抽取(表 9-4);甲醇微型客车抽检 3 辆车,抽取车辆行驶里程在 17000 ~ 41000km 间(表 9-5)。

宝鸡市吉利甲醇燃料出租汽车抽检车辆　　　　表 9-4

试验批次	车牌号码	里程(km)	编号
第一批	陕 CT8561	183064	BJP1①
	陕 CT8562	177250	BJP1②
	陕 CT8529	192853	BJP1③
	陕 CT8551	192247	BJP1④
	陕 CT8411	183317	BJP1⑤

续上表

试验批次	车牌号码	里程(km)	编号
第二批	陕 CT8561	205464	BJP2①
	陕 CT8562	197313	BJP2②
	陕 CT8529	213600	BJP2③
	陕 CT8551	213963	BJP2④
	陕 CT8411	208599	BJP2⑤
第三批	陕 CT8561	210255	BJP3①
	陕 CT8562	201300	BJP3②
	陕 CT8529	219149	BJP3③
	陕 CT8551	219098	BJP3④
	陕 CT8411	213646	BJP3⑤

宝鸡市甲醇燃料微型客车抽检车辆　　表 9-5

试验批次	车牌号码	里程(km)	编号
第四批	陕 CU6025	26015	BJP4①
	陕 CU5902	16025	BJP4②
	陕 CR6191	41023	BJP4③

第三节　抽检车辆检测结果

一、西安市甲醇车辆检测结果

表 9-6 试验结果表明，西安市吉利甲醇燃料出租汽车的 4 辆试验车，通过以上检测数据分析，车辆运行中所使用的润滑油与车辆具有良好的适应性。对于陕 AU1743 的燃油稀释、(碱值-酸值)(以 KOH 计)指标不合格问题在使用中需要给予重视。

西安市吉利甲醇燃料出租汽车润滑油换油指标检测结果　　表 9-6

试验批次	车牌号码	里程(km)	编号	检验结果
第一批	陕 AU1791	256316	XA002	合格
	陕 AU1514	201612	XA003	合格
	陕 AU1743	192359	XA004	不合格
	陕 AU1814	231304	XA005	合格
第二批	陕 AU1134	232706	XA006	合格
	陕 AU1764	274986	XA007	合格
	陕 AU1214	177586	XA008	合格
	陕 AU1412	244280	XA009	合格

续上表

试验批次	车牌号码	里程(km)	编号	检验结果
第三批	陕 AU1817	279824	XA010	合格
	陕 AU1412	239302	XA011	合格
	陕 AU1843	246590	XA012	合格
	陕 AU1814	235355	XA013	合格

二、宝鸡市甲醇汽车检测结果

表 9-7、表 9-8 试验结果表明,宝鸡市吉利甲醇燃料出租汽车的 5 辆试验车,三批次的润滑油换油指标检测全部合格。陕汽通家甲醇燃料微型客车陕 CU6025、陕 CU5902 润滑油换油指标试验结果合格,陕 CR6191 的(碱值-酸值)(以 KOH 计)指标不合格,建议使用醇基燃料专用润滑油。

宝鸡市吉利甲醇燃料出租汽车润滑油换油指标测试结果　　　　表 9-7

试验批次	车牌号码	里程(km)	编号	检验结果
第一批	陕 CT8561	183064	BJP1①	合格
	陕 CT8562	177250	BJP1②	合格
	陕 CT8529	192853	BJP1③	合格
	陕 CT8551	192247	BJP1④	合格
	陕 CT8411	183317	BJP1⑤	合格
第二批	陕 CT8561	205464	BJP2①	合格
	陕 CT8562	197313	BJP2②	合格
	陕 CT8529	213600	BJP2③	合格
	陕 CT8551	213963	BJP2④	合格
	陕 CT8411	208599	BJP2⑤	合格
第三批	陕 CT8561	210255	BJP3①	合格
	陕 CT8562	201300	BJP3②	合格
	陕 CT8529	219149	BJP3③	合格
	陕 CT8551	219098	BJP3④	合格
	陕 CT8411	213646	BJP3⑤	合格

宝鸡市甲醇微型客车润滑油换油指标实验结果　　　　表 9-8

试验批次	车牌号码	里程(km)	编号	检验结果
第四批	陕 CU6025	26015	BJP4①	合格
	陕 CU5902	16025	BJP4②	合格
	陕 CR6191	41023	BJP4③	不合格

第九章 甲醇汽车润滑油性能检测与数据分析

本检测由陕西省能源质量监督检验所承担,该所具备 CNAS 国家检验资质、CMA 陕西省机构认证资质、CAL 陕西省计量认证资质(图9-1)。

图9-1 陕西省能源质量监督检验所资质证明

第十章　甲醇汽车性能试验与数据分析

第一节　甲醇汽车性能试验项目与条件

一、试验车辆

为全面地反映运行车辆在试点前的工作状况,在西安市运行的甲醇汽车中抽取 4 辆出租汽车进行整车性能试验,车牌号分别为:陕 AU1813、陕 AU1214、陕 AU1514、陕 AU1764。

宝鸡市抽取 10 辆车进行整车性能试验,其中包含出租汽车 8 辆,微型客车 2 辆。出租汽车车牌号分别为:陕 CT8568、陕 CT8543、陕 CT8571、陕 CT8503、陕 CT8530、陕 CT8519、陕 CT8529、陕 CT8409。微型客车车辆牌号分别为:陕 CR5070、陕 CU6029。

汽油对比车辆选取陕 CT8530 使用汽油燃料进行动力性和经济性道路试验。

二、试验承担单位

试验承担单位:西安汽车产品质量监督检验站。

三、试验地点与日期

试验于 2016 年 5 月 29 日至 30 日在长安大学渭水校区汽车试验场进行。

四、试验依据标准

《机动车运行安全技术条件》(GB 7258—2012)、《汽油节油技术评定方法》(GB/T 14951—2007)、《汽车燃料消耗量试验方法》(GB/T 12545—2008)中的第 1 部分:乘用车燃料消耗量试验方法、《汽车加速性能试验方法》(GB/T 12543—2009)。

五、试验项目

1. 动力性能试验

(1)直接挡(5 挡)最低稳定车速试验。

(2)直接挡(5 挡)节气门全开加速试验。

(3)起步换挡加速试验。

2. 燃料经济性试验

限定条件下燃料消耗量试验。

六、试验仪器

试验仪器见表 10-1。

试验仪器仪表   表 10-1

序号	名称	型号
1	综合气象测试仪	—
2	笔记本电脑	DELL E5500
3	VGPS	VBOX VB2SX
4	燃油流量传感器	MF-2200
5	燃油流量传感器	DF-2420

七、试验程序

1. 试验车辆在西安市甲醇加注站加注甲醇燃料 M100（图 10-1～图 10-4）。

图 10-1　M100 加注站

图 10-2　M100 加注过程

图 10-3　等待试验车辆

图 10-4　试验车辆

2. 限定条件下燃料消耗量试验

本试验参照标准《汽车道路试验方法通则》和《乘用车燃料消耗量试验方法》进行。

（1）试验前检查车辆的轮胎气压、润滑油、制动液符合该车技术条件的规定，试验汽车必须清洁。

（2）连接油管，检查泵油状况。

（3）安装连接油耗仪。

（4）加装 M100 甲醇燃料进行以下试验：

a. 试验时,只允许开启车辆行驶时所必需的设备,关闭空调、音响等电子设备,并且关闭车窗和驾驶室通风口。

b. 汽车挂 5 挡,保持车速为 60(或 90)±2km/h,沿试验环形跑道行驶 48km,从油耗仪上读出燃料消耗量,换算成百公里燃料消耗量,记录数据。

(5)其中车牌号为陕 CT8530 的出租汽车换用 92 号汽油进行(1)~(4)的试验。

3. 直接挡(5 挡)最低稳定车速试验

甲醇汽车最低稳定车速试验参照《汽车最低稳定车速试验方法》标准进行。

最低稳定车速是指汽车能稳定行驶的最低车速,该车速能保证汽车在急速踩下加速踏板时,发动机不应熄火,传动系统不应抖动,汽车能够平稳不停顿地加速,对应的发动机转速不得下降。试验具体操作步骤如下:

将试验车辆的变速器置于所要求的挡位(5 挡),在试验路段上,汽车能保持一个较低的速度缓慢地匀速行驶,该过程需要从发动机怠速转速开始。通过 GPS 测速仪装置记录车速,并测定汽车在百米试验路段时的实际平均车速。为了保证试验数据的精确性,需要在试验路段往返各进行一次试验,尽量使往返路段重合。

4. 直接挡(5 挡)节气门全开加速试验

加速性能试验参照国家标准《汽车道路试验方法通则》和《汽车加速性能试验方法》进行。

(1)试验前检查车辆的轮胎气压、润滑油、制动液等是否符合该车技术条件的规定。加速踏板性能良好,应能踩到底。

(2)连接油管,检查泵油状况。

(3)加装 M100 甲醇燃料,将变速器预定在直接挡(5 挡),以预定的车速 30km/h 作匀速行驶,当车速稳定后(偏差 ±1km/h),驶入试验路段,迅速将加速踏板踩到底,使汽车加速行驶到 100km/h,从综合测试仪上读出加速时间、加速距离并记录数据。为了保证试验数据的精确性,需要在试验路段往返各进行一次试验,尽量使往返路段重合。

5. 起步换挡加速试验

试验之前,汽车停于试验路段的一端,变速器置于该车的起步挡位,迅速起步并将加速踏板快速踩到底,使汽车尽快加速行驶,当发动机达到最大功率转速时,力求迅速无声地换挡,换挡后立即将节气门全开,直至车速达到 100km/h。

从综合测试仪上读出加速时间、加速距离并记录数据。为了保证试验数据的精确性,需要在试验路段往返各进行一次试验,尽量使往返路段重合。

第二节 甲醇汽车性能试验结果分析

一、甲醇燃料汽车等速百公里燃料消耗量试验

1. 西安市甲醇燃料汽车等速百公里燃料消耗量试验

由表 10-2、图 10-5 分析计算可得,在 60km/h 等速运行情况下甲醇与汽油的平均替代比为:1.68。

西安市甲醇出租汽车限定条件下（60km/h）等速百公里燃料消耗量试验数据　　表10-2

试验车辆	燃料	行驶里程（km）	车速（km/h）	燃料消耗量（mL）	时间（s）	平均燃料消耗量（L/100km）	替代比
对照组	92号汽油	221258	60	2773	2825	5.8	—
陕AU1813	M100甲醇	150934	60	4770	2832	9.9	1.72
陕AU1214	M100甲醇	171048	60	4312	2818	9.0	1.55
陕AU1514	M100甲醇	216876	60	4609	2826	9.6	1.66
陕AU1764	M100甲醇	242674	60	4965	2821	10.3	1.79
平均值	M100甲醇	—	60	4664	2824	9.72	1.68

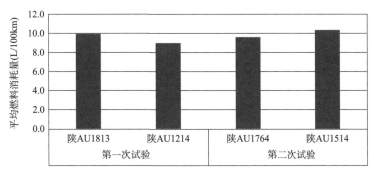

图10-5　西安市甲醇出租汽车限定条件下（60km/h）等速百公里燃料消耗量

由表10-3、图10-6分析计算可得，在90km/h等速运行情况下甲醇与汽油的平均替代比为：1.77。

西安市甲醇出租汽车限定条件下（90km/h）等速百公里燃料消耗量试验数据　　表10-3

试验车辆	燃料	行驶里程（km）	车速（km/h）	燃料消耗量（mL）	时间（s）	平均燃料消耗量（L/100km）	替代比
对照组	92号汽油	221258	90	2773	2825	7.8	—
陕AU1813	M100甲醇	150934	90	4770	2832	13.92	1.78
陕AU1214	M100甲醇	171048	90	4312	2818	13.59	1.74
陕AU1514	M100甲醇	216876	90	4609	2826	13.7	1.75
陕AU1764	M100甲醇	242674	90	4965	2821	14.37	1.84
平均值	M100甲醇	—	90	4664	2824	13.8	1.77

试验数据表明：吉利甲醇燃料出租汽车在限定条件下，使用92号汽油作为燃料，60km/h的燃料消耗量为5.8L/km，使用M100甲醇燃料作为燃料，60km/h的平均燃料消耗量为9.72L/km，平均燃料替代比为1.68。吉利甲醇燃料出租汽车在15万km试验时，60km/h M100甲醇燃料的平均百公里消耗量为9.45L/km，在22万km试验时，M100甲醇燃料的平均百公里燃料消耗量为9.95L/km，百公里燃料消耗量增加。

吉利甲醇燃料出租汽车在限定条件下，使用92号汽油作为燃料，90km/h的燃料消耗量为7.8L/km，使用M100甲醇燃料作为燃料，90km/h的平均燃料消耗量为13.9L/km，平均燃料替代比为1.77。吉利甲醇燃料出租汽车在15万km试验时，90km/h的M100甲醇燃料的平均百公里燃料消耗量为13.75L/km,在22万km试验时,M100甲醇燃料的平均百公里燃料消耗量为14.05L/km,百公里燃料消耗量增加量约为2%。

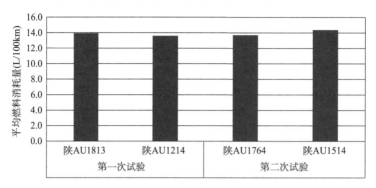

图10-6 西安市甲醇出租汽车限定条件下(90km/h)等速百公里燃料消耗量

2. 宝鸡市甲醇燃料汽车等速百公里燃料消耗量试验

由表10-4、图10-7分析计算可得,在60km/h等速运行情况下甲醇与汽油的平均替代比为:1.71。

宝鸡市甲醇出租汽车限定条件下(60km/h)等速百公里燃料消耗量试验数据　　表10-4

试验车辆	燃料	行驶里程(km)	车速(km/h)	燃料消耗量(mL)	时间(s)	平均燃料消耗量(L/100km)	替代比
陕CT8530	92号汽油	221258	60	2773	2825	5.8	—
陕CT8543	M100甲醇	150855	60	4531	2812	9.4	1.63
陕CT8571	M100甲醇	150855	60	4914	2786	10.2	1.77
陕CT8503	M100甲醇	157093	60	4767	2810	9.9	1.72
陕CT8568	M100甲醇	150180	60	4691	2826	9.8	1.69
陕CT8519	M100甲醇	218310	60	4931	2838	10.3	1.78
陕CT8529	M100甲醇	222831	60	4670	2826	9.7	1.68
陕CT8509	M100甲醇	242450	60	4560	2825	9.5	1.64
陕CT8530	M100甲醇	221178	60	4875	2846	10.2	1.76
平均值	—	—	60	4742	2821	9.88	1.71

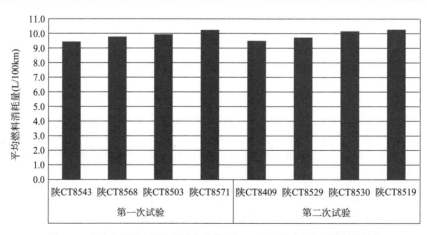

图10-7 宝鸡市甲醇出租汽车限定条件下(60km/h)等速百公里燃料消耗量

由表 10-5、图 10-8 分析计算可得,在 90 km/h 等速运行情况下甲醇与汽油的平均替代比为:1.76。

宝鸡市甲醇出租汽车限定条件下(90km/h)等速百公里燃料消耗量试验数据　　表 10-5

试验车辆	燃料	行驶里程（km）	车速（km/h）	燃油消耗量（mL）	时间（s）	平均燃料消耗量（L/100km）	替代比
陕 CT8530	92 号汽油	221258	90	3729	1906	7.8	—
陕 CT8543	M100 甲醇	150855	90	6470	1921	13.5	1.73
陕 CT8571	M100 甲醇	150855	90	6830	1934	14.2	1.82
陕 CT8503	M100 甲醇	157093	90	6658	1942	13.9	1.78
陕 CT8568	M100 甲醇	150180	90	6533	1937	13.6	1.74
陕 CT8519	M100 甲醇	218310	90	6527	1914	13.6	1.74
陕 CT8529	M100 甲醇	222831	90	6464	1912	13.5	1.73
陕 CT8509	M100 甲醇	242450	90	6559	1908	13.7	1.75
陕 CT8530	M100 甲醇	221178	90	6719	1904	14.0	1.79
平均值	—	—	90	6595	1921	13.7	1.76

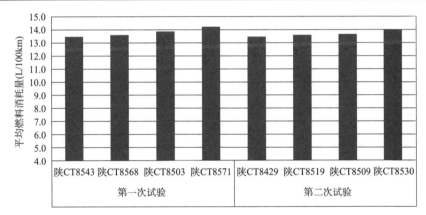

图 10-8　宝鸡市甲醇出租汽车限定条件下(90km/h)等速百公里燃料消耗量

微型客车燃料消耗量试验结果见表 10-6。

宝鸡市微型客车限定条件下等速百公里燃料消耗量试验结果　　表 10-6

试验车辆	行驶里程（km）	车速（km/h）	燃料消耗量（mL）	时间（s）	平均燃料消耗量（L/100km）
陕 CU6029	24636	60	5238	2831	10.9
		90	7037	1929	14.7
陕 CR5070	22273	60	5298	2822	11.0
		90	7128	1921	14.9

试验数据表明:吉利甲醇燃料出租汽车在限定条件下,使用 92 号汽油作为燃料,60km/h 的燃料消耗量为 5.8L/km,使用 M100 甲醇燃料作为燃料,60km/h 的平均燃料消耗量为

9.88L/km,平均燃料替代比为1.71。吉利甲醇燃料出租汽车在15万km试验时,60km/h的M100甲醇燃料的平均百公里燃料消耗量为9.88L/km,在22万km试验时,M100甲醇燃料的平均百公里燃料消耗量为9.91L/km,百公里燃料消耗量的增加量约为1%。

吉利甲醇燃料出租汽车在限定条件下,使用92号汽油作为燃料,90km/h的燃料消耗量为7.8L/km,使用M100甲醇燃料作为燃料,90km/h的平均燃料消耗量为13.7L/km,平均燃料替代比为1.76。吉利甲醇燃料出租汽车在15万km试验时,90km/h的M100甲醇燃料的平均百公里燃料消耗量为13.8L/km,在22万km试验时,M100甲醇燃料的平均百公里燃料消耗量为13.68L/km,百公里燃料消耗量的下降约为1%。

微型甲醇车限定条件下,使用M100甲醇燃料作为燃料,60km/h的平均燃料消耗量为11.0L/km,使用M100甲醇燃料90km/h的平均燃料消耗量为14.8L/km。

二、直接挡(5挡)最低稳定车速试验

1. 西安市甲醇车辆直接挡最低稳定车速试验

表10-7、图10-9、图10-10的试验数据表明:吉利甲醇燃料出租汽车,在使用92号汽油燃料时,直接挡(5挡)的最低稳定车速为25.92km/h,在使用M100甲醇燃料时,直接挡(5挡)的最低稳定车速平均值为26.34km/h,与燃用92号汽油相比,最低稳定车速相当。

西安市甲醇燃料汽车最低稳定车速试验结果   表10-7

试验车辆	燃料	行驶里程(km)	最低稳定车速(km/h)	增减率
对照组	92号汽油	221258	25.92	—
陕AU1813	M100甲醇	150934	27.11	4.6%
陕AU1214	M100甲醇	171048	26.88	3.7%
陕AU1514	M100甲醇	216876	25.51	-1.6%
陕AU1764	M100甲醇	242674	25.87	-0.2%

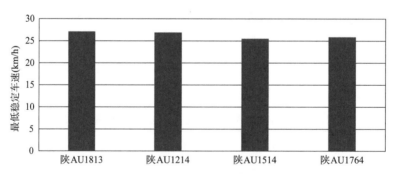

图10-9 西安市甲醇燃料汽车最低稳定车速

吉利甲醇燃料出租汽车在15万km使用M100甲醇燃料时,直接挡(5挡)的最低稳定车速平均值为26.99km/h,在22万km使用M100甲醇燃料时,直接挡(5挡)的最低稳定车速平均值为25.69km/h,认为两次试验结果相当。

2. 宝鸡市甲醇车辆直接挡最低稳定车速试验

表10-8、图10-11、图10-12的试验数据表明:吉利甲醇燃料出租汽车,在使用92号汽油燃料时,直接挡(5挡)的最低稳定车速为25.92km/h,在使用M100甲醇燃料时,直接挡(5

挡)的最低稳定车速平均值为 26.33km/h,与燃用 92 号汽油相比,最低稳定车速相当。

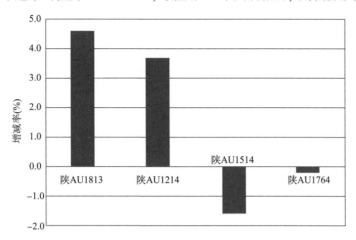

图 10-10　西安市甲醇燃料汽车最低稳定车速增减率

宝鸡市甲醇燃料汽车最低稳定车速试验结果　　表 10-8

试验车辆	燃料	行驶里程(km)	最低稳定车速(km/h)	增减率
陕 CT8530	92 号汽油	221258	25.92	—
陕 CT8543	M100 甲醇	150855	26.58	2.5%
陕 CT8571	M100 甲醇	150855	27.08	4.5%
陕 CT8503	M100 甲醇	157093	27.31	5.4%
陕 CT8568	M100 甲醇	150180	26.63	2.7%
陕 CT8519	M100 甲醇	218310	25.5	-1.6%
陕 CT8529	M100 甲醇	222831	28.71	10.8%
陕 CT8509	M100 甲醇	242450	28.77	11.0%
陕 CT8530	M100 甲醇	221178	28.05	8.2%
陕 CU6029	M100 甲醇	24636	22.71	微型客车
陕 CR5070	M100 甲醇	22273	23.75	微型客车

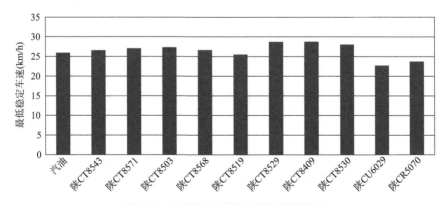

图 10-11　宝鸡市甲醇燃料汽车最低稳定车速

甲醇燃料微型车在使用 M100 甲醇燃料时,直接挡(5 挡)的最低稳定车速平均值为 23.23km/h。

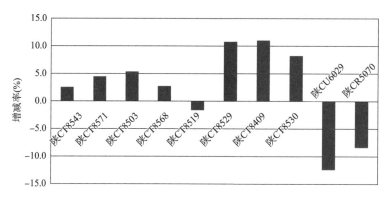

图 10-12 宝鸡市甲醇燃料汽车最低稳定车速增减率

吉利甲醇燃料出租汽车在 15 万 km 使用 M100 甲醇燃料时,直接挡(5 挡)的最低稳定车速平均值为 26.9km/h,在 22 万 km 使用 M100 甲醇燃料时,直接挡(5 挡)的最低稳定车速平均值为 26.3km/h,认为两次试验结果相当。

三、甲醇燃料汽车直接挡(5 挡)节气门全开加速试验

在直接挡(5 挡)加速试验中,试验车辆吉利甲醇燃料出租汽车的车速从 30km/h 加速到 100km/h,从 GPS 测试仪上记录下所有的时间,为了减少风阻和人为操作造成的试验误差,试验从不同方向重复测量 4 次,取平均值。

西安市试验车辆共 4 辆,第一次试验车辆的行驶里程集中在 15 万 km 左右,第二次试验车辆里程集中在 22 万 km 左右,两次试验对比,研究甲醇燃料汽车的动力性是否随着行驶里程的增加而变化。

宝鸡市试验车辆共 10 辆,其中陕 CT8530 作为对照组分别使用 M100 甲醇燃料和 92 号汽油试验。吉利甲醇燃料出租汽车第一次试验车辆的行驶里程集中在 15 万 km 左右,第二次试验车辆里程集中在 22 万 km 左右。陕汽通家甲醇燃料微型车两辆试验车行驶里程在 2.2 万 km 左右。

1. 西安市甲醇燃料汽车试验

表 10-9、图 10-13、图 10-14 的试验数据表明:陕 CT8530 甲醇燃料出租汽车,在使用 92 号汽油燃料时,直接挡(5 挡)节气门全开加速时间为 57.64s,在使用 M100 甲醇燃料时,直接挡(5 挡)节气门全开加速时间平均值为 57.52s,与使用 92 号汽油相比,加速时间缩短。吉利甲醇燃料出租汽车,4 辆对照车辆中 3 辆加速时间缩短,1 辆增加。

西安市甲醇燃料汽车直接挡节气门全开加速试验结果　　表 10-9

试验车辆	燃料	行驶里程(km)	加速时间(s)	加速时间增减率
对照组	92 号汽油	221258	57.64	—
陕 AU1813	M100 甲醇	150934	56.93	-1.2%
陕 AU1214	M100 甲醇	171048	55.42	-3.9%
陕 AU1514	M100 甲醇	216876	53.64	-6.9%
陕 AU1764	M100 甲醇	242674	62.58	8.6%

第十章 甲醇汽车性能试验与数据分析

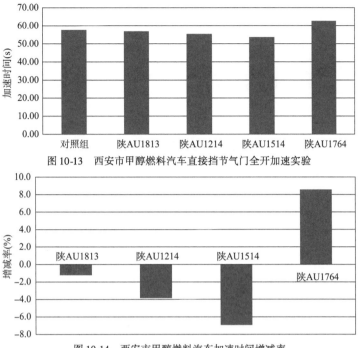

图 10-13　西安市甲醇燃料汽车直接挡节气门全开加速实验

图 10-14　西安市甲醇燃料汽车加速时间增减率

2. 宝鸡市甲醇燃料汽车试验

表 10-10、图 10-15、图 10-16 的试验数据表明：陕 ACT8530 甲醇燃料出租汽车，在使用 92 号汽油燃料时，直接挡(5 挡)节气门全开加速时间为 57.64s，在使用 M100 甲醇燃料时，直接挡(5 挡)节气门全开加速时间平均值为 57.52s，与使用 92 号汽油相比，加速时间减少。吉利甲醇燃料出租汽车，在第一次 15 万 km 使用 M100 甲醇燃料试验时，4 辆试验车平均加速时间为 56.68s，在第二次 22 万 km 使用 M100 甲醇燃料试验时，4 辆试验车平均加速时间为 57.56s，加速性能基本没有改变。陕汽通家甲醇燃料微型车，在使用 M100 甲醇燃料时，直接挡(5 挡)的节气门全开加速时间平均值为 49.59s。

宝鸡市甲醇燃料汽车直接挡节气门全开加速试验结果　　　表 10-10

试验车辆	燃料	行驶里程(km)	加速时间(s)	增减率
陕 CT8530	92 号汽油	221258	57.64	—
陕 CT8543	M100 甲醇	150855	57.43	-0.4%
陕 CT8571	M100 甲醇	150855	56.04	-2.8%
陕 CT8503	M100 甲醇	157093	56.00	-2.8%
陕 CT8568	M100 甲醇	150180	57.26	-0.7%
陕 CT8519	M100 甲醇	218310	57.82	0.3%
陕 CT8529	M100 甲醇	222831	57.61	-0.1%
陕 CT8409	M100 甲醇	242450	57.27	-0.6%
陕 CT8530	M100 甲醇	221178	57.52	-0.2%
陕 CU6029	M100 甲醇	24636	48.90	微型客车
陕 CR5070	M100 甲醇	22273	50.27	微型客车

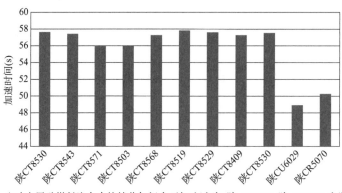

图 10-15　宝鸡市甲醇燃料汽车直接挡节气门全开加速试验(陕 CU6029、陕 CR5070 为微型客车)

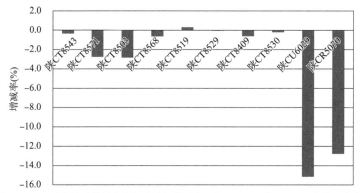

图 10-16　宝鸡市甲醇燃料汽车加速时间增减率(陕 CU6029、陕 CR5070 为微型客车)

四、甲醇燃料汽车起步换挡加速试验

在起步换挡加速试验中,试验车辆吉利甲醇燃料出租汽车的车速从 0km/h 加速到 100km/h,记录下所用时间,为了减少风阻及人为操作造成的试验误差,需要不同方向重复测量 4 次,取其平均值。

1. 西安市甲醇汽车试验

表 10-11、图 10-17、图 11-18 的试验数据表明:甲醇燃料出租汽车,在使用 92 号汽油燃料时,起步换挡加速试验加速时间为 25.25s,在使用 M100 甲醇燃料时,起步换挡加速试验加速时间平均值为 24.62s,与使用 92 号汽油相比加速时间缩短,甲醇燃料出租汽车加速性能更优。吉利甲醇燃料出租汽车,在第一次 15 万 km 使用 M100 甲醇燃料试验时,两辆试验车平均加速时间为 24.16s,在第二次 22 万 km 使用 M100 甲醇燃料试验时,两辆试验车平均加速时间为 25.08s,平均加速时间增加了 3.8%。

西安市甲醇燃料汽车起步换挡加速试验结果　　　表 10-11

试验车辆	燃料	行驶里程(km)	加速时间(s)	增减率
对照组	92 号汽油	221258	25.25	—
陕 AU1813	M100 甲醇	150934	24.31	-4.74%
陕 AU1214	M100 甲醇	171048	24.00	-5.96%
陕 AU1514	M100 甲醇	216876	23.64	-7.37%
陕 AU1764	M100 甲醇	242674	26.51	3.88%

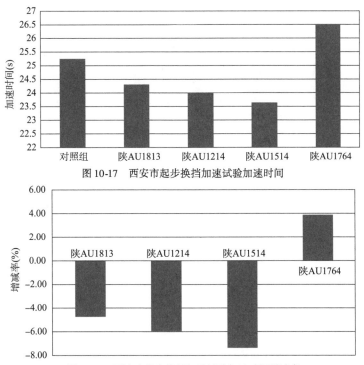

图 10-17 西安市起步换挡加速试验加速时间

图 10-18 西安市起步换挡加速试验加速时间增减率

2. 宝鸡市甲醇汽车试验

表 10-12、图 10-19、图 10-20 的试验数据表明：吉利甲醇燃料出租汽车，在使用 92 号汽油燃料时，起步换挡加速时间为 25.25s，在使用 M100 甲醇燃料时，起步换挡加速试验加速时间平均值为 26.30s，与使用 92 号汽油相比，试验结果相差不大，可认为甲醇燃料出租汽车在使用 92 号汽油和 M100 甲醇燃料时，起步换挡加速试验加速能力相当。吉利甲醇燃料出租汽车，在第一次 15 万 km 使用 M100 甲醇燃料试验时，4 辆试验车平均加速时间为 26.69s，在第二次 22 万 km 使用 M100 甲醇燃料试验时，4 辆试验车平均加速时间为 25.92s，平均加速时间减少了 2.9%。

宝鸡市甲醇燃料汽车起步换挡加速试验结果　　表 10-12

试验车辆	燃料	行驶里程(km)	加速时间(s)	增减率
陕 CT8530	92 号汽油	221258	25.25	—
陕 CT8543	M100 甲醇	150855	27.6	8.15%
陕 CT8571	M100 甲醇	150855	26.04	2.04%
陕 CT8503	M100 甲醇	157093	26.45	3.64%
陕 CT8568	M100 甲醇	150180	26.67	4.51%
陕 CT8519	M100 甲醇	218310	25.5	-0.08%
陕 CT8529	M100 甲醇	222831	25.86	1.33%
陕 CT8409	M100 甲醇	242450	27.94	9.48%
陕 CT8530	M100 甲醇	221178	24.38	-4.47%
陕 CU6029	M100 甲醇	24636	36.95	微型客车
陕 CR5070	M100 甲醇	22273	36.33	微型客车

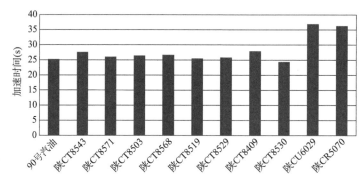

图 10-19　宝鸡市起步换挡加速试验加速时间（陕 GU6029、陕 CR5070 为微型客车）

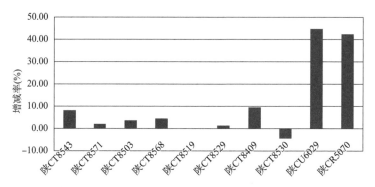

图 10-20　宝鸡市起步换挡加速试验加速时间增减率（陕 CU6029、陕 CR5070 为微型客车）

甲醇燃料微型车，在使用 M100 甲醇燃料时，起步换挡加速试验加速时间平均值为 36.64s，车辆加速性能正常。

试验单位资质证件如图 10-21 所示。

a)

b)

图 10-21　试验单位资质证件

第十一章 甲醇燃料汽车改装技术

第一节 改装的目的与问题

将汽油机车辆改装成甲醇汽车的主要驱动力是燃料的经济性与排放的清洁性,也是汽油机车辆改装成甲醇汽车后所要达到的两个最基本目标。没有清洁性满足不了环境保护的要求,达不到碳中和、碳达峰的既定目标,国家政策不允许;没有经济性达不到节约能源的目标,车辆的使用者也没有积极性。之所以用汽油机车辆改装甲醇汽车是因为两者发动机的差异最小,汽油与甲醇的性能差异也最小,实践证明这样需要改装的部件最少,改装后车辆的运行状况与工作特性也最佳。

一、甲醇与汽油性能上的异同

(1)甲醇、汽油常温常压下同为液体,操作容易,携带方便。

(2)甲醇组分单一,车用燃料甲醇中甲醇的组分在99.9%以上,甲醇的挥发温度是46.5℃,温度区间在1.0~1.2℃内;而汽油是由将近200种不同的烃类组成,40℃开始挥发,205℃挥发结束,挥发区间非常大。无论是燃料的挥发、混合,还是燃料组分,甲醇都比汽油简单得多。

(3)甲醇是低碳燃料,分子中只有一个碳原子,而汽油由6~12个碳原子的烃组成,低碳清洁是人们对燃料的追求。

(4)甲醇具有较高的辛烷值,具有较好的抗爆震性能,对通过提高发动机压缩比来提高发动机的热效率很有利,所以,甲醇不仅是良好的汽油机代用燃料,也是提高汽油辛烷值的优良添加剂。以90号汽油为基础调配甲醇汽油,M15甲醇汽油辛烷值可达到94~95,M25甲醇汽油辛烷值可达到96~97,M85甲醇汽油辛烷值可达到103,M100甲醇汽油辛烷值可达到105~108。

(5)甲醇的质量低热值只有汽油的约50%,因此,在同等的热效率下,甲醇燃料的有效质量燃油消耗量较普通汽油高,甲醇汽油中的甲醇比例越大,消耗量也就越大。一般情况下,车用甲醇汽油(M15)较普通汽油燃料消耗量增大3.0%~5.0%,车用甲醇汽油(M25)燃料消耗量增大7.0%~9.0%,车用甲醇汽油(M85)燃料消耗量增大40.0%~50.0%,车用甲醇燃料(M100)燃料消耗量增大65.0%~85.0%。

(6)按质量计算,甲醇中含有50%的氧,汽油含氧仅为2.7%,燃料的含氧,使得燃料燃烧时更容易与氧混合,使混合、燃烧速度加快,燃烧放热能够集中在发动机活塞运动的上止点,热量利用率提高,热功转换的效率提高,燃烧更完全。

(7)甲醇的汽化潜热是汽油的3.6倍,高的汽化潜热及低的蒸气压和较低的沸点,将导致在寒冷季节尤其是冷机时混合气形成困难,造成发动机起动困难;但从进气方面考虑,高汽化潜热可以降低进气温度,提高充气效率;同时,由于甲醇的汽化潜热大,可以改善发动机燃烧后的内部冷却,改善发动机的动力性,降低排气温度。

(8)甲醇的着火界限比汽油宽,能够使发动机在较稀的混合气下工作,这将使发动机的工况范围比较宽,对排气净化和降低燃料消耗非常有利。

(9)甲醇的燃点温度比汽油高,不易于发生火灾事故,比使用汽油安全。

(10)甲醇对某些非金属材料(如塑料、橡胶等)有溶胀作用,对某些金属材料(如 Sn、Pb、Al 等)有轻微的腐蚀作用,在使用中应采取相应的措施。

(11)甲醇含有羟基,能与水互溶,而烃类燃料憎水性强,因而甲醇与汽油的相溶性差,甲醇与汽油按一定比例混合时,在一定温度范围内具有分层现象。

(12)甲醇与汽油同为中等毒性物质,甲醇更容易被误用,使用中要严格执行操作规程。

二、汽油机直接使用甲醇出现的问题

1. 发动机无法正常起动

正常环境状态下发动机无法起动是由于混合气过稀,超出着火界限。

2. 冷车状态发动机起动尤其困难

冷车低温状态发动机起动尤其困难有两个原因:是低温混合气本身就难以形成,二是甲醇的汽化潜热大大降低了进入发动机空气的温度,限制了甲醇的挥发与混合。通常情况下,当环境温度低于10℃时,这种情况就开始出现。

3. 汽车故障灯报警

汽车故障灯点亮报警同样是由于混合气过稀所致,系统提醒这种混合气下发动机已经无法工作。

4. 汽油机部分零部件不适应

不能适应甲醇燃料的原汽油机部件主要有部分电动燃料泵、燃料箱中的燃料量计量系统、燃料滤清器滤芯等。

以上问题是汽油机汽车改用甲醇燃料所必须要解决的问题。

第二节 甲醇汽车改装的技术线路

一、提高发动机的压缩比

发动机的压缩比是汽缸总容积与燃烧室容积之比,它是发动机最为重要的结构参数之一,也是对发动机性能影响最大的参数之一,发动机的压缩比越高热功转换的效率就越高,效率越高汽车行驶中的油耗就越低,而压缩比的提高受制于燃料的辛烷值,甲醇燃料的辛烷值高达 105~108,汽油辛烷值为 92、95、97,辛烷值的差异给提高压缩比创造了较大的空间。

1. 点燃式发动机的理论循环热效率与压缩比的关系

点燃式发动机的理论循环热效率与压缩比的关系为:

$$\eta_t = 1 - \frac{1}{\varepsilon^{k-1}} \tag{11-1}$$

式中:η_t——理论循环的热效率;
　　　ε——压缩比;
　　　k——绝热指数。

理论循环热效率与循环重要参数压缩比、绝热指数、预胀比之间的关系也可用图11-1表示。

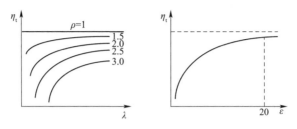

图11-1 热效率与循环参数的关系

从上图不难看出,当压缩比增加时,循环热效率提高。由于循环效率与压缩比曲线的斜率不同,压缩比同样的提高幅度,对于原本是低压缩比的发动机效果比较明显,而对于压缩比较高的发动机,则效果相对要小些,但是,压缩比提高,热效率将一定增大。

2. 热效率与油耗的关系

提高发动机的燃烧热效率将降低燃油消耗率,而发动机燃油消耗率与其热效率两者的具体关系则为:

$$g_e = \frac{3.6 \times 10^6}{\eta_e h_u} \tag{11-2}$$

式中:g_e——发动机的有效燃料消耗率;

η_e——发动机的有效热效率;

h_u——燃料的低热值。

从上式中可见,热效率提高后有效燃料消耗率下降,燃料的低热值增大,燃料消耗率减少,由于甲醇的低热值比汽油低,在此也说明甲醇的消耗量一定比汽油大。

由此可见,发动机以甲醇为燃料时压缩比具有一定的提高幅度,其效果是发动机的热效率提高,燃料消耗下降。当然,重新设计甲醇发动机时发动机的压缩比一定较汽油发动机时要提高,粗略估算压缩比可以提高0.5~0.7个单位,相应的油耗可以降低3.0%~5.0%,压缩比的提高同时给甲醇发动机带来的好处还有冷起动性能的改善,而提高压缩对于依靠改装而燃烧甲醇燃料的发动机则不易实现。

二、调整过量空气系数

由于甲醇与汽油性能上的差异,加之目前市面上运营的车辆燃料喷射系统参数也是专为汽油量身打造,当普通车辆在使用甲醇燃料时,不可避免地会出现一些问题。经过长期应用及研究发现,车辆燃用低比例甲醇汽油(甲醇含量不超过30%)时,与使用普通汽油没有差异。当燃料中甲醇含量继续增大,车辆会出现以下现象:夏季起动困难,起动后不能稳定运转,排气中有刺激性气味。随着燃料中甲醇含量越来越大,起动困难、运转不良等情况越来越严重,其原因是发动机的过量空气系数偏离工作区间,即偏离设计的$\lambda = 1 \pm 0.03$范围。汽油机的燃料供给系统是按照14.8kg空气对1kg汽油调整,而燃烧甲醇时就必须调整为6.5kg空气对1kg甲醇。改变的原理是在不改变发动机进气量的情况下增加燃料的喷射量,采用的最简单方法就是按照比例放大原喷油脉冲宽度,执行这一任务的是汽车灵活燃料控制器,或称之为MECU。喷油脉冲的展宽量可用汽油与甲醇燃烧时所用空气量的比值计算,是否达到了准确的要求还是以 $\lambda = 1 \pm 0.03$ 为准。还需要说明的是汽车使用甲醇燃料时出现故障灯点亮基本都是空燃比超出范围。

汽车灵活燃料控制器的控制方法是截取发动机 ECU 的喷油信号,对其喷油脉宽进行一定比例的展宽,之后利用调整过的信号控制喷油器的工作。其工作原理如图11-2所示。

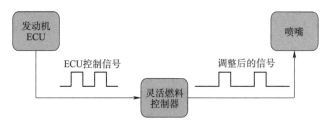

图11-2 汽车灵活燃料控制器工作原理

这种控制器安装在喷油器附近,改装及维护非常简便,改装成本也很低;而且汽车灵活燃料控制器的集成度很高,某些控制器还带有燃料转换、冷起动加浓及自动适应不同比例甲醇燃料的功能。

三、改善发动机的冷起动性能

汽车低温时容易出现起动困难问题,这主要是由于温度降低后发动机起动力矩下降、起动阻力矩上升,以及温度过低后混合气不容易着火等原因造成的。对于甲醇汽车,除上述因素外还有甲醇的汽化潜热大,其蒸发时吸收的热量多,导致甲醇发动机进气道及汽缸的温度急剧下降,在气温较低时,喷射的大量甲醇燃料无法雾化吸附在进气管上,导致混合气无法形成而造成起动困难,因此需要对发动机的冷起动工况设置专门的起动系统或者起动方法。随着甲醇燃料与发动机技术长期、深入的研究,目前已经出现了多种解决方案,而且相关技术趋于完善,冷起动问题也基本得到了解决。

提高甲醇发动机冷起动性能的技术与方法很多,如:双燃料系统、进气加热系统、冷却液加热系统、高能点火、进汽缸内压缩循环、燃料添加剂等。但是,经过长期使用发现,较为现实的是双燃料系统与独立的冷却液加热系统。双燃料系统即以汽油起动,热机后转换为甲醇工作;独立的冷却液加热系统即使用一套加热器对发动机冷却液加热,加热器使用的是甲醇燃料。

第三节 甲醇汽车的改装

一、单燃料单轨喷射系统

单燃料单轨喷射系统能够使用甲醇燃料M100(包括冷车起动),在没有甲醇燃料时能够转换使用普通汽油燃料。

单燃料单轨喷射系统由灵活燃料控制器、甲醇智能冷起动预热系统、无刷甲醇专用泵、甲醇专用滤芯、耐甲醇液位计、甲醇专用燃油管路等组成,能够安装于点燃式非缸内直喷汽油发动机。

1. 灵活燃料控制器

安装灵活燃料控制器(图 11-3),控制器需要接入原车喷油脉宽信号、ACC(自适应巡航控制)信号、转速信号、氧传感器信号等,标定前先设置好发动机的各项参数,然后以原车发动机各工况的汽油喷射参数为标准,辅助氧传感器信号反馈,用上位机标定甲醇燃料在发动机各工况的喷射参数,以适应原发动机各工况的空燃比,使得空燃比始终保持在合理范围内,原车

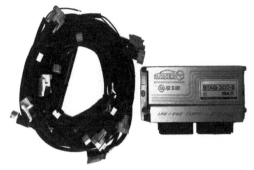

图 11-3 灵活燃料控制器

的闭环系统依旧处于闭环状态之中,调整了空燃比,从根本上消除了发动机故障灯点亮的根源,使发动机回归正常工作状态。

2. 甲醇智能冷起动预热系统

改装车辆需要安装一套甲醇智能冷起动预热系统,预热系统燃烧甲醇燃料,车辆蓄电池辅助供电,预热系统最低工作温度为 -40℃,预热系统通过预热发动机冷却液使发动机达到热机状态,然后使用 M100 甲醇燃料直接起动发动机。甲醇智能冷起动预热系统独立于车辆控制系统,具有自我检测、自我保护措施及故障代码提示和报警、停机功能等,如图 11-4、图 11-5 所示。

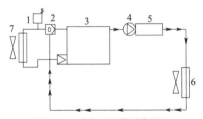 

图 11-4 冷起动预热系统原理　　图 11-5 冷起动预热系统总成

1-膨胀水壶;2-节温器;3-发动机;4-循环水泵;
5-预热系统主机;6-暖风水箱;7-散热器

3. 耐醇燃料泵

电动燃料泵是保证汽车发动机正常运转的一个核心部件,也是发动机的一个易损部件,当发动机以甲醇作为燃料时,油泵的易损速度达到了正常使用所不能接受的程度,在各种不同的出租汽车上电动燃油泵的故障频率最高,主要是油压不足和生命周期明显缩短。

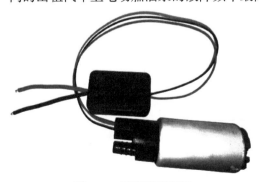

图 11-6 无刷甲醇燃料泵

解决甲醇燃料油泵工作可靠性与耐久性问题有三条途径:油泵的结构设计、耐醇材料的选取与添加剂的保护。威海市优源甲醇汽车设备开发有限公司将原车所有涉醇部件更换成耐甲醇部件,尤其是将原车汽油泵更换成无刷甲醇专用泵(图 11-6),由于没有碳刷,可以有效避免"腐蚀"的发生,延长涉醇零部件使用寿命,经过长期的运行使用达到了与汽油泵同等寿命的程度。

如果不安装甲醇灵活燃料控制器,将原车汽油喷嘴更换为甲醇专用喷嘴,空燃比也可以得到调整,使故障灯不被点亮。甲醇专用喷嘴以原车汽油喷嘴参数为标准,根据甲醇燃料喷射参数,定制甲醇专用喷嘴。此方案不改变原车任何结构,适用于批量生产车型。因为没有控制器,不需要复杂的标定操作,可以大幅降低对安装人员的要求,同时降低售后服务的复杂程度,检修流程与汽油车完全一致。

此方案的缺点是对甲醇燃料专用喷嘴的标定工作量较大,一旦使用这种专用喷嘴后,甲醇与汽油两种燃料之间无法转换使用,尤其是不能使用不同比例的甲醇燃料。

二、双燃料双轨单喷系统

为降低汽车使用成本,最大限度节能降耗,大规模普及M100甲醇汽车的应用,双燃料双轨单喷系统增加了一套甲醇燃料轨(图11-7),系统应用更具优势。本系统具有以下特点。

图11-7 甲醇燃料轨

1. 不改变结构

双燃料双轨单喷系统不改变原车汽油管路任何结构,单独增加一套甲醇油路,并且完全杜绝了甲醇给原车系统带来的腐蚀。

2. 冷起动顺利

本系统使用汽油起动车辆,只要原车汽油系统工作正常,就可以顺利起动,无论冬夏、任何温度,起动燃烧均正常。

3. 甲醇-汽油双燃料全自动转换

系统可以任意设定发动机起动后汽油转换到甲醇模式的发动机冷却液温度,一般设定发动机温度为50℃,低于此温度,由汽油起动,以汽油模式运行;达到此温度,系统自动转换到甲醇模式,转换过程发动机运转平稳。本系统具有剩余甲醇燃料量指示功能,在甲醇燃料耗尽时,系统能够自动转换到汽油模式继续工作,不需要人工做任何干预,安全方便。

4. 标定原车工作状态

控制器具有标定原车汽油工作状态的功能。标定完成以后,汽车在甲醇、汽油两种燃料状态下工作情况均正常,发动机故障灯不会点亮报警。

5. 安装简单

本系统吸取了双轨双喷和单轨单喷的优点,摒弃了其安装和使用方面的缺点,在不改变原车发动机的情况下,目前的汽油车辆基本都能安装本系统。

三、全自动灵活燃料控制系统

全自动灵活燃料控制系统是在单燃料单轨喷射系统中利用新一代灵活燃料控制器并加

入甲醇含量传感器(图11-8),传感器安装于油轨进油中的顶端或串联在油轨与油箱之间的油路上,传感器以电压信号的方式实时地向灵活燃料控制器传送汽油中甲醇的准确含量,含量从0.0%(纯汽油)到100.0%(纯M100),灵活燃料控制器根据不同的甲醇含量调整燃料喷射脉冲的宽度,可见这种系统能够使用任何比例的甲醇燃料,并且无须手动调整。

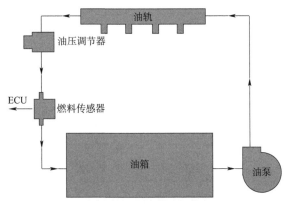

图11-8 甲醇含量传感器

新型灵活燃料控制器控制策略是将各种燃料不同的理论空燃比皆控制在 1 ± 0.03 内。由此可知,以汽油的喷油脉宽为基础乘以一个固定的系数可以得到一定比例甲醇燃料的目标喷油脉宽,而不同的系数对应不同甲醇含量的燃料,从而达到不论燃用何种比例甲醇燃料其脉宽都是以汽油喷射脉宽为基础,这样就可以解决由于ECU的自适应控制策略造成的混合气空燃比偏离目标值的现象。

第四节 甲醇含量传感器

一、甲醇含量传感器测量物理量的选定

为了比较精确地测量甲醇汽油混合燃料的甲醇含量,需要选择一个汽油中与甲醇燃料有较大差异的物理量作为测量对象,并确定甲醇汽油甲醇含量与之变化的关系,此种关系应该是明确的、可再现的,而且不应受到汽油的组分、添加剂等影响。当前适合的测量方法主要有:介电常数、光折射指数及导电率。

甲醇与汽油的光折射指数差异不大,加之光学传感器容易受污染,同时汽油组分折射指数的变化范围在±0.06,而甲醇与汽油的折射指数的差值最小为0.07左右,光折射指数不适合传感器要选的测量物理量。其次,甲醇与汽油的导电率差值较大,也不存在光折射指数的问题,但是甲醇与汽油的导电率受杂质的影响很大,因此也不适合。最后对于密度法来说,20℃下,汽油密度随组分变化范围在0.70~0.75,而甲醇的密度为0.78,二者的最大差值为0.08,最小差值为0.03,对于准确测量甲醇汽油中甲醇含量来说亦不合适。而对于介电常数法,汽油介电常数的变化为1.8~2.05,甲醇的介电常数为33.6,汽油由于组分不同导致的波动范围相对于二者介电常数的差值非常小,因此介电常数成为本传感器所选测量的物理量。不同物质的介电常数见表11-1。不同比例甲醇燃料的理论空燃比见表11-2。

汽油甲醇的相关物理量见表11-3。

不同物质的介电常数　　　　　　　　　　　　　　　　　表11-1

材料	介电常数	材料	介电常数	材料	介电常数
煤油	2.8	植物油	2.5~3.5	甘油	37.0
汽油	1.9	柴油	2.1	重油	2.6~3.0
甲醇	30.0	乙醇	24.0	工业酒精	16.0~31.0
矿物油	2.1	苯,液体	2.3	甲苯,液体	2.0~2.4
丙酮	19.5~20.0	液态乙烷	5.8~6.3	液氮	1.4

不同比例甲醇燃料的理论空燃比　　　　　　　　　　　表11-2

燃料类别	93号汽油	M15甲醇	M25甲醇	M85甲醇	M100甲醇
理论空燃比	14.7	13.4	12.5	7.7	6.5

汽油甲醇的相关物理量($T=20℃$)　　　　　　　　　　表11-3

参数	单位	汽油	甲醇
介电常数	—	1.8~2.05	33.6
折射指数	—	1.40~1.46	1.329
导电率	S/m	10^{-14}~5×10^{-11}	3×10^{-8}
密度	kg/L	0.70~0.75	0.78

将燃料识别传感器简化为一个基本的电容传感器,以平行板电容器为例,如果不考虑边缘效应,由物理学可知,电容器的电容量是构成电容器两极片形状、大小、相互位置及电介质介电常数的函数。

其电容量为:

$$C=\frac{\varepsilon S}{\delta} \tag{11-3}$$

式中:C——电容;

ε——两极板间介质的介电常数;

S——两极板相对有效面积;

δ——两极板的间隙。

现在只要保证S和δ的值不变,仅仅改变ε的值,就可以把该参数的变化变为单一的电容式变化,再通过测量转换电路,将其转换成电压信号供控制芯片处理。这里使用的是变介电常数电容传感器,是由内直径为$2r$和外径为$2R$的圆筒所构成,这个材质均做了绝缘处理。

内筒的直径为$2r$,外筒的直径为$2R$,高度为h,如图11-9所示。电容传感器必须安装在油品液面以下,液面浸过传感器,保证两个圆筒之中的充满油品,此时传感器的电容值如式下:

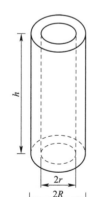

图11-9 介电常数电容传感器

$$C=\frac{2\pi\varepsilon}{\ln\frac{R}{r}}h \tag{11-4}$$

式中,R、r 和 h 都为常量,传感器规格已经确定。根据式(11-4)可以得到,传感器输出的电容量 C 与油品的介电常数 ε 成线性比例关系。利用物理学公式,可将油品识别变成电容的测量问题。

目前的燃料识别系统只针对乙醇燃料设计制作,对于甲醇燃料,这种类型的传感器应也能适用。长安大学甲醇汽车研究团队研发出了甲醇燃料成分传感器,并利用 HG2612B 电容测试仪对不同比例甲醇汽油的电容率进行了测试,如图 11-10 所示,可见不同比例的甲醇汽油的电容率差别明显,利用此种方法可以有效区分不同成分的甲醇汽油。

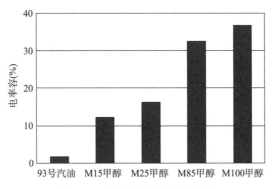

图 11-10 不同比例甲醇汽油电容率

测量介电常数可以转化为测量电容值。甲醇含量传感器其实就是一种变介电常数电容传感器,通过其内部的燃料成分不同,会导致其电容量发生变化。这个变化的电容量通过 C/V 芯片转换为电压信号并传输给灵活燃料控制器,主控芯片读取数据进行处理,并根据设定好的程序对各项参数进行修正。

二、传感器的测试

试验油样的选择是从 92 号、93 号汽油作为基础汽油加入车用燃料甲醇,调研成不同比例的甲醇燃料,甲醇含量从 0%(纯汽油)到 %100(纯甲醇)M100。

常温下对 93 号汽油~M100 甲醇依次进行试验,表 11-4 是试验得到的电压值,变化趋势如图 11-11 所示。

试验数据 表 11-4

油样	93 号汽油	M5 甲醇	M10 甲醇	M15 甲醇	M20 甲醇	M25 甲醇	M30 甲醇	M35 甲醇
电压(V)	0	0.004	0.008	0.092	0.264	0.371	0.434	0.443
油样	M45 甲醇	M55 甲醇	M65 甲醇	M75 甲醇	M85 甲醇	M95 甲醇	M100 甲醇	
电压(V)	0.467	0.473	0.495	0.511	0.525	0.532	0.535	

由图 11-11 可见,由于平行板电容传感器在电介质不变的情况下电容为一固定值,同时根据 CAV444 芯片的电容电压转换线性特性以及平行板电容器的计算公式,可以得到电压与电容值以及电介质的介电常数成正比,因此可以得到以下结论:甲醇燃料的介电常数与甲醇燃料中甲醇的比例有关,另外甲醇燃料介电常数的变化与甲醇燃料的甲醇、汽油的体积比不成简单的算术平均关系。这也与黄正华等人所得到的极性液体与非极性液体混合介电常

数结论吻合,同时与刘隆鉴等人得到的汽油与乙醇的混合燃料介电常数随乙醇含量变化的规律吻合。说明甲醇与汽油混合燃料的介电常数变化规律与乙醇汽油燃料相似。另外,由图 11-11 数据可以看出,甲醇燃料的介电常数与甲醇燃料中的甲醇含量呈单值对应关系,因此利用电容传感器测量甲醇燃料中的甲醇含量是可行的。甲醇为单一物质,而汽油是多种组分的混合物,因而对汽油组分不同是否会影响甲醇燃料的介电常数变化规律进行试验。

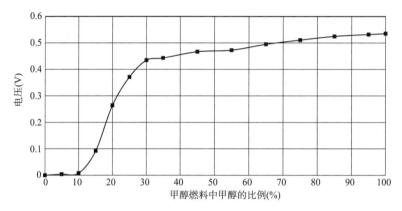

图 11-11　不同比例甲醇输出电压

由于试验期间陕西省市售燃油从 93 号汽油改为销售为 92 号汽油,所以本试验以 92 号、93 号不同汽油为基础油进行配置甲醇燃料,得到的甲醇燃料进行比较,试验结果如图 11-12 所示。

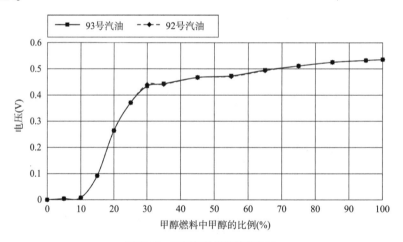

图 11-12　不同标号汽油输出电压

由上图可以看出,汽油组分的不同对甲醇汽油的介电常数影响几乎可以不计。这个结论与杨晓龙在乙醇汽油介电常数研究过程中得出的乙醇汽油介电常数与使用的基础汽油无关的结论一致。这是由于汽油为非极性液体,介电常数较低,而甲醇为强极性液体,介电常数较高,非极性液体和极性液体的混合溶液,非极性液体对混合溶液的介电常数影响较小,主要考虑极性液体的影响。

三、温度对介电常数的影响

甲醇燃料中,汽油分子为非极性分子,而甲醇为极性分子,温度是电介质介电常数的影响因素之一,而且温度对于极性液体和非极性液体的极化影响不同。因此有必要进行温度对甲醇燃料介电常数的影响试验,试验选取 -5℃、15℃、35℃ 三个温度点进行,试验结果如图 11-13 所示。

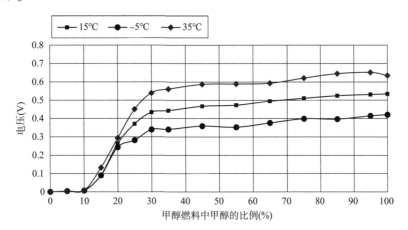

图 11-13　不同温度下传感器输出电压

由上图可以看出,在甲醇含量小于 15% 时,温度对甲醇汽油燃料的介电常数几乎没有影响,而在甲醇含量大于 15% 时,温度对甲醇燃料影响较大,此时必须进行温度修正。导致出现此种情况的原因主要从甲醇和汽油的极性分析。首先甲醇为强极性液体,汽油分子为非极性液体。由于电介质处于电场中,在电场作用下,整体上不显电性的电介质内部物理结构产生变化,导致其内部电荷产生变化,出现束缚电荷从而对外显现电性。对于非极性、弱极性液体电介质,电子位移极化是起到主要作用的;对于处于电场作用下的中极性、强极性液体电介质,不仅有电子位移极化,同时还会发生偶极子极化作用。当电介质为强极性液体时,上述两种极化作用起到决定性作用的往往是偶极子的取向极化。

由此可知,汽油受到极化主要是电子位移极化。电子位移极化是指分子中电子相对于原子核的位移所引起的极化现象。当外加电场作用于介质分子时,分子中的电子相对于原子核位置发生微小的变化,从而产生极化,因此,电子位移极化与温度无关。所以出现上图中随着汽油比例的减少,温度对甲醇燃料的影响逐渐显现。但这并不是说温度对汽油等非极性液体没有影响,此时温度与汽油介电常数的关系和单位体积中分子数与温度的关系相似。对于甲醇极性液体,温度对其介电常数的影响主要体现在偶极子的转向极化上。当温度较低时,甲醇分子间的联系紧密,液体电介质黏度很大,偶极子转动困难,所以在上图的 -5℃ 时,甲醇燃料是最低的那条曲线。随着温度的升高,甲醇分子联系紧密度逐渐降低,甲醇黏度减小,偶极子转动幅度变大,所以出现在 15℃ 时,甲醇燃料的介电常数大于 -5℃ 时的情况。同样道理,出现在 35℃ 时,甲醇燃料的介电常数大于 15℃ 时的情况。这个结果与顾权得到的试验结果一致。

四、电极绝缘材料对介电常数的影响

分析电极绝缘材料之前,首先介绍电容传感器的结构,如图 11-4 所示。电容传感器的结构可以看作三个电容的串联结构。电容计算公式可以用下式表达:

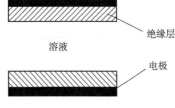

图 11-14　电容传感器

$$C = \frac{C_{介} C_{液}}{C_{介} + C_{液}} \tag{11-5}$$

因此,要精确测量液体电介质的电容量,只有在绝缘层电容量足够大时,电容传感器的测量电容量才可以反映液体电介质的电容量。在制作绝缘涂层时,该绝缘层越薄,材质的介电常数越大,总之,绝缘层的电容量越大,测量结果越精确。由于本试验所用的电容传感器为手工加工制成,加之绝缘材质要求耐油和耐醇性能。因此本试验中仅选用了环氧树脂和绿油作为绝缘材料,试验结果如图 11-15 所示。

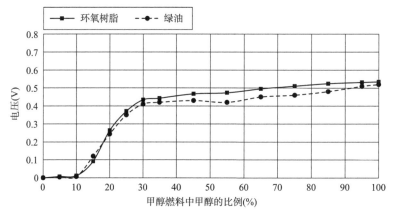

图 11-15 不同绝缘材质试验结果

根据资料 1MHz 下,绿油的介电常数为 4.2～4.7,而环氧树脂的介电常数为 4.4～5.2,由图 11-15 不难理解,将式(11-5)中 $C_{液}$ 看作为定量, $C_{介}$ 看作变量,式(11-5)转换为下式:

$$C = C_{液} - \frac{C_{液}^2}{C_{介} + C_{液}} \tag{11-6}$$

$C_{介}$ 增加, C 增加,故出现图 11-15 的变化趋势。环氧树脂耐油和耐醇特性不够理想,最终选定采用绿油作为试验绝缘材料。

五、甲醇比例模型的建立及试验验证

在实际测量甲醇汽油燃料中甲醇含量的过程中,传感器的输入与输出是非线性的,并且温度对试验结果的影响较大,如果不对数据进行相应处理,则测量结果必将出现很大的误差。目前对于数据的处理主要有计算法、查表法和差值法。当传感器的输入量和输出量符合确定的数学表达式时,可采用计算法,将输入量通过明确的数学表达式编入程序,则可通过计算得到输出量。查表法则是由于输入-输出特性不能连续测定,只能通过在 ROM 中存入有限个数据,从而查到输入相应的输出。如果将上述的试验结果中 15 个不同甲醇含量甲醇燃料点的试验参数划分为 14 段区间,每一段区间通过直线替代原有实际试验曲线,则可以通过每段之间的线性差值计算出相应的甲醇含量,这个计算过程中可能存在相应的误差,但是这个误差可以通过改变区间间隔实现误差控制。

试验中应用 labview 编写上位机甲醇燃料中甲醇含量的试验软件,为验证甲醇传感器的测试效果,则需进行验证试验,在验证试验中考虑到传感器特性曲线中主要分成了 3 段,另外标定传感器的过程中只进行了 3 个温度下的试验,所以在验证试验中选取了一个温度点 15℃下,三个特征浓度点 12%、23%、80%,进行了试验,试验结果见表 11-5。

试验数据　　　　　　　　　　　　　表 11-5

油品	M12	M23	M80
测量电压（V）	0.052	0.323	0.516
测量浓度（%）	12.619	22.7571	78.5736
理论电压（V）	0.0416	0.3282	0.5180

由上表可以得出，本书所设计的甲醇汽油燃料甲醇含量传感器可以实现甲醇含量的测量，从试验结果上看测量的精度在±2%以内，基本满足使用中的要求，另外可以通过对传感器标定过程中油样及温度所取样的标定点进行更加密集的设定，来提高测量精度。相关测量技术发明专利如图 11-16 所示。

a)

b)

图 11-16　甲醇燃料改装车辆

六、改装车辆

虽然目前使用汽车灵活燃料控制器对发动机进行改装已经能够满足正常使用 M100 及不同比例的甲醇燃料（图 11-17），但是从长远来看，发展甲醇汽油专用发动机更能充分发挥甲醇汽油高清洁、低污染、高燃烧效率的优势。而对于压缩燃烧的柴油机，因柴油与甲醇的特性差别太大，不建议甲醇发动机采用压缩燃烧方式。

a)

b)

图 11-17　甲醇含量测量技术发明专利

第十二章　甲醇汽车推广应用

第一节　甲醇汽车试点运行

本书内容是以"基于甲醇汽车试点运行工程中的重大技术攻关研究"项目(以下简称项目)中的甲醇汽车运行数据、开发的核心技术为基础编写而成。项目是根据工业和信息化部《关于开展甲醇汽车试点运行工作的通知》(工信部节〔2012〕42号)要求而设立的研究、试点及工程推广类项目。2012年1月该项目在陕西省、山西省、上海市实施,2014年后,项目由工业和信息化部、国家发展和改革委员会及科学技术部共同领导,并成立了三个部委专家为核心的甲醇燃料汽车试点运行专家组。

陕西省试点运行甲醇汽车260辆,是全国试点甲醇汽车数量最多、试点车辆类型最多、研究成果也最丰富的省份。

按照三部委下发的《甲醇汽车试点技术数据采集管理办法》规定,项目研究过程中采集了试点车辆运行、燃料加注、燃料及润滑油性能、人体健康等完整数据;开发了陕西省甲醇汽车数据库,保证了各试点城市车辆运行数据的储存、调取、分析与处理;按照国家相关标准进行了甲醇汽车性能、燃料理化指标、润滑油指标、环境污染及常规/非常规排放污染数据等项目检测,完成了三部委下达的研究、试点及车辆推广应用的全部任务。

项目于2017—2018年先后通过了三部委联合专家组的验收,并于2020年完成了陕西省技术转移中心进行的科学技术评价,被评为国际领先水平。

项目的技术创新主要有:"甲醇汽车冷起动技术",攻克了甲醇汽车在-30℃下的起动难题;"一种高比例甲醇汽油添加剂"与"一种甲醇燃料润滑性测试方法",有效地提高了甲醇燃料的润滑性,保护了发动机的零部件;"甲醇汽油中甲醇含量在线测量装置及测量技术",实现了实时精确地向发动机ECU提供燃料中甲醇的技术参数;"汽车甲醛排放测试技术研究与设备开发",开发出了汽车甲醛采集与测试设备。以上成果与创新从技术上确保了甲醇汽车的顺利试点运行与推广应用。

项目研究中获得发明专利技术6项,制定陕西省石化联合会团体标准4项,修订陕西省地方标准2项,获得国家视频精品课程1门,出版专著与从业人员培训资料各1部,培养博士、硕士研究生28人,发表研究论文22篇,其中被SCI/EI收录5篇,向省政府提出相关政策性建议3项。

2018年项目转入规模性应用,到2020年11月,陕西省已建成甲醇燃料调配中心11座。西安市建成甲醇燃料加注站36座,运行甲醇出租汽车8124辆;宝鸡市建成甲醇燃料加注站3座,运行甲醇出租汽车585辆。

基于本项目理论基础深厚、研究成果创新、应用技术扎实且实用性强,工业和信息化部、科技部、国家发展改革委等八部委联合下发了《关于在部分地区开展甲醇汽车应用的指导意见》(工信部联节〔2019〕61号),为甲醇汽车的推广应用提供了政策保障。

本项目技术成果的应用有力地支撑了我国煤化工的发展,推动了清洁能源在多个产业、行业中的应用,为碳中和与碳达峰开辟出一条全新途径。

第二节 甲醇汽车运行研发的核心技术

一、甲醇汽车冷起动技术(专利技术)

对于甲醇汽车,除传统的影响低温起动因素外,还增加了甲醇的汽化潜热,汽化潜热大,其蒸发时吸收的热量多,导致甲醇发动机进气道及汽缸内温度急剧下降,在气温较低时,喷射的大量甲醇燃料无法雾化而吸附在进气管上,形成混合气过稀,造成冷起动问题更为突出。

本项目对涉及甲醇汽车冷起动的甲醇裂化制氢、添加剂、高能点火、进气预热、混合气改质等12项技术进行了分析研究,创造性地提出了"电空气预热+甲醇燃料添加剂"与"发动机全封闭循环起动技术"两项甲醇汽车有效的起动技术,两种起动技术都获得了国家发明专利。

(1)电空气预热+甲醇燃料添加剂起动技术,采用电预热器对进气进行预热,其核心参数是预热器的温度t与预热的时间s,t与s又受到环境温度与发动机温度的影响,汽车运行时环境温度与发动机温度又是在不断变化之中,因而,研究中通过大量试验对t与s进行了优化并写入ECU之中。当发动机需要预热时也正是发动机起动高耗电的时候,仅仅采用电预热的方式只能保证发动机在-5℃正常起动,很难满足国家标准要求的-20℃,因此,本技术将高比例甲醇燃料添加剂与电预热组合应用,高比例甲醇燃料添加剂是利用了添加剂的低闪点与易挥发特性,冬季在甲醇燃料中加入3%~5%的添加剂,实现了甲醇发动机的顺利起动,经试验达到了国家标准中的要求。

(2)甲醇燃料发动机及其起动控制方法,本技术是当发动机冷起动时,进、排气总管连通,并与外界空气断开,起动机带动发动机压缩封闭在发动机中的气体,发动机进行全封闭循环,利用压缩气体使发动机升温,待发动机达到设定温度时甲醇喷油汽缸,点火电路开启实现甲醇发动机的起动。起动控制流程与全循环关闭、开启如图12-1所示。该创新的甲醇燃料发动机具有以下特点:不使用外加设备来实现甲醇燃料发动机良好的冷起动效果,自动判断冷起动模式全封闭循环的启动与关闭(图12-2、图12-3)。

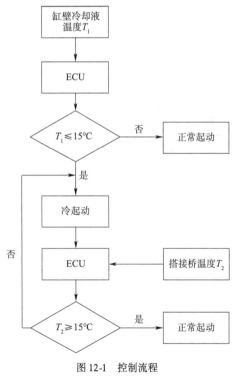

图12-1 控制流程

二、甲醇汽油中甲醇含量在线测量装置及测量方法(专利技术)

甲醇汽油中甲醇含量在线测量装置及测量方法是基于不同液体介电常数不同的特性而

开发的甲醇燃料(汽油)识别系统,该系统可适时地检测出甲醇燃料中甲醇与汽油的混合比例。该系统应用于甲醇汽车,能够向燃料控制系统提供准确的燃料参数,实现空燃比的精确控制;用于甲醇汽油的调配,可按照要求全时段监控燃料中甲醇的比例,保障燃料的生产质量。

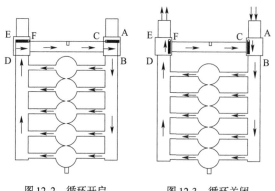

图 12-2 循环开启　　图 12-3 循环关闭

系统中将测量的介电常数转化为测量电容值,燃料识别传感器是一种变介电常数电容传感器,其内部的燃料成分不同,会导致其电容量发生变化,这个变化的电容量通过 C/V 芯片转换为电压信号并传输给主控芯片,主控芯片读取数据进行处理,根据设定好的程序对汽车各项参数进行修正。选取燃料特征参数介电常数是因为汽油与甲醇的介电常数差别很大,有利于提高传感器的识别率与测量精度。图 12-4、图 12-5 为不同甲醇汽油的电容率与介电常数传感器。

$$C = \frac{2\pi\varepsilon}{\ln\frac{R}{r}}h$$

式中,R、r 和 h 都为常量,传感器规格已经确定,根据上式可以得到,传感器输出的电容量 C 与油品的介电常数 ε 成线性比例关系。

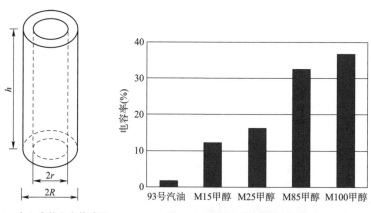

图 12-4 介电常数电容传感器　　图 12-5 不同比例甲醇燃料电容率

该技术的应用使甲醇汽车自动适应所加注的燃料,不仅能够应用甲醇、汽油,还可以应用任意比例的甲醇燃料,填补了国内外空白,获得了国家发明专利。

三、甲醇汽车燃料泵耐醇技术

电动燃油泵是保证汽车发动机正常运转的一个核心部件,也是发动机的一个易损部件,在甲醇汽车运行初期,油泵的易损速度不能满足使用要求(图12-6),在各种不同的出租汽车上电动燃油泵的故障频率非常高,主要是油压不足和生命周期明显缩短。

图12-6　甲醇燃料泵的损坏程度

项目研究通过耐醇材料的选用、甲醇润滑性的改进来提高甲醇燃料泵工作的可靠性与耐久性,并开发出了甲醇润滑性的测试方法,获得了国家发明专利。

1. 铜部件的保护

采用耐腐蚀材料后,支撑环和换向器端面的腐蚀情况明显好转,在金属表面形成了致密的氧化膜,阻止了金属进一步腐蚀。对于铜部件可以使用磷脱氧铜来代替。

2. 铝部件的保护

有相当多研究认为甲醇会腐蚀铝,甲醇本身在常温下不与铝反应,在有水分的时候,铝表面形成一层氧化膜,也不与甲醇反应。空气和水中的氧以及水本身都是铝的钝化剂,使铝处于钝态,即自钝化能力。因此,铝在中性和近中性(pH为4~8)的水及大气中耐腐蚀性很好,但当介质中含有氯时,可导致点蚀。对于燃油系统来说铝材质可使用防锈铝来代替,在铝中加入2.4%的镁和0.3%的锰具有良好的抗蚀与防锈功能。

3. 铁部件的保护

"铁"泛指工业纯铁、低碳钢和部分铸铁,其在自然环境中的耐蚀性差,远不如铝、钛、锌、铬、镉等金属,其原因是铁及其氧化物上的氢过电势低。但是,在实际情况中人们很少用到纯铁零部件,所用的都是加入金属元素构成的不锈钢,例如镍、铬等金属元素。甲醇在使用中是否会氧化成酸性物质,从而对金属产生腐蚀呢?试验检测的结果是燃料的pH>8,所以产生酸的可能性不大,至少对金属部件的腐蚀不是主要的。

4. 石墨材料的选用

石墨材料的优势是:强度随温度提高而加强,在2000℃时,石墨强度提高一倍;石墨的导电性比一般非金属矿高100倍;润滑性能良好;化学稳定性高,石墨在常温下有良好的化学稳定性,能耐酸、耐碱和耐有机溶剂的腐蚀;溶剂的腐蚀;石墨材料耐磨性、自润滑性和膨胀性都明显好于铜,应用石墨材料可以同时解决抗磨和密封两个问题。

把换向器的端面换成石墨材料,电枢采用密封结构,这对保护电枢能起到很好的作用。

四、甲醇润滑性研究(专利技术)

汽油国家标准中是没有润滑性这一指标的,当甲醇应用于汽油机时,人们也没有想到去检测甲醇的润滑性,加之甲醇的黏度高于汽油,更使人们误以为甲醇的润滑性优于汽油。本项目组在全国首次提出"甲醇汽车金属部件的损坏与甲醇的润滑性有关,甲醇的润滑性低于汽油,黏度高并不能说明润滑好"。图12-7～图12-9 为 M85 甲醇燃料在有无润滑添加剂的情况下与ROM93号汽油润滑性的对比,试验载荷9N。

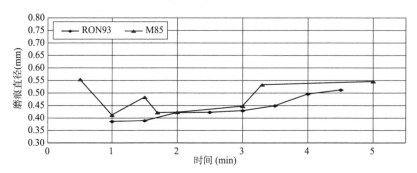

图 12-7　M85 与 RON93 对比

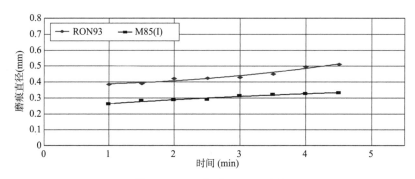

图 12-8　M85（Ⅰ）与 RON93 对比

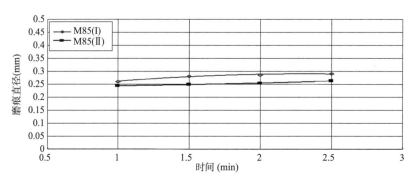

图 12-9　M85（Ⅰ）与 M85（Ⅱ）对比

试验用两种添加剂都是项目组自行开发的,分别是Ⅰ号和Ⅱ号。该添加剂提高了甲醇燃料的润滑性,有效地保护了发动机的金属部件。

五、甲醇润滑性测试技术(专利技术)

影响汽油润滑性的因素很多,如原油的来源、加工的方法、调和的方法、是否加清净剂等,都会对汽油的润滑性有一定影响,至今国家标准上还没有准确测定汽油润滑性的试验方法。甲醇的引入不可避免地降低了燃料的润滑性,润滑性的降低已经严重影响到甲醇汽车的运行,因此,确定一种试验方法测定甲醇燃料的润滑性是十分必要的。

本研究虽然采用了与柴油相近的高频率往复试验原理,但是设备设定条件完全不同,而测试的设定条件才是关系到甲醇燃料润滑性测试准确和成功与否的关键。图 12-10 是高频往复试验机原理图,表 12-1 是研究所获得的测试设定条件。

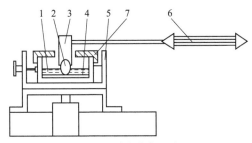

图 12-10　高频往复试验机

1-油槽;2-试验球;3-施加载荷;4-试验片;5-加热槽;6-激荡器;7-油槽盖

试验条件　　　　　　　　　　　　　　　　　　　表 12-1

项目	要求	项目	要求
油样体积(mL)	15±0.2	液体温度(℃)	30±2
冲程(mm)	1±0.02	应用载荷(g)	100±1
频率(Hz)	50±1	测试时间(min)	20±0.1
试验环境温度和湿度	见环境图		

六、汽车甲醛排放测试技术研究与设备开发(专利技术)

甲醛经动物试验确认为是致癌物质,本次甲醇汽车运行中工信部节〔2012〕42 号文件明确规定要检测甲醇汽车排放中甲醛的浓度。虽然空气中甲醛检测的方法、检测仪器与限值标准都有规定,但是这些仪器、方法皆不能用于汽车排放甲醛的测试,原因是汽车排放气体温度太高、甲醛浓度太大。本项目研究了气相色谱法、电化学法、高效液相色谱法等 11 项甲醛测试技术后,提出最适用汽车排放甲醛检测的两种方法:电化学法与酚试剂法。利用所开发的仪器针对汽油、柴油、天然气、乙醇、甲醇等燃料进行了大量的发动机台架与汽车道路试验后(图 12-11),首次获得了影响汽车甲醛排放的重要因素,得出点火提前角、混合气浓度、三元催化转换器等对汽车甲醛构成综合性影响,汽车燃烧各种燃料时都有甲醛排放,甲醇燃料与汽油燃料燃烧时甲醛排放量相当的重要结论(图 12-12)。研究成果与测试数据被国际甲醇协会会长兼首席执行官约翰·列恩多次在相关国际学术会议上引用。该仪器检测速度快,适合应用于汽车环保检测线(图 12-13)。

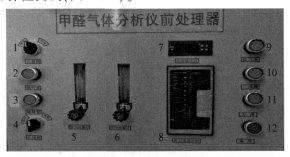

图 12-11　甲醛气体前处理器

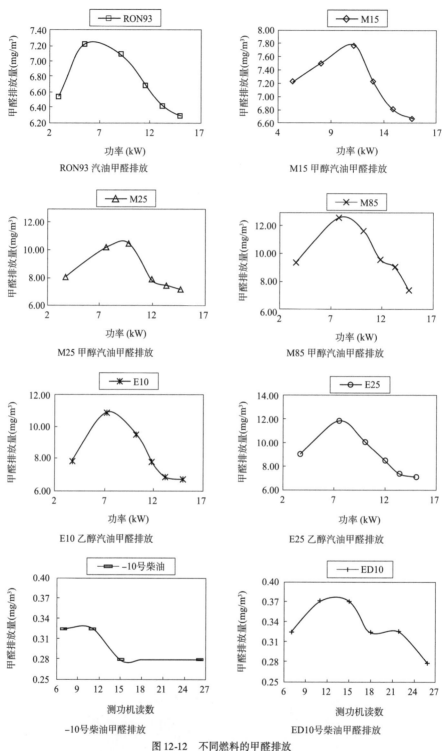

图 12-12 不同燃料的甲醛排放

七、项目运行模式的创新

本项目设置一改传统项目研究与项目应用严重割裂的状态,在所编制的实施方案中采用政府管理、大学研究与单位应用组成联合体,方便项目进行中发现问题与解决问题;同时以车辆的运行带动研究的深入,推进研究成果的应用,做到了前期运行的 260 辆甲醇车辆与后期西安市 8124 辆、宝鸡市的 585 辆甲醇车辆应用的无缝对接,使研究更有针对性,也加快了科技成果的转化,使研究成果直接应用于实际当中,在最短时间内产生了巨大的经济与社会效益,并促进了陕西省甲醇燃料相关设施的建设。

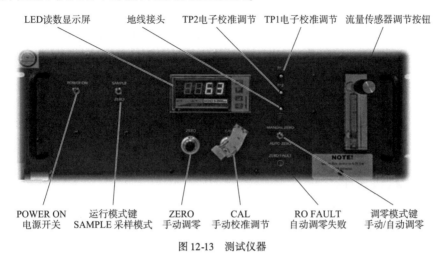

图 12-13　测试仪器

八、车用甲醇燃料标准(M100)

在工信部有关甲醇汽车的 2012 年 63 号文件与 2019 年 61 号文件中,甲醇燃料应用的标准是《车用燃料甲醇》(GB/T 23510—2007),该标准是在本项目负责人刘生全教授的主持下编制的,但是该标准规范是生产甲醇燃料所用甲醇的指标参数与测试方法,所属产品并不能直接应用于车用甲醇燃料。为了推动甲醇汽车的应用,按照陕西省政府的要求,项目组与陕西省石化联合会会同陕西省内 15 家研究机构与企业单位组成专家组,通过标准体系研究、指标设置及测试方法验证等编制了《车用甲醇燃料(M100)》(T/SXSH 001—2018)团体标准,该标准是全国首个车用甲醇燃料(M100)标准,其实施为陕西省甲醇汽车的应用及全国甲醇汽车的推进发挥了重要作用。

九、首次设置了对涉醇人员的健康体检

按照工信部批准的甲醇从业人员健康检查方案,由三级甲等医院对前期应用运行的车辆驾驶人员、维修人员、燃料加注人员等进行了 300 多人次的健康检查,并由国家专家组验收,证实了甲醇燃料应用的安全性。

十、从业人员技术培训视频资料的创新

甲醇燃料是一种清洁能源,甲醇汽车是首次规模化应用,对于从业人员的技术培训关系到数据采集、车辆运行状况及故障分析的准确性。为此,项目组除编制了从业人员技术培训教材外,还录制了相关视频资料,该视频资料在经过多版修订后成为国家级精品视频课程"新能源、汽车与 PM2.5",目前,该课程在教育部爱课网上,面向国内外开放(www.icourses.cn/cuoc/)。

第三节　甲醇汽车运行的验收与技术评价

2017年7月12日,工业和信息化部、国家发展和改革委员会、科学技术部在陕西省宝鸡市召开国家在陕甲醇汽车试点运行工作验收会,对西安市、宝鸡市运行的甲醇燃料汽车进行技术验收。

陕西省西安市试点甲醇出租汽车20辆,宝鸡市试点甲醇出租汽车200辆、微型客车15辆,专家组认真听取了项目组的汇报后,仔细审查了项目组提交的项目报告、检测报告和试点车辆维修记录等文件。

陕西省甲醇汽车试点运行项目通过2~3年的试点,完成了对高比例甲醇汽车适应性、可靠性、经济性、安全性、环保性评价;确定了甲醇汽车产品相关技术规范,建立了甲醇汽车相关标准体系;提出了高比例甲醇汽车替代燃料相关配套基础设施改造、建设和管理规范;研究提出甲醇汽车产业发展的相关政策建议。

一、西安市验收意见

陕西省西安市甲醇汽车试点工作验收意见

2017年7月12日,工业和信息化部、国家发展和改革委员会、科学技术部联合组织专家,依据工信部节〔2012〕42号文件、备案核准的《陕西省西安市甲醇汽车试点实施方案》和《甲醇汽车试点技术数据采集管理办法》,对陕西省西安市甲醇汽车试点工作进行验收。专家组对西安甲醇汽车试点运营单位西安亚辉汽车客运有限责任公司等进行了现场考察,查阅了相关资料和检测报告,听取了陕西省和西安市主管部门及相关单位的试点工作报告,经充分质询和评议评审,形成以下意见:

(1)省市主管部门提供的验收资料齐全、完整,符合验收要求。

(2)试点工作严格遵照备案的《陕西省西安市甲醇汽车试点实施方案》组织实施,自2014年9月30日开始,投入运营20辆出租汽车、甲醇加注站1座,截至2017年1月底,提交累计采集的技术数据815条,完成了实施方案提出的各项目标和任务以及两年运行时间,符合工信部节〔2012〕42号文件规定的各项要求,做到了科学规范、实事求是。

(3)试点技术数据采集严格遵照《甲醇汽车试点技术数据采集管理办法》规定进行,试点车辆、燃料加注和人体健康档案建立科学,保存完好,数据全面、翔实。

(4)车辆运行及测试数据表明,车辆的起动、操控、燃料切换平顺、加速、可靠等性能符合甲醇汽车制造单位提供的技术性能指标。经对提供的试点车辆运行总里程和燃料消耗总量统计计算,甲醇燃料平均消耗为百公里15.58L,单车最高运营里程超过37万km。

(5)对人体健康跟踪调查和体检表明,试点运行期间涉醇人员未发现内科、神经系统和眼科及眼底检查等方面异常,试点运行期间未发生影响涉醇人员身体健康的病例;对试点加注站等工作场所的甲醇浓度进行了监测。

(6)M100甲醇燃料产品质量符合国家相关标准,满足试点车辆使用要求;甲醇燃料基础设施建设及作业符合《车用甲醇燃料加注站建设规范》和《车用甲醇燃料作业安全规范》要求。

(7)陕西省和西安市甲醇汽车试点领导部门,精心组织、统一协调、积极推进、认真监督管理,对试点工作顺利运行起到了很好的保障作用。

专家组充分肯定陕西省西安市甲醇汽车试点总结报告内容,建议西安市甲醇汽车试点工作通过验收。

专家组组长:
专家组副组长:
2017 年 7 月 12 日

技术审查组意见

受验收专家组委托,2017 年 7 月 11 日,技术审查组依据工信部节〔2012〕42 号文件、备案核准的《陕西省西安市甲醇汽车试点实施方案》和《甲醇汽车试点技术数据采集管理办法》,对试点车辆技术性能、车辆维护、燃料加注设施等进行了实车查验和现场考察,详细询问了技术实施和保障规程等流程,形成意见如下:

(1)运营单位组织实施的运营车辆维护、设施、人员操作规范,维护档案记录,符合规定要求。

(2)燃料加注保障单位的燃料品质保障体系和操作规范安全设施及装备完善,检修维护规范,符合规定要求。

(3)加注站建设符合相关管理规定,试点运营车辆总行驶里程为 5745241km,甲醇燃料消耗总量为 708t,总体车辆故障率与同类汽油车相当。

技术组:
2017 年 7 月 11 日

资料审查组意见

受验收专家组委托,2017 年 7 月 11 日,文件资料审查组依据工信部节〔2012〕42 号文件、备案核准的《陕西省西安市甲醇汽车试点实施方案》和《甲醇汽车试点技术数据采集管理办法》,对车辆运营单位、燃料加注单位提供的数据采集原始资料、人体健康体检统计数据、车辆维修数据、试点车辆运营加注统计数据、加注站购销统计数据等。经对上述进行了现场抽检、查验及核对,详细询问了数据采集环节中的流程,形成意见如下:

(1)提供的原始数据资料和报告完整、齐全,全面反映了技术数据采集真实情况。

(2)运营车辆按规定进行的性能测试结果真实、有效。

(3)车辆运营单位和燃料加注单位提供的燃料消耗数据及燃料加注数据吻合,运营单位统计得到的整车平均百公里甲醇消耗 15.6L。

(4)涉醇人员健康体检数据等真实可信。

资料审查组:
2017 年 7 月 11 日

二、宝鸡市验收意见

陕西省宝鸡市甲醇汽车试点工作验收意见

2017 年 7 月 12 日,工业和信息化部、国家发展和改革委员会、科学技术部联合组织专家,按照工信部节〔2012〕42 号文件规定,依据备案核准的《陕西省宝鸡市甲醇汽车试点实施方案》,对陕西省宝鸡市甲醇汽车试点工作进行验收。专家组对宝鸡市甲醇汽车试点运营单位宝鸡海景出租汽车有限公司、宝鸡市邮政局等进行了现场考察,查阅了相关资料和检测报

告,听取了陕西省和宝鸡市主管部门及相关单位的试点工作报告,经充分质询和评议评审,形成以下意见:

(1)省市主管部门提供的验收资料齐全、完整,符合验收要求。

(2)试点工作严格遵照备案的《陕西省宝鸡市甲醇汽车试点实施方案》组织实施,2014年11月18日开始,分批投入运营200辆出租汽车(实施方案100辆),2013年8月22日开始,投入微型客车15辆、甲醇加注站2座,截至2017年6月底,提交累计采集的技术数据11236条,完成了实施方案提出的各项目标和任务,体现了陕西省和宝鸡市甲醇汽车试点政府主管部门和相关保障部门认真负责、科学严谨、组织高效,符合工信部节〔2012〕42号文件规定的各项要求,做到了科学规范、实事求是。

(3)试点技术数据采集严格遵照《甲醇汽车试点技术数据采集管理办法》规定进行,试点车辆、燃料加注、人体健康和环境监测数据档案建立科学,档案保存完好,数据全面、翔实。

(4)车辆运行及测试数据表明,车辆的起动、操控、燃料切换平顺、加速、可靠等性能符合甲醇汽车制造单位提供的技术性能指标。

经对提供的试点车辆运行总里程和燃料消耗总量统计计算,吉利M100甲醇出租汽车百公里平均消耗甲醇燃料15.4L,单车最高运营里程超过33万km;通家公司M100甲醇微型客车百公里平均消耗甲醇16.84L,单车最高运行里程超过7万km。试点车辆具有良好的燃料使用经济性。

(5)陕西省宝鸡市甲醇汽车试点主管部门按规定抽取3辆试点运营车辆,送第三方检测机构国家汽车质量监督检验中心(襄阳)检测,进行了整车和发动机检测、常规排放检测、冷起动检测,结果均符合相关标准。非常规污染物排放检测显示,甲醛平均排放量为1.4mg/km,排放量最高为1.49mg/km,对应车辆运行里程超过39.8万km。均低于工信部节〔2012〕42号文件规定的10mg/km限值要求。

(6)对人体健康跟踪调查和体检表明,涉醇人员未发现内科和眼科及眼底检查等方面异常,试点运行期间,甲醇出租汽车运营单位400余名涉醇人员队伍稳定,按规定提供的涉醇人员健康体检报告记录翔实、真实有效,为后续开展甲醇燃料对人体健康影响评价研究,提供有效的参考基础数据。未发生影响涉醇人员身体健康的病例,对试点加注站等工作场所的甲醇浓度进行了监测。

(7)M100甲醇燃料产品质量符合相关标准,满足试点车辆使用要求;甲醇燃料基础设施建设及作业符合《车用甲醇燃料加注站建设规范》和《车用甲醇燃料作业安全规范》要求。

(8)陕西省和宝鸡市甲醇汽车试点领导部门,采取新能源汽车销售补贴政策,免收出租汽车经营权费等措施,对试点工作顺利运行起到了很好的保障作用。

专家组充分肯定陕西省宝鸡市甲醇汽车试点总结报告内容,建议宝鸡市甲醇汽车试点工作通过验收。提请国家相关部门考虑在陕西省全省开展甲醇汽车推广应用。

建议陕西省宝鸡市总结甲醇汽车试点经验,继续加强对甲醇燃料加注规范作业和安全运营管理。建议国家有关部门加快推进甲醇汽车新车型研发,完善甲醇汽车基础配套设施建设和标准体系。

专家组组长:

专家组副组长:

2017年7月12日

技术审查组意见

受验收专家组委托,2017 年 7 月 11 日,技术审查组依据工信部节〔2012〕42 号文件、备案核准的《陕西省宝鸡市甲醇汽车试点实施方案》和《甲醇汽车试点技术数据采集管理办法》,对试点出租汽车和邮政用车车辆技术性能、车辆维护、燃料加注设施等进行了实车查验和现场考察,详细询问了技术实施和保障规程等流程,形成意见如下:

(1)对试点运行车辆的起动性能、驾驶性、加速性进行了询问调查,使用者表示甲醇汽车动力较好,起动性能没有问题。

(2)运营单位组织实施的运营车辆维护完善、设施完备、人员操作规范,维护档案记录完整详尽,可追溯。

(3)燃料加注保障单位建立了试点使用甲醇燃料的品质保障体系和操作规范,安全设施及装备完善,检修维护规范。

(4)经现场询问,甲醇出租汽车在试点期间,出现甲醇燃料泵故障两次、液位传感器故障一次,车辆总体故障率与普通汽油车相当。

技术审查组还考察了中油延长宝鸡油库尚未启用的甲醇燃料调配线。该调配线采用甲醇燃料和添加剂在线自动加注调配方式。

另外,按照吉利汽车公司要求,试点运营甲醇车辆必须使用其指定的添加剂,但现场核查中未见该添加剂的相关技术资料。

技术组:

2017 年 7 月 11 日

资料审查组意见

受验收专家组委托,2017 年 7 月 11 日,文件资料审查组依据工信部节〔2012〕42 号文件规定的《甲醇汽车技术要求》和《甲醇汽车试点技术数据采集管理办法》,以及工信部备案核准的《陕西省宝鸡市甲醇汽车试点实施方案》,对宝鸡市 2014 年 11 月至 2017 年 1 月试点运行期间,投入的 200 辆(实施方案 100 辆)甲醇出租汽车和 15 辆甲醇微型客车运行取得的数据采集原始资料进行了现场查验及核对,查验单位包括甲醇出租汽车运行单位、甲醇燃料加注站、甲醇出租汽车维修单位、甲醇燃料调配单位、甲醇微型客车运行单位等。采集的数据及报告包括甲醇汽车驾驶员入职材料及健康体检报告、甲醇汽车技术文件及维修清单、甲醇汽车运行里程及甲醇燃料和汽油加注数量、甲醇燃料产销数量和产品质量检测报告等。工作过程中,资料审查组详细询问了数据采集的流程和方法,最终形成意见如下:

(1)各单位按规定取得的原始数据和报告完整,数据采集的可靠性和真实性得到有效保证,建立的档案管理及信息系统规范有序,全面反映了各单位完成的技术数据采集工作情况,符合甲醇汽车试点工作及各主管部门的要求。

(2)运营车辆按规定进行的性能测试结果真实、有效。

(3)查阅《陕西省宝鸡市甲醇汽车试点验收总结报告》,根据车辆累计行驶里程和累计燃料加注数量计算,吉利 M100 甲醇出租汽车百公里平均消耗甲醇燃料 15.4L,单车最高运营里程超过 33 万 km;通家公司 M100 甲醇微型客车百公里平均消耗甲醇 16.84L,单车最高运行里程超过 7 万 km。

(4)甲醇出租汽车运营单位 400 余名涉醇人员队伍稳定,按规定提供的涉醇人员健康体检报告记录翔实、真实有效,为后续开展甲醇燃料对人体健康影响评价研究,提供了有效的参考基础数据。

资料审查组:

2017 年 7 月 11 日

三、技术评价

2020 年 11 月 19 日由陕西省技术转移中心组织专家对长安大学负责完成的"基于甲醇汽车试点运行工程中的重大技术攻关研究"科技成果进行了技术评价(图 12-14),评价组一致认为,研究技术成果达到了国际领先水平,建议在陕西省及全国尽快扩大甲醇汽车的推广应用。

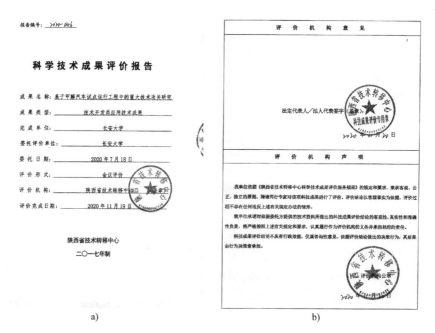

图 12-14 技术评价报告

综合评价结论

2020 年 11 月 19 日,陕西省技术转移中心在西安组织专家对长安大学完成的科技成果"基于甲醇汽车试点运行工程中的重大技术攻关研究"进行评价,专家听取了汇报,审阅了相关材料,经质询讨论,形成如下意见:

(1)成果评价资料齐全、内容完整、数据翔实,符合评价要求。

(2)本项目参与城市有西安市、宝鸡市、汉中市及榆林市,试点车辆 260 辆;运行中采集了车辆的行驶里程、燃料消耗量、故障次数、常规与非常规排放、空气中甲醇浓度及涉醇人员体检数据等,实验测试项目及指标 200 多项,是国内首次进行的采集数据最为完整的研究型大规模甲醇汽车试点运行。

(3)通过甲醇汽车的试点运行,对高比例甲醇汽车适应性、可靠性、经济性、安全性、环保性进行了系统研究;编制了甲醇汽车产品相关技术规范、标准,建立了甲醇汽车相关标准体系;促进了高比例甲醇汽车替代燃料相关配套基础设施改造、建设和管理。为全面科学评价甲醇燃料汽车技术现状、积累甲醇汽车运行管理经验、推动甲醇燃料汽车的应用提供了理论与实践依据。

(4)研究成果的创新点包括:甲醇燃料(汽油)识别技术、甲醇汽车冷起动技术、甲醇汽车金属部件防护技术和汽车甲醛排放测试技术。

(5)研究成果中修订陕西省地方标准两项:《车用甲醇汽油(M15)》(DB61/T 352—2013)、《车用甲醇汽油(M25)》(DB61/T 353—2013);编制陕西省石油和化学工业联合会团体标准一项《车用甲醇燃料(M100)》(T/SXSH 001—2018);获国家发明专利6项;培养硕、博士研究生28名,发表研究论文22篇。

(6)研究成果为国家八部委发布《关于在部分地区开展甲醇汽车应用的指导意见》(工信部节联〔2019〕61号)提供了一定的技术支撑。

(7)研究成果推动了陕西省甲醇燃料汽车的推广应用与基础设施的建设。目前,陕西省建成甲醇燃料调配中心15座,甲醇燃料调配能力210万t。建成甲醇燃料加注站36座,西安市运行的甲醇出租汽车8165辆,宝鸡市585辆。成果应用市场广阔,社会、环保与经济效益显著。

评价组结合科技查新报告的结论一致认为,研究技术成果达到了国际领先水平,建议在陕西省及全国尽快扩大甲醇汽车的推广应用。

评价负责人签字:郭卫东

2020年11月19日

第四节　甲醇汽车的推广与运行

一、甲醇汽车推广的主要支撑文件

《工业和信息化部 国家发展和改革委员会 科学技术部
公安部 生态环境部 交通运输部 国家卫生健康委员会
国家市场监督管理总局关于在部分地区开展
甲醇汽车应用的指导意见》(工信部联节〔2019〕61号)

各省、自治区、直辖市及计划单列市、新疆生产建设兵团工业和信息化、发展改革、科技、公安、生态环境、交通运输、卫生健康、市场监管主管部门,各有关单位:

为加快推动甲醇汽车应用,实现车用燃料多元化,保障能源安全,现就在部分条件具备地区开展甲醇汽车应用工作提出以下意见:

1.总体要求

(1)指导思想。

坚持以习近平新时代中国特色社会主义思想为指导,全面贯彻落实党的十九大精神,践行新发展理念,深化供给侧结构性改革,实施创新驱动发展战略,坚持因地制宜、积极稳妥、安全可控,在具备应用条件的地区发展甲醇汽车。强化甲醇汽车产业合理布局,加快完善产业政策、技术标准和市场应用保障体系,提高市场应用水平,保持我国甲醇汽车及相关产业在产品、技术及专用装备领域的国际领先地位,加快能源多元化和清洁能源汽车发展,推动传统产业转型升级,培育新的经济增长点,促进绿色循环低碳发展。

(2)基本原则。

因地制宜,统筹协调。坚持从实际出发,立足资源禀赋,宜醇则醇,促进能源多元化。做好甲醇汽车应用与煤炭等传统工业转型升级的统筹协调,培育新动能。

企业主体,政府引导。充分发挥市场配置资源的决定性作用,调动企业积极性和创造性。加强政策引导,完善配套服务体系,促进甲醇汽车制造、销售与甲醇燃料生产、输配、加注协同发展。

创新驱动,绿色发展。立足科技创新,推动甲醇汽车及燃料技术研发与应用,加快甲醇汽车标准体系建设。确保甲醇汽车全生命周期达标排放。实现甲醇燃料生产过程清洁化、高效化,促进甲醇燃料绿色发展。

2. 加快甲醇汽车制造体系建设

(3)鼓励汽车及相关零部件生产企业在现有制造体系基础上,针对甲醇汽车特性,通过技术改造完善甲醇汽车制造体系,提升甲醇汽车制造技术水平,开发甲醇乘用车、商用车、非道路工程车等车辆及动力机械,满足市场需求。完善甲醇汽车生产基地建设,合理布局甲醇汽车生产。

(4)强化甲醇汽车专用零部件制造能力,围绕甲醇燃料供应和电控喷射系统、专用后处理装置、专用滤清器、专用润滑油、耐醇材料和关键零部件等领域,构建规模化制造体系,提升专用零部件制造企业的自主研发与制造水平,满足甲醇汽车发展需求。

(5)着力突破甲醇高效能量转化机制、低排放控制、长寿命低成本耐腐蚀材料等共性关键技术。深入开展甲醇汽车尾气的健康影响等研究。鼓励和支持企业研发甲醇混合动力汽车、甲醇增程式电动汽车、甲醇燃料电池汽车产品。加快甲醇汽车科研成果转化及产业化应用。

3. 推进甲醇燃料生产及加注体系建设

(6)鼓励资源综合利用生产甲醇,充分利用低质煤、煤层气、焦炉煤气等制备甲醇,探索捕获二氧化碳制备甲醇工艺技术及工程化应用。甲醇燃料生产企业应严格遵守生态环境保护的法律法规和排放标准要求,加大节能减排力度,最大可能减少对环境的影响。

(7)甲醇燃料生产企业应严格按照《车用燃料甲醇》(GB/T 23510—2009)国家标准要求组织生产,建立完善的生产、储存、运输等环节的质量控制和安全管理体系,保证甲醇燃料产品质量。

(8)有关地区应因地制宜、统筹布局甲醇燃料加注站建设。加注设施建设应符合国家相关标准及技术规范要求。

4. 加快标准体系建设

(9)支持按照继承性、系统性、实用性原则,在现行国家、行业、团体标准基础上,针对甲醇汽车的特性及应用需求,组织制定甲醇汽车技术条件、甲醇发动机技术条件、甲醇汽车专用润滑油、甲醇基准燃料技术要求、甲醇汽车污染物排放等相关标准。

(10)加强甲醇汽车国际标准制定,支持相关行业协会、团体提出甲醇汽车、动力系统和标识标志类国际标准制定项目,在具有技术领先地位的点燃式和压燃式发动机燃烧等领域,体现甲醇汽车标准的引领性和前瞻性。

(11)完善甲醇燃料及加注体系标准,研究制定车用甲醇燃料加注站设计与施工规范、车用甲醇燃料作业安全规范,甲醇燃料专用加注机、甲醇燃料添加剂等标准。

5. 鼓励甲醇汽车应用

(12)按照因地制宜、积极稳妥、安全可控的原则,重点在山西、陕西、贵州、甘肃等资源禀赋条件较好且具有甲醇汽车运行经验的地区,加快 M100 甲醇汽车的应用。

(13)鼓励在有条件地区的公务、出租、短途客运等领域使用甲醇汽车。鼓励在有条件地区的市政车辆、专线物流运输等领域使用甲醇商用车。

(14)有关地区应积极为甲醇汽车应用创造条件,给予符合中国第六阶段机动车污染物排放标准和甲醇汽车排放限值要求的甲醇汽车购买、运行等应用优惠政策。甲醇汽车制造企业应提供完善的售后服务。

6. 加强甲醇汽车监管

(15)依法实施环保和维修技术信息公开。甲醇汽车生产、进口企业应严格按照《大气污染防治法》、交通运输部等部委《汽车维修技术信息公开实施管理办法》(交运发〔2015〕146 号)和原环境保护部《关于开展机动车和非道路移动机械环保信息公开工作的公告》(国环规大气〔2016〕3 号)等规定,在产品出厂或货物入境前,在本企业官方网站公开环保信息,同步上传至生态环境部机动车和非道路移动机械环保信息公开平台(网址:www.veccmep.org.cn),并每车附带随车清单;及时向交通运输部办理维修技术信息公开备案(网址:carti.rioh.cn/),并在新车上市之日起 6 个月内公开维修技术信息。各地生态环境主管部门应加强对甲醇汽车环保信息公开情况的监督检查,依法严格处罚未信息公开的生产企业。

(16)严格执行甲醇汽车排放标准。新生产轻型甲醇汽车按《轻型汽车污染物排放限值及测量方法(中国第六阶段)》(GB 18352.6—2016)中规定的方法和限值进行型式检验(包括燃油蒸发和加油排放),在相关排放标准出台前,甲醇、甲醛排放限值暂分别按不大于 2.5mg/km 控制。自 2019 年 7 月 1 日起,所有生产、销售、进口的轻型甲醇汽车均应符合国六排放标准,甲醇、甲醛排放应分别达到上述限值要求。

新生产重型甲醇汽车按《重型柴油车污染物排放限值及测量方法(中国第六阶段)》(GB 17691—2018)规定的方法和限值进行型式检验,在相关排放标准出台前,甲醇、甲醛排放限值暂分别按不大于 20mg/(kW·h)控制。重型甲醇汽车与其他重型汽车统一按照有关规定实施国六排放标准。

在用甲醇汽车相关排放标准出台前,在用点燃式甲醇汽车暂按《汽油车污染物排放限值及测量方法(双怠速法及简易工况法)》(GB 18285—2018)进行定期排放检验,在用柴油引燃压燃式甲醇发动机汽车可暂按《柴油车污染物排放限值及测量方法(自由加速法及加载减速法)》(GB 3847—2018)进行定期排放检验。

(17)加强甲醇汽车环保达标监管执法。各省级生态环境主管部门应在机动车生产、销售等环节加强监督检查,严厉打击生产、销售不达标甲醇汽车行为,加大生产一致性抽查检测频次,对排放超标的严格依法处罚。各级生态环境主管部门应加大对在用甲醇汽车进行定期和随机抽检力度,重点抽测甲醇和甲醛排放情况,并对使用不超过 160000km(或 12 年,先到为准)的甲醇汽车进行在用符合性检查,定期报告相关检测结果。甲醇汽车生产企业应按标准要求,批量生产前制定一致性保证计划书,每年至少进行一次在用符合性自查,采取有效措施确保达标排放。

7. 完善保障措施

(18)工业和信息化部、国家发展改革委、科技部、公安部、生态环境部、交通运输部、国家卫生健康委、市场监管总局等部门将加强统筹协调,形成工作合力,指导甲醇汽车应用。地方有关部门建立甲醇汽车应用工作机制,落实责任分工。

(19)有关地区应结合本地实际发展需求,组织制定具体实施方案,明确工作思路和目标,细化支持政策,明确监管措施。

(20)对纳入《道路机动车辆生产企业及产品公告》并符合《机动车运行安全技术条件》(GB 7258)等国家机动车安全技术标准的甲醇车辆,依法办理机动车登记,燃料种类签注为甲醇,发放普通机动车号牌。机动车安全技术检验机构依据《机动车安全技术检验项目和方法》(GB 21861)等国家标准对甲醇汽车进行安全技术检验。甲醇车辆应获得强制性产品认证并依法完成环保信息公开工作。研究把甲醇汽车纳入《乘用车企业平均燃料消耗量与新能源汽车积分并行管理办法》管理,支持甲醇汽车发展。

(21)依据相关法律法规,有关地区对甲醇燃料生产、运输及加注,甲醇汽车生产及运行等进行有效监督管理,严禁在普通汽油中掺加甲醇销售,保障甲醇汽车应用安全稳定、健康环保。严禁甲醇汽车改装为其他燃料汽车,严禁其他燃料汽车改装为甲醇汽车。行业组织应充分发挥作用,加强行业自律,为政府管理和行业发展提供服务。

(22)充分发挥行业组织作用,通过多种形式和渠道,大力宣传普及甲醇燃料及汽车知识,增强公众对甲醇燃料安全性、环保性的认识,形成甲醇汽车可持续发展的良好社会氛围。鼓励科研院校、相关企业积极开展国际间合作。支持甲醇汽车制造企业加快国际化进程,推动甲醇汽车国际市场应用。

工业和信息化部　　发展改革委
科　技　部　　公　安　部
生 态 环 境 部　　交 通 运 输 部
卫 生 健 康 委　　市场监管总局
2019年3月12日

《西安市人民政府关于印发〈西安市鼓励甲醇汽车产业发展若干政策〉的通知》(市政发〔2018〕54号)

各区、县人民政府,市人民政府各工作部门、各直属机构:

《西安市鼓励甲醇汽车产业发展若干政策》已经市委、市政府同意,现印发你们,请结合实际认真抓好贯彻落实。

西安市鼓励甲醇汽车产业发展若干政策

为实施省市300万辆汽车工程,推进"治污减霾",加快甲醇汽车产业发展,提升装备制造业水平,促进全市工业经济转型升级,制定政策措施如下:

1. 加强甲醇汽车产业发展的组织领导

(1)市甲醇汽车产业发展协调领导小组,由市长任组长,常务副市长、分管副市长、经开区党工委书记任副组长,市政府秘书长、相关副秘书长及市级相关部门、各区县政府、西咸新区管委会及各开发区管委会主要负责同志为成员,领导小组办公室设在市工信委。(责任单位:市工信委)

2. 加大出租汽车领域推广应用力度

(2)按照推广应用目标任务要求,2018—2019年全市推广应用10000辆M100甲醇出租汽车。(责任单位:市交通局)

3. 壮大甲醇汽车市场

(3)鼓励各级行政事业单位、公共服务机构优先采购甲醇汽车。(责任单位:市财政局、市发改委、市机关事务局)

4. 加快配套设施建设

(4)由市政府所属国有企业负责建设4个甲醇汽车维修服务站,以租赁方式承租给维修承租方。(责任单位:西安城投集团)

(5)采取改造与新建相结合方式,优先布局M100甲醇加注设施,鼓励新建综合式加注站。2018—2019年在全市共建成45座M100甲醇加注站。(责任单位:市商务局、西安城投集团)

(6)统筹加油站与M100甲醇加注站建设规划,适度超前推进加注站建设,形成布局合理、满足需求的M100甲醇燃料输配体系。(责任单位:市商务局、西安城投集团等)

5. 推进甲醇汽车整车生产

(7)条件成熟时,积极推动引进有条件的甲醇汽车整车项目在西安落地建设。(责任单位:经开区管委会等)

6. 给予生产企业营销补助

(8)对列入国家《车辆生产企业与产品》公告目录,在西安区域购买、登记注册和使用的甲醇汽车给予补助,重型货车每辆补助10000元,乘用车每辆补助5000元。(责任单位:市工信委、市财政局、市交通局等)

(9)设立甲醇汽车专题资金,纳入市工业发展专项资金管理,重点支持甲醇汽车产业发展和推广应用。(责任单位:市工信委、市财政局等)

7. 发挥产业发展基金作用

(10)引导已成立的产业发展基金加大向甲醇汽车产业投资力度。积极争取省上汽车产业发展基金对我市甲醇汽车产业发展的支持。(责任单位:市工信委、市财政局等)

8. 支持企业享受税收优惠政策

(11)支持我市甲醇汽车及关键零部件列入国家相关鼓励类产业目录,符合条件的企业可享受西部大开发等企业所得税优惠政策。经认定的高新技术企业,减按15%的税率征收企业所得税。鼓励支持甲醇汽车企业开发新技术、新产品、新工艺,落实研究开发费用税前加计扣除优惠政策;支持我市甲醇汽车企业扩能提升、生产线优化等技术改造,对所需设备

的投资按照相关规定享受固定资产加速折旧税收优惠政策。(责任单位:市税务局等)

9. 实行差异化的交通管理与服务

(12)对甲醇汽车办理注册登记时,在机动车行驶证副页签注甲醇汽车专用章,便于执法管理中有效识别区分。(责任单位:市公安局交警支队)

(13)设立甲醇汽车服务绿色通道,减少程序,缩短办理时间,提供全方位优质服务。(责任单位:市公安局交警支队)

(14)我市甲醇汽车不受相关限行措施的限制,允许甲醇汽车在市内公交专用道行驶。(责任单位:市公安局交警支队)

10. 创新保障服务体系

(15)加快甲醇汽车数据融合产业平台建设,建立健全甲醇汽车融资、保险、租赁、物流、售后服务、二手车交易等服务体系。推进融资租赁、甲醇燃料加注体系等多种甲醇汽车商业模式创新。(责任单位:市工信委、市商务局、市公安局交警支队等)

11. 加快标准体系建设

(16)按照国家有关质量、安全标准及技术规范要求,加快M100甲醇燃料和M100甲醇加注站相关标准的制定工作,鼓励甲醇燃料供应、甲醇汽车生产等企业将具有自主知识产权的技术创新成果转化为市场标准或政府标准,为消费者提供安全、可靠的能源供应环境。(责任单位:市质监局、市商务局、市安监局等)

(17)建立常态化的甲醇燃料品质监管机制,加强M100甲醇燃料输配送环节质量监管。(责任单位:市质监局、市安监局、市工商局、市商务局)

(18)建立健全与甲醇汽车市场发展相适应的甲醇燃料价格调控机制,为甲醇汽车推广应用创造良好的市场环境。

按照M100甲醇汽车每公里燃料成本与现有的天然气出租汽车燃气成本基本持平原则,采取政府补贴的方式平抑甲醇燃料价格。(责任单位:市物价局、市财政局、市商务局、市交通局,西安城投集团等)

12. 专业运营优惠

(19)制定推广应用M100甲醇出租汽车相关鼓励政策。(责任单位:市交通局、市财政局)

13. 停车优惠

(20)甲醇汽车在市机动车停放中心管辖的公共停车场(点)停放,停放2h以内免费。(责任单位:西安城投集团、市公安局交警支队、市物价局)

14. 深入科普宣传

(21)统筹策划宣传甲醇燃料和甲醇汽车。通过报刊、电视、网络等媒体宣传和举办多种形式的交流活动,普及甲醇汽车科普知识,增强公众对甲醇汽车的认知度和接受度,为甲醇汽车推广应用营造良好的社会舆论氛围。(责任单位:市委宣传部、市科协)

本政策自通知印发之日起施行。中、省如后续出台或发布相关政策,我市将适时予以调整。

西安市人民政府办公厅
2018年12月17日

《关于印发M100甲醇燃料加注站安全设施"三同时"审查暂行办法的通知》
市安监发〔2018〕178号

各区县、开发区安监局,机关各处室、局属各单位:

为积极推进我市M100甲醇燃料加注站项目建设,现将《M100甲醇燃料加注站安全设施"三同时"审查暂行办法》印发给你们,请认真遵照执行。

西安市安全生产监督管理局
2018年12月10日

M100甲醇燃料加注站安全设施"三同时"审查暂行办法

按照《危险化学品建设项目安全监督管理办法》(国家安全生产监督管理总局令第45号)、《汽车加油加气站设计与施工规范》(GB 50156—2012)(2014年版)、工信部《车用甲醇燃料加注站建设规范》和西安市安监局《进一步优化投资环境规范市级安全生产行政审批工作办法(试行)》的相关要求,参照危险化学品管理办法,将M100甲醇燃料(技术参数以质监部门检测数据为准)纳入危险化学品安全管理范围,特制定本办法:

1. M100甲醇燃料加注站"三同时"申报资料

1)安全条件审查

建设单位申请建设项目安全条件审查,提交下列文件、资料:

(1)建设项目安全条件审查申请书及文件。

(2)建设项目安全评价报告。

(3)建设项目批准、核准或者备案文件和规划相关文件(复制件)。

(4)工商行政管理部门颁发的企业营业执照或者企业名称预先核准通知书。

2)建设项目安全设施设计审查

建设单位申请建设项目安全设施设计审查,提交下列文件、资料:

(1)建设项目安全设施设计审查申请书及文件。

(2)设计单位的设计资质证明文件(复制件)。

(3)建设项目安全设施设计专篇。

3)建设项目安全设施竣工验收

建设单位自行组织安全设施竣工验收,提交下列文件、资料:

(1)报建资料:建设项目相关政府批准、核准或备案文件、规划相关文件、土地手续、消防意见以及环评手续。

(2)安全设施设计有无设计变更,甲醇储罐、汽柴油储罐、储气井、储气瓶组及其风险总体是否可控达标;是否按照前期通过安全条件、安全设施设计审查的专家组审查意见落实整改。

(3)建设项目施工、监理单位资质证书以及安全设施施工、监理情况报告。

(4)主要负责人、安全生产管理人员及特种作业人员名单和证书。

(5)安全生产责任制文件、安全规章制度清单、岗位操作安全规程清单。

(6)安监部门组织通过审查的安全条件、安全设施设计审查备案批复。

(7)建设项目安全设施竣工验收评价报告。

(8)为从业人员缴纳工伤保险费的证明材料。

(9)从业人员安全教育、培训合格的证明材料。

(10)配备专(兼)职安全生产管理人员的文件。

(11)建设项目安全设施的施工须符合国家标准、行业标准的规定。

(12)甲醇加注站防雷防静电以及甲醇加注机等安全设施设备检验、检测,且经检验、检测合格证明(书)。

(13)建设单位应如实汇报有关情况、提供相应支撑文件、资料。

(14)建设项目安全设施有重大变化的,是否已重新设计审查。

2. M100甲醇加注站安全管理制度

甲醇加注站应建立健全如下安全管理制度:

(1)安全生产责任制。

(2)安全例会制度。

(3)安全教育、培训制度。

(4)值班制度。

(5)安全检查、事故隐患整改制度。

(6)防雷、防静电、电气设备管理制度。

(7)电器线路的检查和管理制度。

(8)用火、用电安全管理制度。

(9)设备器材维护、管理制度。

(10)消防管理制度。

(11)事故应急预案救援演练制度。

(12)安全工作考评和奖惩制度。

(13)特种作业人员安全管理制度。

(14)操作岗位人员安全操作规程。

(15)劳动保护用品发放制度。

(16)其他必要的安全作业安全制度。

3. M100甲醇燃料加注站申报审查程序

(1)市安监局审核人员接到申请人行政许可申请文件、资料后,进行申请资料的形式要件和主要内容审查。

(2)审核人员对符合申请资料清单要求的,应依法依规予以受理;对申请文件、资料不符合申请资料清单要求的,审核人员应按程序一次性告知申请人进行补正,并说明具体原因。

(3)当申请文件、资料符合要求后,审核人员及时会同有关安全专家一并对建设项目安全条件和安全设施设计进行审查,需要整改的,立即进行整改;不需要整改的,按时限要求出具审查意见。建设项目安全设施竣工验收,依照有关规定,由建设单位自行组织。

《西安市甲醇汽车产业发展协调领导小组关于印发西安市推进吉利甲醇汽车推广应用任务落实分解表的通知》(西醇车组发〔2018〕1号)

市委宣传部,市政府相关部门、直属机构,各区县、开发区:

2018年4月22日至24日,市政府与吉利集团工作组就吉利M100甲醇汽车推广应用事宜进行了对接,对涉及甲醇汽车推广应用的各项工作进行了梳理,进一步明晰了市级部门承担的具体工作任务。西安市甲醇汽车产业发展协调领导小组办公室(以下简称"市甲醇汽车办")就任务进行了分解,形成了《西安市推进吉利甲醇汽车推广应用任务落实分解表》。现印发给你们,请结合实际抓好贯彻落实。

一要高度重视。各级各部门要站在全局的高度,进一步提高站位,立足整体、着眼长远,切实提高对吉利 M100 甲醇汽车推广应用重要性的认识。严格按照市委、市政府的部署要求，加强服务保障，积极主动、认真负责、扎实有力地推进甲醇汽车推广应用工作。

二要夯实责任。经市委、市政府同意，将本通知明确的各项工作任务纳入各部门年度专项工作目标考核。同时，加大项目建设行政效能监察，对未按要求完成任务、影响甲醇汽车推广应用的，将对相关责任单位进行通报，并严肃追责问责。

三要做实举措。西安市甲醇汽车产业发展协调领导小组负责统筹安排我市甲醇汽车推广应用及产业发展工作，领导小组办公室设在市工信委，负责制订分解全市甲醇汽车推广应用实施方案，明确各项工作具体责任部门，按照定性、定量、定标准、定时限、定责任单位、定责任人的"六定"原则，确保各项工作按期完成。《西安市推进吉利甲醇汽车推广应用任务落实分解表》中，由各牵头部门负责将工作进展情况（要求周报的工作于每周三下午 16:00 前，月报的工作于每月 28 日前）报市甲醇汽车办。

西安市甲醇汽车产业发展协调领导小组
2018 年 7 月 2 日

1. 甲醇汽车推广运行

西安市推广甲醇汽车的动力包含四个方面：一是缓解天然气的供应，在 2018 年以前，西安市的公共运行车辆清一色的是天然气汽车，高峰时天然气出租车辆达到 13000 多辆，天然气加注站将近 70 座。尽管陕西省天然气资源丰富，具有陕北天然气大气田，但是，天然气汽车加气困难一直困扰着这个行业，尤其在天然气供应紧缺的冬季，出租汽车加气排队等候两个小时以上是常有的事情，原因在于冬季用气量的大幅度增加，正常季节西安市全市的天然气消耗量每天在 200 万 m^3 左右，而在冬天寒冷季节每天的天然气消耗量增至 900 万 m^3 以上，天然气这一巨大缺口短期内没有弥补的可能。二是为了降低雾霾污染，西安市是全国雾霾污染最严重的地区之一，冬季污染指数动辄五六百，而且持续时间之长都是历史上罕见的，西安市也是国家蓝天保卫战重点地区，污染长期得不到治理也会引发公众不满。三是陕西省甲醇汽车试点运行成功，加之陕西省是甲醇的生产大省，具备了甲醇汽车推广应用的全部条件与优势。四是由于国家国六排放标准的实施，天然气汽车满足不了新标准的要求，各个天然气汽车生产厂家停止了天然气汽车的生产，西安市选择甲醇燃料汽车则是顺理成章的一项决策。目前，西安市的 8214 辆甲醇出租汽车，行驶里程最多的已经超过 80 多万公里，甲醇车辆的成功运行更进一步说明了这项决策的正确(图 12-15)。

2. 经济效益

目前，陕西省运行中的甲醇燃料汽车大约为 1 万辆，运行中的甲醇燃料加注站 36 座，调配中心两座（西安、宝鸡各 1 座），经济效益已经显现，体现在以下几个方面。

1）出租汽车的燃料经济性

每辆出租汽车百公里甲醇燃料消耗量是 16.8L，燃用汽油时的百公里汽油消耗量是 9.5L，西安市甲醇 1.9 元/L，汽油 8.9 元/L，出租车平均日行驶 550km，甲醇汽车与汽油机汽车相比，甲醇出租车每天燃料费 175.56 元，汽油车每天燃料费 465.02 元，甲醇车辆每天节约燃料费 289.5 元，每年可节约燃料费 8 万~9 万元。

2）甲醇加注站的经济效益

西安市日消耗甲醇约 750t，年消耗甲醇大约 25 万 t，每吨甲醇燃料利润 300 元，其利润为 7500 万元，平均每个加注站的利润为 208 万元。

a) 甲醇出租车交付仪式

b) 西安市甲醇出租车8124辆　　　c) 宝鸡市甲醇出租车585辆

图 12-15　甲醇出租车交付仪式

3) 甲醇燃料调配中心的经济效益

甲醇燃料调配中心每调配一吨燃料的利润为 100 元,每年的利润为 2500 万元。

3. 社会效益

根据党的十九大精神及国家实施的新一轮西部大开发战略,陕西省依托煤炭资源优势,培育、发展新质产业,是赋予其地区经济快速发展难得的历史机遇。陕西省实施的转变能源发展方式,以陕北能源化工基地、关中能源接续区和陕南绿色能源区为依托,坚持绿色、环保、低碳,为煤炭资源转化、新型产业群的培育、低碳甲醇清洁燃料的应用奠定了坚实的基础。

陕西省具备发展甲醇汽车产业的地域优势。一是陕西省委、省政府高度重视甲醇汽油产业的发展,主要领导为甲醇汽油的推广先后作了多次重要指示,政府因势利导下发了甲醇汽油推广与甲醇汽车试点运行的多份文件;二是陕西省具有甲醇、汽油资源优势,2018 年陕西省的甲醇产能超过 1000 万 t,产量超过 500 万 t。

推广应用甲醇汽车是"一带一路"倡议的重要组成部分,是清洁化产业的延续,更是承载着新的使命,实现区域经济的转型发展,完成由点连线、由线成面的国内、国际市场的区域经济开发与合作体系的一环。推广甲醇汽油也是为全面落实陕西省委追赶超越的战略部署,积极贯彻《(中国制造2025)陕西实施意见》的重大举措,更是国家能源战略安全的保障。

4. 环保效益

甲醇汽车较汽油机汽车 CO 排放下降35% ~45%,HC 排放下降30% ~40%,NO 排放下降15% ~20%,SO_2 排放下降95%以上,PM2.5 排放下降75% ~85%。形成雾霾天气的细颗粒物主要来源于燃料燃烧以及汽车尾气排放等,随着国内机动车保有量的不断增长和工厂逐渐搬出市区,机动车尾气逐渐成为我国城市细颗粒物的主要来源。细颗粒物粒径小,相同质量浓度下数量与可吸附有毒有害物质更多,且能轻松地进入人的肺部,甚至穿过细胞间质,进入血液循环。

从燃料的角度来讲,影响颗粒物排放的因素主要有燃料的碳氢比例、燃料密度、挥发性、碳链长度、添加剂成分、添加剂的量以及含硫量等。

试验表明,燃油中芳香烃含量和馏程越高,则相同实验条件下排出的颗粒物也越多。甲醇来源于煤炭和天然气的深加工,成分单一,车用甲醇燃料中的甲醇纯度高达99.9%以上,辛烷值高,自身含氧,排放清洁。

从C链长度来考虑,C链长,燃料稳定性差,在燃烧过程中易于裂解,使碳的生成速率较高从而导致颗粒物排放增加。甲醇只含有一个C,而汽油含有7~13个C,甲醇的碳链长度远远小于常规的汽柴油,是甲醇燃料颗粒物排放降低的主要原因。

此次陕西省推广应用甲醇汽车主要出于三个方面的战略考虑,一是减少雾霾污染保护环境,从实施效果来看,2018年以来西安市重度雾霾天数明显下降;二是由于天然气汽车的停产,陕西省必须寻找一种技术含量更高、运行效果更好、环保性更强、更经济的车辆;三是为陕西的煤化工发展创出一条新路。仅仅短短几年的运行足见这一战略决策的重大意义与成效。

第五节　甲醇汽车运行项目获奖

甲醇汽车运行项目获奖情况如图12-16所示。

图 12-16

2021年度陕西省科学技术奖
获奖项目（人选）名单

共计262项（人）

一等奖：48项

序号	编号	项目名称	主要完成人	主要完成单位	提名单位（专家）
8	20214161	基于甲醇汽车试点运行工程中的重大技术攻关研究	刘生全，兰建文，李初管，张春化，张 华，滑海宁，王 涛，李 维，张鹏飞，安学军，吴 涛	长安大学，西安市工业和信息化局，宝鸡市工业和信息化局，宝鸡海景出租汽车有限公司，西安市出租汽车集团有限公司	陕西省工业和信息化厅

b)

c)

图12-16　获奖情况

第十三章　甲醇燃料与甲醇燃料汽车的综合评价

第一节　动力性能与燃料经济性评价

由于甲醇混合气热值大于汽油混合气的热值,甲醇汽车动力性能一定大于汽油机汽车的动力性能,这一结论结合相关试验结果及本次甲醇汽车运行所采集到的数据得到了充分的验证,与汽油机相比,甲醇发动机的动力性可提高3%~5%。由于甲醇燃料热值降低,甲醇汽车燃料消耗量一定增大,但是,由于甲醇价格低廉,使得甲醇汽车运行过程中的燃料费用下降,经济性提高。

一、动力性能评价

燃料影响汽车动力性能的是混合气的热值,而非燃料的热值。汽车使用甲醇燃料时的动力性能要优于使用普通汽油,理论计算与试验都可以证实。原因在于,如按照理论过量空气系数,发动机每循环进入汽缸的空气量为14.8kg,则汽油喷射量为1.0kg,所释放出的热量为43.9MJ;同样的空气量则甲醇喷射量为14.8/6.5=2.28kg,所释放出的热量为2.28×21500.0=49.0MJ。

甲醇混合气的热值较汽油混合气的热值高,甲醇燃料发动机的动力性能一定提高,不同比例甲醇燃料汽车的动力性提升程度不同,甲醇含量越高,动力性提升的幅度越大,对于低比例的甲醇燃料汽车动力性能虽然有增大,但是提升幅度相对较小,汽车驾驶员未必一定能感受到。

借助发动机台架,分别对汽油与甲醇燃料发动机在发动机台架上进行外特性试验,试验条件为节气门全开,测试出不同转速下发动机的最大输出功率,其动力性能的优劣便会一目了然。图13-1为93号汽油与车用甲醇燃料(M85)的外特性功率与转矩试验曲线,不难看出车用甲醇燃料(M85)的输出功率与输出转矩明显增大。

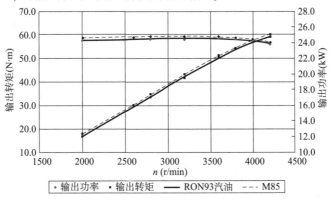

图13-1　汽油、M85甲醇燃料动力性对比

陕西省交通新能源开发、应用与汽车节能重点实验室分别使用 M15、M85 甲醇燃料及 RON93 号汽油,进行直接挡加速试验,加速特性曲线分别如图 13-2、图 13-3 所示。汽车从零车速开始加速至 90km/h,M85 甲醇燃料较 93 号汽油加速时间缩短 2.94s,M15 甲醇燃料较 93 号汽油加速时间也减小,加速距离缩短,说明两种甲醇燃料的动力性能较 93 号汽油增大。

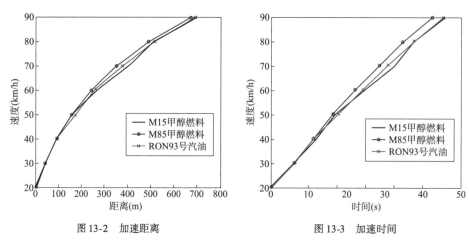

图 13-2　加速距离　　　　　　　　图 13-3　加速时间

当甲醇发动机的压缩比增大后,动力性能可提升 3%～5%。表 13-1、表 13-2 为试验车辆的直接挡节气门全开加速与起步换挡加速试验数据,可见,甲醇汽车的加速时间缩短,加速性能提高。

甲醇燃料汽车直接挡节气门全开加速试验结果　　　　表 13-1

试验车辆	燃料	行驶里程(km)	加速时间(s)	增减率
对照组	92 号汽油	221258	57.64	—
陕 AU1813	M100 甲醇燃料	150934	56.93	-1.2%
陕 AU1214	M100 甲醇燃料	171048	55.42	-3.9%
陕 AU1514	M100 甲醇燃料	216876	53.64	-6.9%

甲醇燃料汽车起步换挡加速试验结果　　　　表 13-2

试验车辆	燃料	行驶里程(km)	加速时间(s)	增减率
对照组	92 号汽油	221258	25.25	—
陕 AU1813	M100 甲醇燃料	150934	24.31	-4.74%
陕 AU1214	M100 甲醇燃料	171048	24.00	-5.96%
陕 AU1514	M100 甲醇燃料	216876	23.64	-7.37%

需要说明的是天然气汽车与汽油汽车相比动力性能下降 20%,主要原因是天然气使得发动机进气量减少、天然气形成混合气后的热值远小于汽油,天然气汽车加速性能很差,是众所皆知的事情。

二、甲醇燃料汽车的经济性

甲醇燃料热值低于普通汽油,与普通汽油相比同等里程燃料消耗量会有一定上升,但是，由于甲醇的富含氧性，使得燃烧更为完全、充分，又部分地降低了甲醇燃料的消耗量，大量试验数据表明，低比例甲醇汽油与92号汽油相比，汽车运行中的燃料消耗量基本相当，车用甲醇燃料M85消耗量上升45%~50%，车用甲醇燃料M100消耗量上升60%~70%。

　　本次试点运行车辆的醇耗比大约为1.7，试验车辆60km/h等速平均替代比为1.71，90km/h等速平均替代比为1.76，表13-3中的数字为试点运行车辆按月计算的燃料消耗量，并与汽油、天然气进行了对比。甲醇车辆的燃料费用比汽油要低得多，如果考虑到加油次数的减少因素，燃料经济性能与天然气汽车相当。

三种燃料车辆的每百公里费用对比表　　　　　　　　表13-3

月份序号	单车月均行驶里程(km)	甲醇消耗量(L/100km)	甲醇车费用(元/100km)	汽油车费用(元/100km)	CNG车费用(元/100km)	甲醇车费用与汽油车费用对比(元)	甲醇车费用与CNG车费用对比(元)
1	10614.15	15.3	43.605	57.428	36.26	↓13.823	↑7.345
2	11235.8	15.95	45.4575	—	—	↓11.9705	↑9.1975
3	11357.5	15.76	44.916	—	—	↓12.512	↑8.656
4	12096.65	15.83	45.1155	—	—	↓12.3125	↑8.8555
5	8492.25	15.57	44.3745	—	—	↓13.0535	↑8.1145
6	11853.5	15.76	44.916	—	—	↓12.512	↑8.656
7	11623.45	15.42	43.947	—	—	↓13.481	↑7.687
8	12917.95	13.7	36.305	—	31.948	↓21.123	↑4.357
9	10579.35	15.79	41.8435	—	—	↓15.5845	↑9.8955
10	10330.7	16.92	43.992	—	—	↓13.436	↑12.044
11	11136.8	15.22	39.572	—	—	↓17.856	↑7.624
12	10630.85	15.26	39.676	—	—	↓17.752	↑7.728
13	10865.0	15.5	40.3	—	—	↓17.128	↑8.352
14	10108.45	15.65	39.125	—	—	↓18.303	↑7.177
15	10656.25	16.06	40.15	55.566	—	↓15.416	↑8.202
16	11443.15	15.75	39.375	—	—	↓16.191	↑7.427
17	8720.15	15.69	39.225	—	—	↓16.341	↑7.277
18	9952.9	15.46	38.65	—	—	↓16.916	↑6.702
19	9780.9	15.67	39.175	—	—	↓16.391	↑7.227
20	11598.4	15.62	39.05	—	—	↓16.516	↑7.102
21	11266.05	15.95	39.875	—	—	↓15.691	↑7.927
22	7601.35	16.28	40.7	—	—	↓14.866	↑8.752
23	8723.45	16.44	41.1	—	—	↓14.466	↑9.152
24	8095.0	15.5	38.75	—	—	↓16.816	↑6.802
25	8555.55	15.32	38.3	—	—	↓17.266	↑6.352

续上表

月份序号	单车月均行驶里程(km)	甲醇消耗量(L/100km)	甲醇车费用(元/100km)	汽油车费用(元/100km)	CNG车费用(元/100km)	甲醇车费用与汽油车费用对比(元)	甲醇车费用与CNG车费用对比(元)
26	8948.8	14.81	37.025	—	—	↓18.541	↑5.077
27	7173.0	15.27	38.175	—	—	↓17.391	↑6.227
28	10904.7	15.3	↑38.25	—	—	↓17.316	↑6.302

对于低比例的甲醇燃料,同样可以计算出其经济性,见表13-4,甲醇燃料虽然消耗量较大,但汽车使用后整体运行成本是降低的,汽车使用 M25 甲醇燃料不需要进行任何调整,并且 M25 的运输、储存、安全等与普通汽油完全相同,车辆使用非常方便。甲醇添加比例越高,能够给消费者的优惠就越大,理论、试验也得到了大量的验证,甲醇燃料车辆的燃料经济性明显优于汽油车辆。

甲醇燃料产业链经济性　　　　　　　　　　表13-4

燃料	燃料消耗量(L/100km)	市场售价(元/L)	百公里费用(元/100km)	节省燃料费(元/100km)	调配成本(元/t)	调配利润(元/t)	加油站(元/t)
汽油	9.0	8.8	79.2	0	0	0	350
M20	9.1	7.2	65.5	13.7	150	250	400
M85	12.6	3.5	44.1	35.1	150	450	400
M100	14.0	2.6	36.4	42.8	150	450	400
天然气	9.5m³	3.7元/m³	35.2	44.0	—	—	—

第二节　甲醇汽车环保性评价

一、甲醇汽车的常规排放

一氧化碳(CO)是一种窒息性有毒气体。由于 CO 和血液中有输氧能力的血红蛋白素(Hb)的亲和力比氧气和 Hb 的亲和力大 200~300 倍,因而 CO 能很快和 Hb 结合形成碳氧血红蛋白(CO-Hb),使血液的输氧能力大大降低,使心脏、头脑等重要器官缺氧,引起头晕、恶心、头痛等症状。轻度时使中枢神经系统受损,慢性中毒,严重时会使心血管工作困难,直至死亡。

碳氢化合物(HC)包括未燃和未完全燃烧的燃油、润滑油及其裂解产物和部分氧化物,如苯、酮、醛、烯、多环芳香族碳氢化合物等 200 多种复杂的成分。饱和烃的危害不大,不饱和烃危害性很大。当甲醛、丙烯醛等醛类气体浓度超过 1×10^{-6} 时,就会对眼、呼吸道和皮肤有强烈刺激性作用,浓度超过 25×10^{-6} 时,会引起头晕、呕吐、红细胞减少、贫血等。应当特别注意的是带更多环的多环芳香烃,如苯并芘及硝基烯,是强致癌物。

氮氧化合物(NO_x)是甲醇燃料燃烧过程形成的多种氮氧化物,如 NO、NO_2、N_2O、N_2O_5

等,统称为 NO_x。在发动机排放物中主要是 NO,约占 95%,其次是 NO_2,占 5%。NO 只有轻度刺激性,毒性不大,高浓度时会造成中枢神经有轻度障碍,NO 可被氧化成 NO_2。NO_2 是一种棕红色强刺激性的有毒气体,其含量为 0.1×10^{-6} 时即可被嗅到,$(1 \sim 4) \times 10^{-6}$ 就会使人感到恶臭。它对人体健康的影响主要是吸入人体后,和血液中的血红素蛋白 Hb 结合,使血液输氧能力下降,影响呼吸系统。当含量为 250×10^{-6} 时,很快引起肺水肿而造成死亡。

光化学烟雾是 HC 和 NO_x 在强太阳光照射下生成臭氧(O_3)和过氧酰基硝酸盐(PAN)等物质,即浅蓝色的光化学烟雾,它是一种强刺激性有害气体的二次污染物。光化学烟雾中的 O_3 是强氧化剂,能使植物变黑直至枯死,能使橡胶开裂,它有特殊的臭味,1×10^{-6} 浓度接触 1h 会引起人气喘、慢性中毒,50×10^{-6} 浓度 30min 就能使人死亡。

通常在发动机测试中把对排气中 CO、HC、NO_x、SO_2 等有害气体成分含量的测量称为废气分析,而把对排气中所含可见污染物的测量称为烟度测量或排气可见污染物测量。

据相关部门的研究结果表明,汽车对空气污染的分担率非常高,在城市空气污染中 20% 的 CO_2、60%~70% 的 CO、40% 的 NO_x 和 70% 的 HC 来自汽车尾气。

甲醇是低碳燃料,甲醇的分子结构中仅有一个碳原子,而汽油有 7~13 个碳原子,柴油有 12~23 个碳原子,汽油、柴油的碳链长,结构复杂,燃烧难度大,多碳燃料燃烧的结果必然是污染物增大。

甲醇组分单一,纯度极高,单一甲醇含量在 99.9% 以上,反观汽油、柴油则是由上百种不同类型的烃类组成,是一种混合物,有烷烃、芳烃、烯烃等,在发动机中的混合、燃烧难度远大于甲醇。

甲醇清洁度高于汽油、柴油,甲醇不含苯、硫,也不含金属化合物类添加剂,二氧化硫等排放极低。

甲醇是含氧燃料,自身氧含量 50%,混合、燃烧完全程度高,清洁性非常好。

甲醇是沸点,而汽油、柴油为沸程。甲醇在 64.7℃ 时完全挥发,而汽油的沸程在 40~200℃,柴油在 170~360℃,对于组织燃料的喷射、雾化、燃烧,甲醇更为有利。

二、CO_2 与 SO_2 减排

1. CO_2 减排

CO_2 是燃料中的碳在燃烧时形成的产物,也是碳燃烧的最终产物,燃料中的碳原子只有完全燃烧形成 CO_2 后其热量才能够全部释放出来,否则为不完全燃烧,当出现不完全燃烧时,发动机的效率下降,燃料消耗率上升。从污染的角度来看,一般研究结果认为,CO_2 是一种温室气体,空气中的 CO_2 浓度增加会引起环境温度升高,环境温度的升高又会导致南极冰的大量融化使海平面上升,使陆地沙漠化。工业上的节能减排就指的是减少 CO_2 的排放,碳中和与碳达峰中的碳指的也是 CO_2。

当汽车使用某一种燃料时不能减排 CO_2,而汽车使用不同燃料时 CO_2 的排放量是不同的,如电动汽车、氢燃料汽车没有 CO_2 排放,甲醇燃料、天然气燃料、汽油燃料 CO_2 排放量是不同的。

燃烧 1kg 甲醇生成的 CO_2 是 1.375kg,燃烧 1kg 乙醇生成的 CO_2 是 1.913kg,燃烧 1kg 汽油生成的 CO_2 是 3.118kg。

M100 甲醇燃料与汽油消耗比为 1.7∶1,如每年消耗 500 万 t 汽油,则需要甲醇燃料 850

万 t。两种燃料使用后的 CO_2 减排结果如下。

每年汽油的 CO_2 排放量：　　　　　$500 \times 3.118 = 1559.0$ 万 t

每年 M100 甲醇燃料的 CO_2 排放量：$850 \times 1.375 = 1168.75$ 万 t

每年减排 CO_2 量：　　　　　　　　$1559.0 - 1168.75 = 390.25$ 万 t

碳减排交易价值：　　　　　　　　　390.25×50 元/t $= 1.9513$ 亿元

2. SO_2 减排

1kg 普通汽油生成甲醇燃料 20mg SO_2（汽油含硫 10mg/kg），1kg M100 甲醇燃料生成 0mg SO_2（甲醇不含硫）。

500 万吨汽油 SO_2 生成量：$500 \times 10^7 \times 20mg = 100t$

即 500 万 t 汽油改用甲醇燃料每年可以减排 SO_2 100t。

三、试点车辆的常规排放

按照工信部印发的《甲醇汽车试点技术数据采集管理办法》要求，对甲醇汽车的常规排放污染物排放进行检测，其中常规污染物排放检测按照《点燃式发动机汽车排气污染物排放限值及测量方法》（GB 18285—2005）中的双怠速法，检测主要内容为 CO 排放、HC 排放、NO_x 排放，从 2014 年 12 月宝鸡市投入 100 辆甲醇出租汽车进行试点至项目验收，甲醇汽车排放检测共进行了 3 次，分别在 2015 年 1 月、2015 年 5 月、2016 年 3 月。宝鸡试点共有 100 辆甲醇出租汽车，其中进行常规污染物排放检测的为 100 辆，进行甲醛排放检测的为 12 辆。常规污染物排放检测是按照 GB 18285—2005 中的双怠速法进行，CO 排放、HC 排放使用的仪器是五气分析仪，表 13-5 是主要检测数据的平均值。

常规排放污染物平均值　　　　　　　　　　　　　表 13-5

污染物	排放限值		2015 年 1 月		2015 年 5 月		2016 年 3 月	
	低怠速	高怠速	低怠速	高怠速	低怠速	高怠速	低怠速	高怠速
CO(%)	4.5	3.0	0.027	0.029	0.06	0.12	0.34	0.21
HC($\times 10^{-6}$)	900	900	1.75	0.55	23.42	28.26	51.32	59.53

如表 13-5 所示，CO 排放值和 HC 排放值都随着时间增加而小有增大，但仍远小于国家标准 GB 18285—2005 的排放限值，其中 2016 年 4 月的低怠速 CO 检测值仅为标准限值的 7.56%，HC 检测值为排放限值的 5.7%，说明甲醇汽车的常规污染物排放符合国家要求。

四、甲醛排放

根据目前的一些试验研究表明，醇类燃料排放物中碳烟粒子比较少，燃料中不含铅或者硫，燃料的汽化潜热值比较大，预热期排气温度低，未燃的醇类燃料在进一步燃烧时，并不能完全转化为 CO_2 和 H_2O，有可能生成醛类等。

相比传统石油燃料，甲醇燃料燃烧后形成的非常规污染物，尤其是醇类以及醛类物质略高，而这些非常规污染物如不采取有效的控制措施，对人体健康存在极大危害，如甲醇和甲醛对人体的皮肤、黏膜有一定的刺激作用，能够使神经中毒。

甲醛排放是甲醇汽车非常规污染物中最重要的一种，我国现有汽油车辆标准未将甲醛列为汽车排放污染物,对甲醛的排放也缺乏检测方法和排放限额,本次甲醇汽车试验的检测仪器为长安大学研制的甲醛测试仪,能够较为准确地测量汽车尾气中的甲醛浓度。

测试结果表明甲醇汽车的甲醛排放平均值为 $0.22 mg/m^3$,换算后为 $0.21 mg/km$,低于工信部节〔2012〕42 号甲醛含量 $10 mg/km$ 的限额值。

五、PM2.5 排放

细颗粒物主要危害心血管系统和呼吸系统。对心血管系统而言,细颗粒物浓度的增高会导致心肺疾病发病率与死亡率升高。尤其是对敏感人群,包括老年人和患有呼吸、心血管系统疾病的人。对呼吸系统病变来说,细颗粒物可能会导致肺纤维化等严重后果。同时,细颗粒物吸附的致癌致畸物质还有致癌致畸作用。颗粒物危害大小的影响因素主要有粒径大小、颗粒物成分和颗粒物浓度。另外,细颗粒物对健康的影响也随时间的增长而增大。表 13-6 为不同质量浓度下细颗粒物对人的影响。

PM2.5 对人体健康影响 表 13-6

PM2.5 ($\mu g/m^3$)	对健康的影响	建议
0~34.9	对健康几乎没有负面影响	没有特殊建议
35~49.9	哮喘患者和患哮喘的儿童长期暴露在粉尘中会出现咳嗽和哮喘症状,心脑血管疾病病情也会恶化	有呼吸疾病和心脑血管疾病的成人、儿童应尽量避免接触污染区
50~99.9	长期暴露在粉尘中会刺激呼吸道,引起咳嗽和头疼	尽量减少接触污染区时间
≥100	刺激呼吸道,引起咳嗽和头疼,哮喘发病概率增大	把接触污染区时间减少至最小

另外,据美国环保署对 6 个城市污染状况与人体健康方面的研究,细颗粒物浓度升高 $18.6 \mu g/m^3$ 时,疾病死亡率上升了 26%。

更可怕的是细颗粒物对人的影响一般不容易被察觉,而且公众对细颗粒物污染缺乏足够的意识,即便是由于细颗粒物污染生病的患者,也不容易知道这是细颗粒物导致的。细颗粒物污染危害的另一个特点就是范围更广、危害更大。颗粒物越小,传播距离越远,危害范围越广,从而造成区域性污染。因此,污染涉及的受害人数多,且很难防护,即使在家里安装空气过滤器效果也很有限。然而,细颗粒物的致病机制也是复杂多变,其生物效应还需要进一步研究。

1. 细颗粒排放台架试验

细颗粒物排放台架试验设备见表 13-7。

试验设备 表 13-7

设备名称	型号	制造单位	计量鉴定单位
台架发动机	4G15S	日本三菱公司	—
测功机	CW100	洛阳南峰机械厂	陕西省计量研究所

续上表

设备名称	型号	制造单位	计量鉴定单位
烟度计	AVL4000（Dismoke）	奥地利 AVL 公司	陕西省计量研究所
五气分析仪	AVL4000	奥地利 AVL 公司	陕西省计量研究所
电子油耗计	FP.2240H	日本株式会社	陕西省计量研究所
通风干湿温度计	DHM2	天津气象仪器厂	陕西省计量研究所
动槽水银气压计	DYM.1	长春气象仪器厂	陕西省计量研究所

高怠速试验结果如图 13-4 所示，浓度单位为 $\mu g/m^3$，对应于图中的序号，1 代表基础油，点 2 至点 9 分别对应 M25、M35、M45、M55、M65、M75、M85 和 M100 甲醇燃料。图中的点为对应标号的三次试验平均结果，图中曲线是多项式函数的拟合曲线。从曲线中可以得知，随着甲醇燃料体积分数的增加，PM2.5 的排放浓度呈下降趋势，甲醇燃料的 PM2.5 排放明显低于汽油。

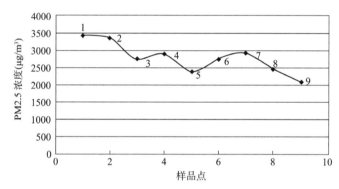

图 13-4　汽油与甲醇燃料高怠速 PM2.5 排放

2. 试点车辆 PM2.5 排放

PM2.5 是甲醇汽车非常规污染物排放中最重要的一种，我国现有标准未将其列为汽车排放污染物，检测中也缺乏检测方法和排放限额，本次试验的检测仪器为长安大学集成的 PM2.5 测试仪，能够较为准确地测量汽车尾气中的 PM2.5 浓度。测试结果如图 13-5、图 13-6 所示。

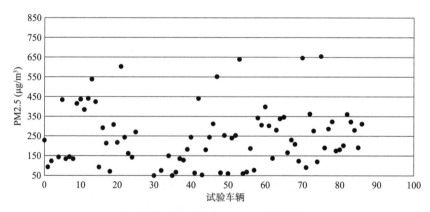

图 13-5　甲醇出租汽车低怠速 PM2.5 排放散点统计图

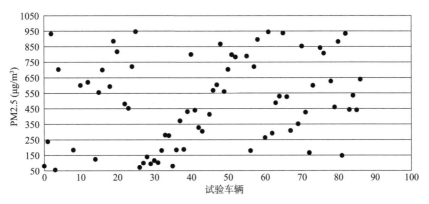

图 13-6　甲醇出租汽车高怠速 PM2.5 排放散点统计图

本节分析了影响甲醇燃料、甲醇汽车的 CO_2 排放、常规排放、甲醛排放及 PM2.5 排放的各种因素,通过相关试验研究结合甲醇汽车试点运行检测数据,验证了甲醇是清洁燃料,甲醇汽车是清洁汽车,尤其是甲醇汽车的细颗粒物排放降低幅度之大将给我国的雾霾治理提供一个重要选项。本次运行的甲醇汽车常规排放检测全部为超低排放车辆。

第三节　甲醇燃料安全性评价

一、甲醇燃料的毒性

1998 年山西朔州的特大假酒案,造成了多名人员中毒死亡,而其罪魁祸首就是甲醇,从此甲醇便给人留下毒性强的印象。而事实情况是,以世界卫生组织推荐的急性毒性物质分级标准来判定,甲醇和汽油的毒性相当,都属于中等毒性的物质。但是,由于汽油的刺激性气味以及特殊颜色,没有人会拿汽油当饮料、果汁而饮用,也就不会发生人喝汽油而出现的中毒事件;而甲醇是一种无色的液体,加入乙醇中会产生芳香气味,由于管理上的缺失,会造成误饮、误用并产生了上述山西朔州事件的严重后果。

作为汽车燃料甲醇与汽油相比同属中等毒性物质,但如果以甲醇作燃料而不是饮料,并加强使用中的管理,就不会出现中毒问题,规范性管理是解决问题的关键。

甲醇毒性涉及接触人群的生命安全,是人们非常关心的一个敏感问题。汽车使用甲醇汽油时,在储存、运输、加注、使用等环节都要有相关警示性标志,只要在使用过程中遵守安全规则,避免长时间暴露在高浓度甲醇蒸气或者误饮甲醇,就可以保证甲醇汽油的安全使用。我国每年甲醇产量 6000 万 t 左右,并未产生因甲醇中毒造成人员伤亡的事故,这就是有力的佐证。

甲醇有毒,不能作为食用饮料,对人致死量大约为 59.36g,比剧毒物大 100 多倍,比高毒物大 10 多倍,与汽油同在中等毒性 30.0~250.0g 范围内。世界各国,尤其是美国能源部和福特汽车公司,都注意到了甲醇汽油的毒性问题,在他们开发甲醇燃料之前,就严格地进行了有关的试验研究。我国在 20 世纪,原国家科委委托北京医科大学,就"甲醇中毒机理""甲醇中毒解毒药"和"甲醇对人体健康的影响"等课题,进行了为期 3 年的甲醇毒性跟踪试验研究,并和不接触人群进行了严格对比,我国由此得到的结论与美国能源部及福特公司的结论是一致的:只要遵守操作规程(不要用嘴吸甲醇,防止甲醇溅入眼中,手接触甲醇后要用清水冲洗等),没有发现人体健康有异常。

由国际劳工组织(ILO)、经济合作与发展组织(OECD)以及联合国危险货物运输专家委员会(TDG)三个国际组织共同提出框架草案,建立了全球化学品统一分类与标签制度(GHS)。为适应国际化学品分类统一的这种必然趋势,结合国内化学品管理的实际需要,《剧毒目录》在剧毒化学品判定标准上参照了GHS的急性毒性分级标准。相关产品毒性分级标准见表13-8~表13-10。

GHS关于化学品急性毒性分级标准　　　　　　表13-8

分级	大鼠经口 (mg/kg)	大鼠(或兔)经皮 (mg/kg)	大鼠吸入		
			气体 ($\times 10^{-6}$)	蒸气 (mg/L,4h)	粉尘和雾 (mg/L,4h)
第1级	$LD_{50} \leq 5$	$LD_{50} \leq 50$	$LC_{50} \leq 100$	$LC_{50} \leq 0.5$	$LC_{50} \leq 0.05$
第2级	$5 < LD_{50} \leq 50$	$50 < LD_{50} \leq 200$	$100 < LC_{50} \leq 500$	$0.5 < LC_{50} \leq 2.0$	$0.05 < LC_{50} \leq 0.5$
第3级	$50 < LD_{50} \leq 300$	$200 < LD_{50} \leq 1000$	$500 < LC_{50} \leq 2500$	$2.0 < LC_{50} \leq 10$	$0.5 < LC_{50} \leq 1.0$
第4级	$300 < LD_{50} \leq 2000$	$1000 < LD_{50} \leq 2000$	$2500 < LC_{50} \leq 5000$	$10 < LC_{50} \leq 20$	$1.0 < LC_{50} \leq 5$
第5级	5000				

世界卫生组织关于化学品急性毒性分级标准　　　　　　表13-9

毒性分级	大鼠经口 LD_{50} (mg/kg)	大鼠(或兔)经皮 LD_{50} (mg/kg)	大鼠吸入 LD_{50} (mg/m^3, 4h)
极高毒性	<25	<50	<500
有毒	25~200	50~400	500~2000
有害	200~2000	400~2000	2000~20000

中国农业农村部农药产品毒性分级标准　　　　　　表13-10

毒性分级	大鼠 LD_{50}/LC_{50} (mg/kg 或 mg/m^3)		
	经口	经皮	吸入
剧毒	<5	<20	<20
高毒	5~50	20~200	20~200
中等毒	50~500	200~2000	200~2000
低毒	>500	>2000	>2000

按照GHS关于化学品急性毒性分级标准,甲醇与汽油同属第3级;按世界卫生组织关于化学品急性毒性分级标准,甲醇与汽油同属有害物质;按中国农业农村部农药产品毒性分级标准,甲醇与汽油同属中等毒性。

人们之所以认为甲醇毒性远大于汽油,是因为甲醇具有一定的芳香气味,不法商人将甲醇添加在酒中造成人员的伤亡,而汽油具有较大的刺激性气味,没有人会误饮汽油。当甲醇作为车用燃料使用时,使用面扩大,接触人群增多,使用安全性问题不可轻视,为此国家标准中规定在甲醇汽油中加入一定的染色剂,以提醒使用者在使用时务必注意。

二、甲醇燃料的安全性

甲醇与汽油同属中等毒性的易燃液体,其储存、运输方法与汽油相同,其储存场所应符合《石油库设计规范》(GB 50074—2014)的规定。加油站中储存甲醇燃料的场所,则应符合《汽车加油加气站设计与施工规范》(GB 50156—2012)的要求。

如表 13-11 所示,甲醇的闪点为 8℃,汽油的闪点为 -43℃,均属于甲类。新标准修订稿对甲类液体进一步细分,规定 15℃时的蒸气压力 >0.1MPa 的液体为甲 A 类,其余为甲 B 类。按此规定,甲醇和汽油都属于甲 B 类。

石油库储存液体的火灾危险性分类　　　　表 13-11

类别		闪点 F_t(℃)
甲		$F_t < 28$
乙	A	$28 \leqslant F_t \leqslant 45$
	B	$45 < F_t < 60$
丙	A	$60 \leqslant F_t \leqslant 120$
	B	$F_t > 120$

结合本次甲醇汽车试点运行及涉醇人员健康检查数据,只要规范管理,甲醇燃料的使用是安全的。

第四节　甲醇燃料的再生性

石油是不可再生资源,对石油枯竭的担心是多数人的心理感受,因此,人们要求所用能源最好为可再生能源,对于甲醇燃料的推广理所当然地也提出了这种要求。

在以天然气、煤、油为原料制甲醇的技术路线中,由于天然气、煤、石油都是不可再生资源,甲醇也是不可再生能源;如果是在以沼气(主要成分为甲烷)制甲醇的技术路线中,甲醇又是可再生能源。更为可喜的是,诺贝尔化学奖获得者美国人乔 A·奥拉在其所著的《跨越油气时代:甲醇经济》一书中提出二氧化碳加氢制甲醇,并且指出最有希望的方法是通过催化氢化或电化氢化把二氧化碳用化学的方法转化为甲醇,接着还可以转化为烃类。实际上 80 多年前化学家们已经知道如何用二氧化碳加氢制取甲醇,20 世纪早期一些化工厂也曾经利用二氧化碳加氢制取甲醇。随着新型催化剂的出现,二氧化碳加氢制取甲醇技术在进一步走向实用。

2015 年 7 月 4 日吉利集团宣布,对冰岛碳循环国际公司投资 2.8 亿元,合作开发"二氧化碳加氢制甲醇"项目,冰岛总理、我国驻冰岛大使参加了签约仪式。签约后,冰岛总统接见了吉利集团董事长李书福先生。该项目利用冰岛廉价的地热发电,由电解水获得氢气,与工业排放的二氧化碳成功制取了甲醇,运行规模达到年产 4000 多吨。

甲醇作为燃料应用,免不了与其他传统能源的市场竞争,考虑到生产成本与市场接受能力,目前,甲醇仍然是以煤、天然气生产或联产最普遍,在我国则以煤为主;由于沼气的可再生性,近期还可以研究发展沼气制取甲醇;中期,采用二氧化碳加氢制取甲醇,二氧化碳则利用工业排放出的二氧化碳;远期,采用二氧化碳加氢制取甲醇,二氧化碳可以从空气中获得,而氢气可以利用绿电通过电解水得到。依此技术线路,甲醇不但是可再生能源,也是取之不尽、用之不竭的能源,真正实现了碳的循环利用。

第十四章 聚甲氧基二甲醚

第一节 聚甲氧基二甲醚与柴油性能的差异

聚甲氧基二甲醚(简称 PODE 或 DMM_n),其通式为 $CH_3O(CH_2O)_nCH_3$,其中,n 为大于等于 1 的整数,一般取 3~6,是一种缩醛类低聚合物,常温下是一种无色或者淡黄色易挥发可燃液体,有轻微的醚类气味,十六烷值高,含氧量在 45%~50%,闪点高,低凝点,不含硫和芳烃的清洁柴油调和组分,与柴油的物化性质相似,能够与柴油稳定互溶。在柴油中添加 5%~20% 的 $PODE_{3-8}$,能有效地提升十六烷值,显著降低柴油凝点,改善柴油的燃烧性能,从而大幅度降低尾气中 CO、HC、颗粒物等污染物的排放。在柴油中添加低比例的聚甲氧基二甲醚,无须对发动机结构进行调整。目前看来,PODE 的制取方法一般以甲醇为原料,通过多重缩聚反应进行合成,因此煤、天然气等可用于生产甲醇的原料都可以用于制备聚甲氧基二甲醚。甲醇与柴油的十六烷值、闪点和沸点等理化性质差值很大,另外甲醇与柴油的混合较困难使得两者不能形成良好的燃料组分,但通过将甲醇转化成聚甲氧基二甲醚,可使得混合燃料的理化性质相近甚至部分提高。

聚甲氧基二甲醚燃料就是一种名副其实的低碳燃料,聚甲氧基二甲醚燃料碳原子数只有 3~6 个,而要替代的柴油碳原子数为 11~22 个,与其相比聚甲氧基二甲醚的含碳量要低得多,因而,在燃烧时的碳排放量也就大大地减少。应用聚甲氧基二甲醚是强化绿色低碳能源应用的新质产业链中的一环。

一、柴油车与甲醇燃料

甲醇替代汽油应用于点燃式发动机上技术已经非常成功,但是要想将甲醇应用于柴油机,却存在着许多难题。例如,甲醇的汽化潜热值大,十六烷值以及热值低,燃烧范围不及柴油宽等,同时甲醇对金属有腐蚀,对塑料有溶胀作用等。柴油机的燃油供给系统也不能够满足供给甲醇的需要,甲醇的特性是甲醇柴油应用的主要障碍。推动甲醇柴油研究与应用的动力是柴油潜在的巨大市场,我国每年柴油的消耗量约是汽油的两倍,甲醇若能够成功地替代柴油,对于缓解车用燃料的消耗将更为有效。甲醇柴油应用中存在的问题能否解决,以下将从燃料与车用技术两方面进行对比分析。

1. 甲醇与柴油理化特性的差异

表 14-1 为甲醇燃料与柴油燃料的主要理化指标。基于柴油的理化特性,对柴油机的进气、喷油、混合、燃烧等系统进行了长期的研究与改进,这种改进已经做到了燃料与发动机的完美匹配,最终使柴油机具有良好的工作性能。而要将这种匹配照搬应用于甲醇燃料,在工作特性上获得满意的效果几乎是不可能的。影响甲醇在柴油机上应用的主要指标有沸点、汽化潜热、十六烷值、着火范围、闪点等。

第十四章　聚甲氧基二甲醚

甲醇与柴油理化性质　　　　　　　　表 14-1

特性参数	甲醇	柴油
分子式	CH_3OH	$C_{10} \sim C_{21}$ 烃
密度（kg/L）	0.791	0.79～0.85
沸点（℃）	64.5	180～370
汽化潜热（MJ/kg）	1110	250
低热值（MJ/kg）	19.5	42.5
化学计量空燃比	6.5	14.6～14.7
化学计量混合气低热值（MJ/kg）	2.60	2.70
十六烷值	5	43～49
自燃点（℃）	450	350
闪点（闭口）（℃）	11	45～55

（1）沸点的差异。

柴油为烃类混合物，沸程为 180～370℃；甲醇为单一的醇类物质，沸点为 64.5℃。两者对比不难发现：其一，甲醇的挥发性能比柴油要强得多；其二，甲醇的挥发温度不在柴油的沸程范围之内。

甲醇的低沸点，使得甲醇在柴油机供油管路中气化，极易形成气体，阻断了柴油机的正常供油，造成柴油机起动困难或无法起动。当柴油机工作温度升高时，供油系统中气体的出现，使得供油量减少，发动机功率减小，动力性能急剧下降。

汽油的沸程为 40～205℃，甲醇沸点在汽油沸程之内，甲醇和汽油混合后进入发动机汽缸时，气阻现象也会出现，只不过汽油机的汽油供给系统回油量较大，气体通过汽油的回流进入油箱，少量气体的存在并不影响汽油机的工作。相反，柴油机的柴油供给系统不允许有任何一点气体的存在，柴油机油路中的气体会让柴油机停止工作。

（2）汽化潜热的差异。

甲醇的汽化潜热比柴油要高出很多，高汽化潜热产生的冷却效应使柴油机怠速、小负荷时滞燃时期延长，燃烧不良，工作更为粗暴，振动增大，噪声增加。当柴油中的甲醇比例过大时也会导致发动机冷起动困难。

（3）十六烷值的差异。

十六烷值是评定柴油在柴油机中燃烧时自燃性好坏的指标，国家标准中，0 号柴油的十六烷值不小于 49，而甲醇是低十六烷值燃料，十六烷值只有 5 左右，柴油中掺入甲醇后，混合燃料的十六烷值降低，影响发动机的工作状况。随着甲醇加入比例的提高，十六烷值降低明显，不符合柴油机燃烧的要求，引起混合燃料在发动机汽缸中延迟发火，以致燃烧出现不正常。同时，由于汽缸内压力剧烈增长使发动机工作不平稳，从而引起过早的磨损。特别是当冷却液和进气温度降低时，高的十六烷值燃料是保证发动机正常起动所必须的条件。

（4）着火范围的差异。

着火范围是燃料着火并能正常燃烧的混合气浓度范围，柴油的着火范围很宽，汽油的着火范围很窄。汽油机正常工作情况下，过量空气系数 $\lambda = 1.00 \pm 0.03$，这个范围很小，混合气过浓、过稀都无法保证汽油机的正常工作。而柴油机的过量空气系数在大负荷 $\lambda=1.2$ 时柴油机可以正常工作,小负荷 $\lambda=6.0$ 时柴油机也能正常工作,这么大的着火范围是甲醇所做不到的。实际中,当甲醇在柴油中的比例增大时,由于甲醇柴油的燃烧不良,排放污染还会明显增大。

(5) 闪点的差异。

燃料的闪点是在常压下燃料发生自燃的最低温度,是储存及搬运时的一种安全性指标。低闪点的燃料在储存及搬运时较危险,发生火灾的机会较大,国家标准中,柴油的闭口闪点不小于55℃。混合燃料中的甲醇含量对混合燃料的闪点影响很大。甲醇的闪点约为8℃。当混合燃料中加入甲醇后,其闪点急剧下降,基本接近于甲醇的闪点。由此可见,混合燃料的闪点主要由闪点低的物质决定,这给甲醇柴油混合燃料的配置、运输、储存过程提出了比较严格的防火要求。

低闪点并不是柴油机不能应用甲醇燃料的根本原因,汽油的闪点更低,实际照样在应用甲醇燃料,如果甲醇柴油投入应用,务必注意两个问题:其一,要编制甲醇柴油标准,闪点取甲醇柴油的实际闪点;其二,闪点的降低要相应提高设计中的安全与防火等级。

(6) 甲醇与柴油的相容性困难。

甲醇(CH_3OH)是含有极性羟基(OH)的含氧碳氢化合物,是极性物质,而柴油是由多碳原子的烃类组成的混合物,烃类化合物是非极性的,根据相似相溶原理,甲醇和柴油混合比较困难,在常温下柴油中能溶解大约3%的甲醇,当甲醇含量超过3%,不论是靠外部压力,还是加入一定量的助溶剂都不能保证甲醇和柴油的均匀混合。很多研究者都在积极开发研制一种能使甲醇与柴油混合得比较好的添加剂,目前,还没有一种添加剂被成功地研制出来,这使得甲醇柴油的发展变得困难重重。由于极性甲醇与非极性柴油互不相溶,甲醇柴油混合燃料即使混溶在一起,也极不稳定,尤其不能允许有水侵入,哪怕极微量的水分侵入,也会在储存、运输、使用期间分层。

(7) 甲醇的变性——聚甲氧基二甲醚。

甲醇是否能够应用于柴油机上,决定于以上6个基本问题的解决,这些问题本身就是甲醇的属性所致,要解决甚至是不可能的。甲醇要想应用于柴油机上,走甲醇与柴油混合的道路很难,而将甲醇与柴油分别利用两套系统喷射进入柴油机的技术方案,由于甲醇的高辛烷值、低十六烷值,实践证明也是不可行的。利用甲醇生产的聚甲氧基二甲醚(也称为多聚甲缩醛)与柴油的基本性能指标非常接近,某些指标还优于柴油。当聚甲氧基二甲醚($PODE_n$)$CH_3O(CH_2O)_nCH_3$($n=3\sim6$)在柴油中的添加量不超过20%时,柴油机的工作性能基本上没有变化,排放的细颗粒物大幅度下降。聚甲氧基二甲醚与柴油的混合组分物理化学性能与柴油也非常相似,聚甲氧基二甲醚的馏程在165~280℃之间、十六烷值平均在76以上、含氧量为45.2%~50%、闪点不低于60℃、不含硫,是清洁的新能源,有助于生产国六或更高标准的清洁柴油。表14-2为聚甲氧基二甲醚的理化特性。

聚甲氧基二甲醚 表14-2

序号	项目名称	单位	PODE	柴油
1	沸点	℃	>160	>180
2	平均 CN 值(十六烷值)	—	76	43~49

续上表

序号	项目名称	单位	PODE	柴油
3	氧含量	%	45.2	0
4	闪点	℃	61	45~55
5	硫含量	mg/kg	0	10

2. 甲醇与柴油机的适应性分析

(1) 压缩比的不适应。

压缩比是发动机的一个结构参数,最终表征汽缸内的混合气或空气的受压缩程度,汽油机的压缩比一般在 9.0~11.0 之间,而柴油机的压缩比多在 16~18 之间,两种发动机的压缩比相差很大。对于汽油机应用甲醇燃料,压缩比略偏低一点,但并不影响发动机的工作;而对于柴油发动机应用甲醇燃料,压缩比要高得多,如果不降低压缩比,发动机在大负荷工作时会出现爆震现象,为了防止爆震现象的产生只有减少甲醇燃料的掺混量,在不改变原机压缩比的情况下,甲醇的加入量不会超过 15%。如果采用降低原柴油机压缩比的方式燃烧更多甲醇燃料,则剥夺了发动机单独燃烧柴油的权利,在降低压缩比后,柴油机无法正常起动。压缩比的降与不降本身就是甲醇应用于柴油机上的难题。

(2) 负荷调节方式的不适应。

负荷的调节方式取决于燃料的燃烧特性,依据柴油的燃烧特性,柴油机采用的是负荷的质调节;依据汽油的燃烧特性,汽油机采用的是负荷的量调节。负荷调节的实质决定于燃料是否可燃烧稀混合气。柴油混合气的着火范围很宽,在较浓、较稀混合气下都可以燃烧、稳定工作,当柴油机需要小功率时,燃烧稀混合气,当柴油机需要大功率时,燃烧浓混合气,功率的大小变化范围能够满足汽车负荷变化的需要;汽油混合气的着火范围较窄,混合气稍浓、稍稀着火与燃烧都变得不稳定。而甲醇的燃烧特性更接近于汽油,应用于柴油机上后,甲醇稀混合气的不完全燃烧造成发机动力性下降,排放污染增加。柴油机应用甲醇燃料而改变负荷的调节方式显然是不可能的,这也是柴油机应用甲醇燃料的一大难题。

(3) 着火方式的不适应。

柴油机混合气的着火方式是压缩着火,要求燃料的十六烷值要高,自燃性能好,柴油的十六烷值在 45 以上,能够满足这一要求;而甲醇燃料辛烷值很高,十六烷值很低,甲醇柴油继续采用压缩着火,则会出现柴油机起动困难,工作粗暴。即便是甲醇燃料发动机其着火方式也要采用电点火的方式。

(4) 经济效益的不够突出。

汽车应用甲醇燃料的经济效益主要体现在两个环节上:一是燃料调配环节的效益,二是汽车应用中的效益。甲醇汽油之所以能够有较大的效益,原因是调配甲醇汽油的基础油是 90 号普通汽油,而调配成甲醇汽油后的产品是 93 号,90 号与 93 号汽油的每吨销售差价在 400~500 元,这就保证了燃料生产企业的效益。柴油调配成甲醇柴油后没有这一差价,效益上就已经大打了折扣;其次,柴油机本身较汽油机燃料消耗量低 15%~20%,应用甲醇柴油后获得的节油效果、燃料消耗率的下降,对驾驶员的增益没有预期的高,这些因素都会影响到甲醇柴油的实际应用。

(5)减排效果不够理想。

常规排放污染物,柴油机的 HC、CO、NO_x 远远低于汽油机,但是将甲醇混入柴油中燃烧,常规排放污染物非但没有下降反而会有一定的升高。当然,炭烟、微粒物质,尤其是 PM2.5 得到了大幅度下降,总体的清洁性仍然是高于柴油。

(6)甲醇发动机。

甲醇不在汽油机上应用,也不在柴油机上应用,最合理的方案是在甲醇发动机上应用。甲醇燃料应用中出现的问题根源就是汽油发动机是针对汽油而设计的,柴油发动机是针对柴油而设计的,设计中并没有考虑甲醇燃料的应用。如果针对甲醇燃料设计甲醇发动机,大部分问题都不会出现了。

目前,柴油机占据了大功率、大缸径发动机的市场,汽油机占据了小功率、小缸径发动机的市场,也就是人们平时所说的汽油机为小功率发动机,柴油机为大功率发动机。当然,这种范围划分是有技术的原因,理论与实践都证明是正确的,在此不作过多分析。甲醇发动机是大功率发动机还是小功率发动机呢?从技术角度出发,甲醇发动机是介于汽油机与柴油机之间的一种发动机,在小功率发动机领域,它仍然没有汽油机的优势明显,在大功率发动机领域又没有柴油机优势突出,但在大、小功率之间的区域完全能够发挥甲醇燃料的特长。从汽缸直径上划分,低于 85mm 的为汽油发动机,85~110mm 的为甲醇发动机,大于 110mm 为柴油机,甲醇发动机处于原来大缸径汽油机、小缸径柴油机的区域。甲醇发动机的汽缸直径增大,压缩比也要进行相应调整,原则上较同型号汽油机压缩比增大 1.5~2.0 个单位。

甲醇发动机采用的是电控燃料喷射,可以是进气道喷射,也可以是缸内直接喷射;着火方式与汽油机相同是电点火方式,不同的是加大了点火能量,以利于寒冷季节的起动;负荷调节仍然沿用汽油机的量调节方式。这种应用方式免去了许多问题,当然在燃料的运输、销售环节需要加入车用甲醇燃料。

第二节 聚甲氧基二甲醚的研究

一、国外聚甲氧基二甲醚的研究

美国杜邦公司在 1948 年就开始研究聚甲氧基二甲醚,从那时开始,世界各国对于这种燃料都有一定的研究,例如英国 BP 公司、德国 BASF 公司,我国中科院兰州化物所、北京石油化工科学院等多家企业和科研院所都展开了 PODE 项目的研究工作,大多数的研究方向是偏向于燃料本身的制取,对于其在发动机上的应用研究很少。图 14-1 给出了研究聚甲氧基二甲醚的主要机构。

英国 BP 公司研究的是以甲醇为原料生产聚甲氧基二甲醚,采用阳离子交换树脂法经水合反应和缩醛化反应制备聚甲氧基二甲醚。主要通过两步进行:第一步,在高温条件下,利用铜、锌、硒等活性催化剂使甲醇发生氧化脱氢反应,获得甲醇与甲醛的混合溶液;第二步,利用甲醇与甲醛的混合溶液合成聚甲氧基二甲醚,在反应塔中经过精馏分离得到聚合度高的 DMM_n ($n>2$),要想制取更优质的产品,可以进行多次分馏。此种制备工艺的不足之处在于,反应物中的水以及生成的副产物导致 DMM_n 发生水解,造成聚甲氧基二甲醚与水解产物之间分离困难,使其产品的转换率低,另外复杂的工艺过程也不利于大规模的工业生产。

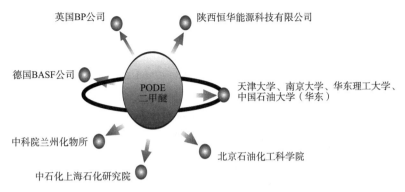

图 14-1　聚甲氧基二甲醚主要研究机构

德国 BASF 公司公开了一种用甲醇和甲醛制取聚甲氧基二甲醚的工艺方法,采用酸性或碱性催化剂在反应器中经蒸馏和后处理后获得 $PODE_{3,4}$,反应器内温度控制在 50~150℃,压力控制在 2~10MPa。甲醇与甲醛混合溶液反应完成后进去精馏塔中,将轻馏分和重馏分进行分离,轻馏分进入下一个精馏塔中继续反应,重馏分返回至上一个反应器中进行循环反应,最终获得的重馏分为目标产物。

意大利埃尼公司的 Leonardo 等人先后在柴油机上研究了掺烧比例为 7.5%、12.5%、50% 的柴油混合燃料的燃烧与排放特性,研究结果表明,向柴油中添加 PODE,有利于降低尾气中颗粒物的排放,并且随着添加比例的增多,颗粒物排放数量降低越多。另外掺混 50% PODE 的燃料,还能同时降低 NO_x 排放和降低燃烧噪声。美国 Lumpp 等人调配体积比为 20% 的 PODE 燃料,在 6 缸柴油机上进行瞬态工况和稳态工况试验,结果表明,PODE 能够有效降低尾气中炭烟的排放,颗粒物的数量和质量远低于原发动机。

二、国内聚甲氧基二甲醚的研究

中石油上海石油化工研究所公布了一种以甲醇或甲缩醛和三聚甲醛为原料合成聚甲氧基二甲醚的工艺过程,采用多相酸性催化剂在分馏塔中进行催化反应,塔底蒸馏产物形成两个部分,一部分作为液体被分离出,另一部分液体经过升温汽化返回至分馏塔,并且将两部分的质量比控制在 0.1~1 之间,此种方法的聚甲氧基二甲醚的产品收率较高,PODE 的选择性较高。

中国石油大学(华东)商红岩等人采用甲醇和过量的甲醛合成 PODE,首先在改性的氧化铝的多重催化作用下形成多聚半缩醛,然后在沸石催化剂的作用下,将形成的多聚半缩醛与甲醇再次进行反应,生成聚甲氧基二甲醚和水,通过二甲苯分离液体均相混合物,整个合成过程操作简单,反应条件相对温和。该工艺的甲醇单程转化率达 94%,其具有生产原料易得、价格低廉的优势。

上海交通大学张武高等人在一台增压柴油机上研究了 PODE 对于发动机颗粒物排放的影响,结果表明,柴油中添加一定比例的聚甲氧基二甲醚能够有效降低颗粒物数量浓度和体积浓度;在负荷特性下,增大负荷,颗粒物的比排放浓度较原柴油机降低;在速度特性下,升高转速,相应的比排放浓度增大。肖潇研究了不同体积比例的 PODE 与柴油的相溶性,在常温条件下,PODE 能够以任意比例与柴油稳定互溶;当气温降至 5℃时,高于 20% 比例的混合燃料会出现明显分层;当气温降至 0℃时,高于 10% 比例的混合燃料会产生明显分层。

三、陕西恒华能源科技有限公司聚甲氧基二甲醚试验研究

陕西恒华能源科技有限公司经过4年的摸索研究,用层流床反应器实现了聚甲氧基二甲醚的制备(图14-2)。以工业级甲醇和甲醛溶液为原料,或以工业级甲缩醛和甲醛溶液为原料,将原料加热后从反应器底端泵入,与催化剂接触并发生反应,反应完后从层流床反应器顶端进入,与催化剂接触并发生反应,得到粗品聚甲氧基二甲醚,将粗品聚甲氧基二甲醚分离提纯得到聚甲氧基二甲醚。该研究项目获得中国发明专利。

本书相关试验研究所用聚甲氧基二甲醚即由陕西恒华能源科技公司制备提供。

图14-2 聚甲氧基二甲醚研制装置

第三节 PODE燃料的理化特性

一、PODE燃料的性能指标

本节内容利用检测的-10号柴油、PD5、PD10、PD20四种燃料的理化指标并与0号柴油标准中的指标进行对比,主要从蒸发性、低温流动性、腐蚀性、十六烷值、低热值等方面进行分析研究,试验结果见表14-3。

柴油、PODE及调合柴油理化指标测试值(GB 19147—2013)　　表14-3

测试项目	要求	国家标准指标(0号)	柴油(-10号)	PODE(1)	PODE(2)	PODE 5%	PODE 10%	PODE 15%	PODE 20%
氧化安定性(以总不溶物计)(mg/100mL)	≤	2.5	0.8	0.43	—	0.24	—	—	—
硫含量(mg/kg)	≤	10	5.69	1.06	小于1.0	4.41	4.38	3.95	3.67
酸度(以KOH计)(mg/100mL)	≤	7	1.3	100.85	18.74	2.3	4.0	5.58	6.81
10%蒸余物残炭[%(w)]	≤	0.3	0.011	0.015	0.024	0.004	0.005	0.005	0.007
灰分[(w)/%]	≤	0.01	0.002	0.000	0.002	0.002	0.002	0.001	0.002
铜片腐蚀(50℃,3h)(级)	≤	1	1b	1a	1b	1b	1b	1b	1b
水分[(v)/%]	≤	痕迹	无	无	无	无	无	无	无
机械杂质	—	无	无	无	无	无	无	无	无
润滑性校正磨痕直径(60℃)(μm)	≤	460	276	533	570	374	333	287	300
多环芳烃含量[(w)/%]	≤	11	4.8	0.3	13.6	4.6	5.0	5.1	5.8
运动黏度(20℃)(mm²/s)	—	2.0~8.0	4.702	1.567	1.584	4.183	3.726	3.413	3.120

续上表

测试项目	要求	国家标准指标(0号)	柴油(-10号)	PODE(1)	PODE(2)	PODE 5%	PODE 10%	PODE 15%	PODE 20%
凝点(℃)	≤	0	-10	-24	-23	-7	-10	-11	-11
冷滤点(℃)	≤	5	-3	-19	-16	-5	-6	-5	-3
闪点(闭口)(℃)	≥	55	65.5	51.5	58.5	60.5	60.5	57.5	57.5
十六烷值	≥	51	—	56.4	—	—	—	—	—
50%回收温度(℃)	≤	300	273.5	180	176.5	268.5	264.5	260.5	252.5
90%回收温度(℃)	≤	355	339.0	232.5	229.0	336.0	334.0	333.0	330.0
95%回收温度(℃)	≤	365	350	250.5	245.0	348.0	347.0	346.0	344.0
密度(20℃)(g/m³)	—	810~850	826.7	1051.5	1050.6	835.5	845.7	855.7	867.2
脂肪酸甲酯[(v)/%]	≤	1.0	0.1	1.87	0.1	0.1	0.1	0.0	0.1

注：PODE(1)为2015年11月19日能源所测试数据；PODE(2)为2018年5月21日能源所测试数据；调合PODE的柴油为0号。

四种燃料的蒸发性采用馏程、闪点、运动黏度、密度进行评定。四种混配燃料的馏程温度稍低于0号柴油，仍符合国家标准中的要求；闭口闪点随掺混比例的增加而有所减小；密度随掺混比例的增加而增大；运动黏度随掺混比例的增加逐渐减小。

四种燃料的低温流动性采用凝点、冷滤点进行评定，将混合燃料的凝点从-4℃降至-10℃，冷滤点基本不变。

四种燃料的腐蚀性采用硫含量、酸度进行评定，四种混合燃料的硫含量均低于0号柴油，且随掺混比例的增加逐渐减小；0号柴油的酸度值低于三种混合燃料，燃料中掺混的比例越多，酸度值都符合国家标准限值。

聚甲氧基二甲醚的十六烷值相较于0号柴油要高，所以PD5、PD10、PD20的十六烷值依次增大(由于测试设备的限制没有取得具体数值)。

聚甲氧基二甲醚的热值较低，与0号柴油相差较大，随聚甲氧基二甲醚加入量的增加，混合燃料的低热值也逐渐变小。

PODE调合柴油理化指标委托陕西省能源质量监督检验所测试，检测采用标准《车用柴油(V)》(GB 19147—2013)。

PODE(1)与0号柴油指标相比有6项不合格，分别是酸度、润滑性、运动黏度、闪点、密度及脂肪酸甲脂；PODE(2)与0号柴油指标相比有4项不合格，分别是酸度、润滑性、运动黏度及密度。

当PODE与柴油调合后仅在15%与20%时出现密度超标，其超标的百分数也很小，仅此可示为对使用不会造成影响。

二、PODE燃料的馏程

车用柴油馏程采用50%、90%、95%馏出温度进行评价。50%馏出温度与柴油车的起动有密切的关系，此温度低说明柴油中轻质馏分越多，蒸发性就越好，更利于发动机起动。但如果其含量过高，使得进入汽缸的柴油蒸发过快，导致缸内压力急剧增大，从而影响柴油机正常工作。90%馏出温度和95%馏出温度反映的是柴油的燃烧特性，此温度低说明重质馏分低，使得燃烧更加完全，动力性、经济性都有所提高，另外还会减少机体各零部件间的摩擦损失。因此，应将馏程温度控制在合理的范围内，确保机体正常运转，国家标准柴油要求：50%馏出温度低于300℃，90%馏出温度低于355℃，95%馏出温度低于365℃。

0号柴油、PD5、PD10、PD20四种燃料的馏程曲线如图14-3所示，三种混配燃料的50%馏出温度、90%馏出温度、95%馏出温度均稍低于0号柴油，且都满足车用柴油国家标准中的要求，说明聚甲氧基二甲醚与柴油的蒸发性相当，符合车用柴油的使用标准。

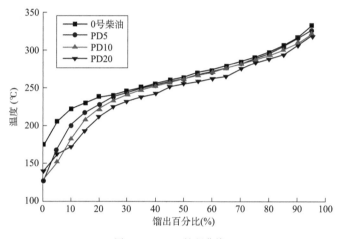

图14-3　PODE馏程曲线

三、PODE燃料的闪点

闪点是石油产品在一定试验条件下加热后，当油料蒸气与周围空气形成的混合气接近火焰时，开始发出闪火时的温度。柴油的闪点既是控制柴油蒸发性的指标，也是确保柴油安全性的指标。闪点低的柴油，其蒸发性好，但也不能过低，因为闪点过低，柴油含轻质馏分就多，使得柴油蒸发性过强，会导致汽缸内混合气燃烧过快，缸内压力急剧增加而使工作粗暴。同时，闪点又是液体油品储运和使用的一项安全性指标。车用柴油使用的是闭口闪点。

图14-4所示为混合燃料的闪点随聚甲氧基二甲醚掺混体积比的变化关系。可以看出，随着聚甲氧基二甲醚的含量增加，闭口闪点的温度也逐渐上升，其中PD20混配燃料的闪点最高。闪点高，安全性能好，并且闪点值从56℃提高到60℃，在合理的范围内，也保证了良好的蒸发性，具有良好的雾化效果。

四、PODE燃料的运动黏度

黏度是指液体的内摩擦，表示的是分子之间阻力的大小。黏度又分为动力黏度和运动黏度，运动黏度可由动力黏度除以同等温度下液体密度求得，运动黏度是油品的重要指标。黏度过小的柴油会使柱塞和喷嘴的油膜破裂，造成润滑不良，漏油增加，降低柴油在燃料喷射中的贯穿距离，雾化效果变差，最终降低柴油机的使用寿命和输出功率；黏度过大的柴油会使喷射的柴油颗粒变大，不易快速地被雾化、加热，导致可燃混合气不能均匀混合，燃烧不完全,排气冒黑烟,耗油量增加,发动机的经济性下降。车用柴油国家标准中要求在20℃的条件下测定运动黏度。

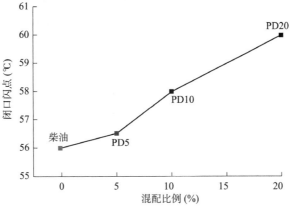

图 14-4　PODE 燃料的闪点

图 14-5 所示为不同比例燃料运动黏度的变化趋势,图中从左到右依次为柴油、PD5、PD10、PD20,可以看出随着聚甲氧基二甲醚加入量的增加,运动黏度也逐渐减小,说明聚甲氧基二甲醚具有降低柴油黏度的作用。国家标准中要求 0 号柴油的运动黏度范围是 3.0～8.0,试验测得聚甲氧基二甲醚的运动黏度为 1.51,远低于国家标准中的要求,因而从此处可以得出聚甲氧基二甲醚在柴油中的添加比例不宜过高,否则会影响各零部件间润滑,加剧磨损。

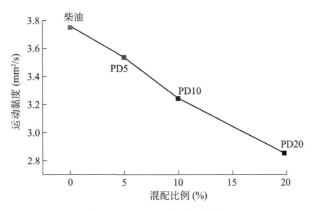

图 14-5　PODE 燃料的运动黏度

五、PODE 燃料的密度

密度对于柴油具有相当重要的意义,它不仅关系到油品交接、储运过程中的计量问题,也会对混合气的雾化和尾气排放产生一定程度的影响。通常情况下,若密度过大,说明喷入缸内的燃料量偏多,会降低柴油的雾化效果,无法形成均匀的可燃混合气,导致燃烧不完全,易造成发动机形成积炭、冒黑烟,另外柴油密度的高低与其芳烃含量有直接关系,一般密度大时芳烃含量也相对较高,这不利于柴油机平稳工作;若密度太小,说明其低碳含量偏高,在发动机运行过程中会出现工作粗暴现象,同时密度过低还会降低柴油的黏度以及热值,导致泄漏问题的发生和油耗的增加。因此,柴油的密度应该控制在一个合理的范围内。

图 14-6 所示为不同比例燃料密度的变化趋势,从图中可以看出 20℃下随着聚甲氧基二甲醚加入量的增加,密度也逐渐增大,主要是因为聚甲氧基二甲醚的密度较大,试验测得密度值为 1051kg/m³。国家标准中要求 0 号柴油的密度范围是 810~850kg/m³,试验测得聚甲氧基二甲醚超出值过大,可以得出聚甲氧基二甲醚在柴油中的添加比例不易过高,结合不同比例燃料的密度,实际应用中 PODE 的混配比例不宜超过 20%。

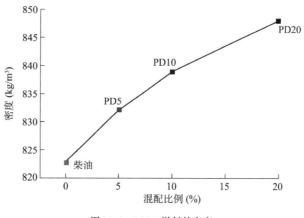

图 14-6　PODE 燃料的密度

六、PODE 燃料的凝点

凝点是指燃料在规定温度下冷却至停止移动时的最高温度。我国柴油按照凝点划分牌号,但是柴油凝点至少应比最低使用环境温度低 3~5℃,因为在高于凝点 3~5℃时,已经开始有蜡结晶析出,虽然此时油品还具有一定的流动性,但是使用中可能堵塞滤清器,引起供油中断。0 号柴油使用的最低环境温度在 4℃左右。

图 14-7 所示为不同比例燃料凝点的变化趋势,从图中可以看出随着聚甲氧基二甲醚加入量的增加,混合燃料的凝点也逐渐降低,将 0 号柴油的凝点从 -4℃降低至 -10℃,另外纯聚甲氧基二甲醚的凝点最低,试验测得凝点为 -24℃,其具有降低混合燃料凝点的效果。主要是因为它能破坏蜡结晶的形成,提高油品的低温流动性。

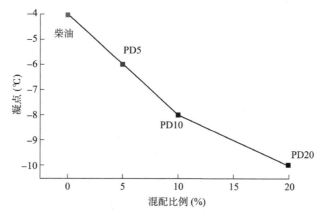

图 14-7　PODE 燃料的凝点

七、PODE 燃料的冷滤点

冷滤点是指在一定的冷却条件下,1min 内 20mL 试样不能通过过滤器的最高温度。它与柴油实际使用的界限温度有一定的对应关系。国家车用柴油结合各地区的气温条件,将冷滤点作为评定车用柴油低温流动性的重要指标。

图 14-8 所示为不同比例燃料冷滤点的变化趋势,从图中可以看出随着聚甲氧基二甲醚加入量的增加,混合燃料的冷滤点呈平稳变化趋势,试验测得的 0 号柴油的冷滤点为 0℃,纯聚甲氧基二甲醚的冷滤点为 -19℃。出现图中所示变化的主要原因是在测定冷滤点时,试样需要通过过滤器,而在聚甲氧基二甲醚与柴油的混合燃料中柴油的低温流动性较差,温度进一步降低时,会使得柴油产生结晶,无法通过过滤器,因此无法做到在 60s 通过过滤器的试样大于 20mL。

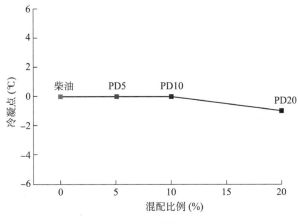

图 14-8　PODE 燃料的冷滤点

因此,对于不同比例的混合燃料,在柴油车上应用时,特别是在我国较为寒冷的地区应用时,可能会堵塞滤清器,影响发动机正常供油。

八、PODE 燃料的硫含量

硫含量是指存在于油品中的硫及其硫化氢等衍生物的含量,是保证发动机不受腐蚀、生产操作人员健康以及减少大气污染的重要指标。硫含量较多时,活性含硫化合物(如硫醇等)对于油箱和供油管路有直接的腐蚀作用。非活性硫燃烧后生成 SO_2 和 SO_3,进入空气中造成环境污染,另外遇水还会形成亚硫酸和硫酸,对金属设备具有较强的腐蚀作用。因此,硫含量是车用柴油国家标准中严格控制的指标。

图 14-9 所示为不同比例燃料硫含量的变化趋势,从图中可以看出随着聚甲氧基二甲醚加入量的增加,混合燃料的硫含量也逐渐降低,将 0 号柴油的硫含量从 7.84mg/降低至 5.78mg/kg,另外纯聚甲氧基二甲醚的硫含量最低,试验测得硫含量为 1.06mg/kg,说明聚甲氧基二甲醚具有降低混合燃料硫含量的作用,这将会使我国的油品质量有极大的提高,从而降低对发动机的腐蚀,减少沉积生成物,使发动机更清洁,燃烧更充分,从而延长发动机使用寿命。汽车尾气中 PM2.5 排放减少,可以改善空气质量,减少雾霾污染。

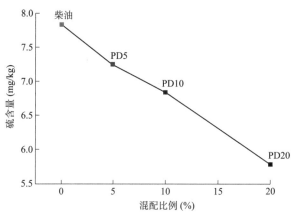

图 14-9　PODE 燃料的硫含量

九、PODE 燃料的酸度

酸度是油品腐蚀性能和使用性能的主要控制指标之一,通过对酸度的测定,可以判断油品中酸性物质的含量和对金属的腐蚀性。酸度过高,不仅影响色度,而且油品燃烧后会生成有害气体,腐蚀零部件和污染环境,同时酸度大的油品会使发动机内积炭增加,造成活塞汽缸磨损,使喷嘴结焦,影响雾化性能和燃烧性能。

图 14-10 所示为不同比例燃料酸度的变化趋势,从图中可以看出随着聚甲氧基二甲醚加入量的增加,混合燃料的酸度值也逐渐变大,超过了国家标准的限值,这可能是因为在聚甲氧基二甲醚在生产过程中没有有效地控制酸的指标,后期缺少脱酸处理而导致其酸含量较高。

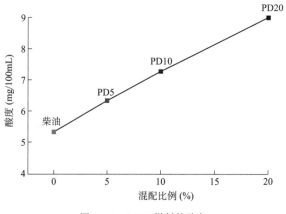

图 14-10　PODE 燃料的酸度

十、PODE 燃料的十六烷值

十六烷值是评价柴油燃烧性能的一项重要质量指标,柴油燃烧性能的高低直接影响到发动机的工作。柴油机的工作过程一般分为四个阶段,其中着火延迟期虽然短促,但是对于发动机的工作起到了决定性的影响。着火延迟期越长,汽缸内形成可燃混合气的量就越多,一旦着火,将会导致燃烧室内温度和压力急剧升高,造成发动机工作粗暴甚至出现敲缸现象。

十六烷值较高,柴油着火性较好,着火延迟期缩短,改善发动机的燃烧性能,发动机工作更加平稳。十六烷值较低,自燃点高,着火困难,产生不正常燃烧,降低发动机功率。但柴油的十六烷值也不宜过高,如果过高,柴油不能完全燃烧,耗油量增大。车用柴油标准中规定十六烷值不小于 51,一般高速柴油机燃料的十六烷值应为 45~60。

试验测得的十六烷值数据如表 14-4 所示。

十六烷值测定数据   表 14-4

项目	0 号柴油	PD100	升高率
十六烷值	51.2	57.4	12.1%

从上表中可以看出,聚甲氧基二甲醚的十六烷值相对于柴油较高,将其作为柴油的添加组分,能有效地提高混合燃料的十六烷值,这对于发动机冷起动、点火性能、污染物排放、耗油量和工作噪声等都有重要的影响。

十一、PODE 燃料的低热值

1kg 燃料完全燃烧所释放的热量称为热值,热值是燃料的一种特性,不同的燃料热值一般不同,它是衡量燃料质量优劣的重要指标之一。燃料热值分为高热值和低热值,前者是指燃料完全燃烧,燃烧产物中水汽凝结成水时所放出的热量;后者是指燃料完全燃烧,燃烧产物中水汽以水蒸气的形成存在时所放出的热量。高、低热值数值之差为水蒸气的汽化潜热。因此,低热值更具实际应用意义。

燃料的低热值与发动机燃油消耗量有密切的关系,例如要求产生同样功率,如果热值低则会导致发动机供油量增加,使得发动机的经济性变差。因此,对燃料的低热值测定显得尤为重要。

燃料热值的测定采用的是型号为 XRY—1B 型热量分析仪,按照国家标准《石油产品热值测定法》(GB/T 384—1988)进行测定,本次试验所用燃料为 0 号柴油、PD5、PD10、PD20、PD100。

图 14-11 所示为不同比例燃料低热值的变化趋势,从图中可以看出随着聚甲氧基二甲醚加入量的增加,混合燃料的低热值也逐渐变小,这是因为聚甲氧基二甲醚的低热值本身较小,试验测得值为 25.1MJ/kg,远低于 0 号柴油的 42.5 MJ/kg,两者混合后低热值必然会降低。在实际应用中会增加燃油消耗量,使经济性变差。

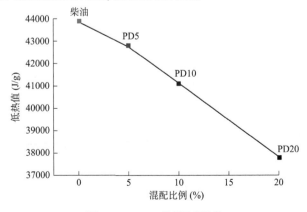

图 14-11　PODE 燃料的低热值

因此，从经济性的角度出发，应选用低比例的 PODE 燃料。

第四节　PODE 燃料燃烧的清洁性

一、NO_x 排放

在负荷递增的条件下，对不同转速下的柴油发动机 NO_x 排放浓度进行了测试，以比较 PODE 添加对柴油车 NO_x 排放的影响，结果如图 14-12、图 14-13 所示。

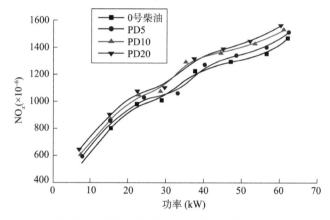

图 14-12　PODE 燃料的 NO_x 排放（$n=2000 \text{r/min}$）

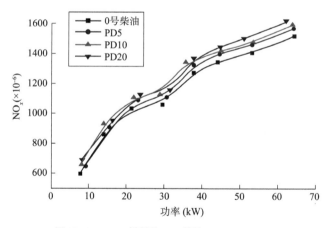

图 14-13　PODE 燃料的 NO_x 排放（$n=2400 \text{r/min}$）

从图 14-12、图 14-13 中可以看出：同一种燃料不同负荷情况下，随着发动机负荷的增加，汽缸温度逐渐的增加，发动机负荷的增加，发动机循环供油量增加，更多的燃料进入汽缸内形成更多的可燃混合气进行燃烧，所以汽缸内的温度升高，使得 NO_x 排放随之增大。

随着 PODE 掺烧量的增加，NO_x 排放量上升，是由于发动机汽缸内氧气量的富足所造成的。PODE 由于自身挥发性好，形成混合气的质量好，同时自身的氧含量高，生成的活性基团多，所以形成的 NO_x 的量比柴油的多且随着 PODE 添加的比例增多而增多。

由试验曲线可知：

(1) 在两种转速下,四种燃料的 NO_x 排放量随负荷的增大逐渐增加。

(2) 三种混合燃料的 NO_x 排放量都要高于纯柴油,NO_x 排放量的高低依次是 PD20、PD10、PD5。在转速 2000r/min 下,PD5、PD10、PD20 相比于 0 号柴油的 NO_x 排放量平均上升了 5.1%、6.9%、9.7%;在转速 2400r/min 下,PD5、PD10、PD20 相比于 0 号柴油的 NO_x 排放量平均上升了 4.8%、6.5%、9.2%。

二、CO_2 排放

CO_2 是燃烧含碳元素的物质而产生的,它是正常燃烧的主要产物,虽然 CO_2 本身是无毒的,但其是引发"温室效应"的主要成分。一般来说,CO_2 不是柴油机排放的主要污染物,但为了全面分析混合燃料的排放物,将其作为检测的一部分。

图 14-14、图 14-15 所示为四种燃料在 2000r/min、2400r/min 各负荷下的 CO_2 排放对比曲线,由图可知:柴油机燃用四种燃料的 CO_2 排放浓度随负荷的增大逐渐升高,在 2000r/min 低负荷时,四种燃料的 CO_2 排放量相差不大,这是因为低负荷时所处的燃烧环境都较差,正常燃烧的产物差别很小;在高负荷时,PD10 和 PD20 的 CO_2 排放量相较于 0 号柴油及 PD5 都有所增加,主要原因是聚甲氧基二甲醚的掺混比例增多,含氧量高,有助于燃烧充分,生成的 CO_2 量增多。在 2400r/min 时,四种燃料的 CO_2 排放量呈线性增长趋势,且各燃料间的差别不大。

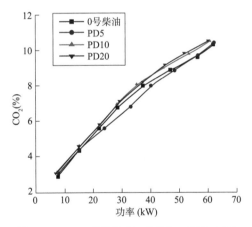

图 14-14 PODE 燃料的 CO_2 排放($n=2000$r/min)   图 14-15 PODE 燃料的 CO_2 排放($n=2400$r/min)

三、HC 排放

柴油机的燃烧方式包含扩散燃烧,着火前燃料气体与空气是相互分开的,混合气的浓度不均匀,过浓或过稀都会导致不完全燃烧或完全不燃烧,产生大量 HC。

图 14-16、图 14-17 所示为四种燃料在 2000r/min 和 2400r/min 各负荷下的 HC 排放对比曲线,由图可知:与 0 号柴油对比,在两个转速下,各个负荷的 HC 排放量都有所降低,并且随添加比例的增加逐渐减小;在转速 2000r/min 下,PD5、PD10、PD20 相比于 0 号柴油的 HC 排放量平均下降了 11.2%、26.5%、36.2%;在转速 2400r/min 下,PD5、PD10、PD20 相比于 0 号柴油的 HC 排放量平均下降了 11.8%、29.4%、40.5%。出现上述现象的主要原因是:①聚甲氧基二甲醚是含氧燃料,有助于燃料的充分燃烧;②混合燃料的黏度低,挥发性好,能够促

使更多的燃料参与燃烧;③HC 排放主要来源于混合气过浓区和混合气过稀区,随着添加比例的增加,着火延迟期缩短,减小了油束外围火焰不能传播的稀混合气区域。

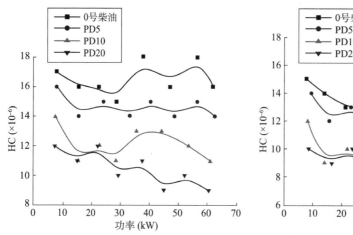

图 14-16 PODE 燃料的 HC 排放($n=2000$r/min)

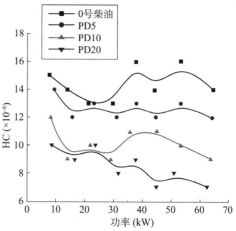

图 14-17 PODE 燃料的 HC 排放($n=2400$r/min)

四、CO 排放

CO 的生成主要包括以下几个方面:①混合气的过量空气系数小于 1 时,由于缺氧 C 不能完全燃烧生成 CO;②因实际混合不均匀,造成局部混合气过浓,也会生成 CO;③在排气过程中未燃 HC 不完全氧化也会生成少量 CO。

图 14-18、图 14-19 所示为四种燃料在 2000r/min 和 2400r/min 各负荷下的 CO 排放对比曲线,由图可知:①在两个转速下,4 种燃料的 CO 排放量随负荷的增大呈先减小后增大的趋势;②混合燃料中随聚甲氧基二甲醚的添加比例增加,CO 的排放量逐渐降低。在转速 2000r/min 下,PD5、PD10、PD20 相比于 0 号柴油的 CO 排放量平均下降了 54%、71%、79%;在转速 2400r/min 下,PD5、PD10、PD20 相比于 0 号柴油的 CO 排放量平均下降了 58%、70%、78%。

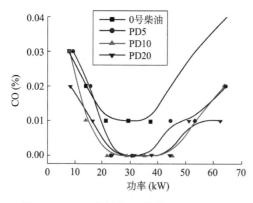

图 14-18 PODE 燃料的 CO 排放($n=2000$r/min)

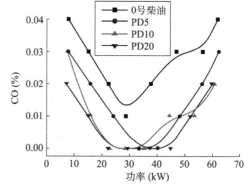

图 14-19 PODE 燃料的 CO 排放($n=2400$r/min)

CO 的生成率主要受缸内温度和混合气浓度影响。导致图中所示变化规律的原因主要有:①在低负荷时,缸内温度较低,燃烧环境不佳,减缓了 CO 的氧化速率;②在高负荷时,循环供油量增大,导致局部混合气过浓,缺氧状态下 CO 排放量增多;③聚甲氧基二甲醚是含氧燃料,并且混合燃料中添加比例越多含氧量越高,有助于可燃混合气充分燃烧,降低 CO 排放;④掺混燃料的挥发性好,能促使更快形成稳定、均匀的混合气,有利于燃烧。

五、炭烟排放

柴油机的燃烧过程是个极其复杂的过程,一般认为,柴油的炭烟颗粒是在高温和极度缺氧的燃烧环境下形成的。虽然柴油机整体上是在稀混合气下燃烧,但是也存在局部高温缺氧,导致炭烟的形成,这种现象在高负荷时更为明显。

图 14-20、图 14-21 所示为四种燃料在 2000r/min 和 2400r/min 各负荷下的光吸收系数 K 对比曲线,由图可知:①在两个转速下,四种燃料的 K 值随负荷的增大排放量逐渐升高;②三种混合燃料的 K 值排放都要低于纯柴油,并且在高负荷时下降更为明显,K 值的高低依次是 PD5、PD10、PD20。在转速 2000r/min 下,PD5、PD10、PD20 相比于 0 号柴油的 K 值平均下降了 18.1%、43.4%、56.8%;在转速 2400r/min 下,PD5、PD10、PD20 相比于 0 号柴油的 K 值平均下降了 21.1%、44.9%、56.9%。

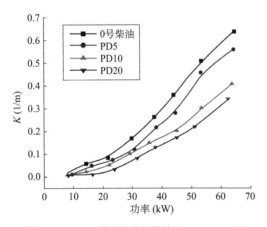

图 14-20 PODE 燃料的炭烟排放(n = 2000r/min)

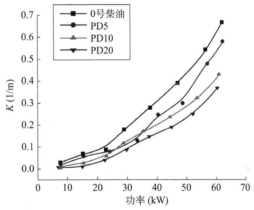

图 14-21 PODE 燃料的炭烟排放(n = 2400r/min)

试验表明,聚甲氧基二甲醚能有效地降低柴油机的炭烟排放,随添加比例的增加,炭烟排放越低,这是因为聚甲氧基二甲醚是含氧燃料,能够减少局部缺氧区域,促进燃烧;另外其具备良好的挥发性,有利于与柴油混合均匀,燃烧更加完全。混合燃料中掺混比例越高,炭烟的排放降低越多,在高负荷时表现更为显著,这主要是因为在高负荷下气体温度更高,循环供油量增多,更易造成局部的氧浓度过低,使得炭烟排放增多,而聚甲氧基二甲醚的含氧特性和良好的挥发性能有效地对其进行改善。

六、细颗粒物排放

细颗粒物主要危害心血管系统和呼吸系统。对心血管系统来说,细颗粒物浓度的增高会导致心肺疾病发病与死亡率升高,尤其是对敏感人群,包括老年人和患有呼吸、心血管系统疾病的人。对呼吸系统病变来说,细颗粒物可能会导致肺纤维化等严重后果。同时,细颗粒物吸附的致癌致畸物质还有致癌致畸作用。影响颗粒物危害大小的因素主要有粒径大小、颗粒物成分和颗粒物浓度。另外,细颗粒物对健康的影响也随时间的增长而增大。

一般而言,颗粒越小危害越大。这是因为细颗粒物与粗颗粒相比进入人体的呼吸道更深。人们的鼻子能把直径超过 $10\mu m$ 的颗粒物挡在外面;直径在 $2.5 \sim 10\mu m$ 之间的颗粒物虽然可以进入呼吸道,但会随着吐痰或者打喷嚏部分被排出;而直径小于 $2.5\mu m$ 的细颗粒物 PM2.5 能够侵入肺泡甚至进入血管。通过显微镜观察细颗粒物 PM2.5,会发现它们形状呈不规则状。这些颗粒物绝大多数为二氧化硫、硫酸铵、硝酸铵、氮氧化物等人类的二次污染物。这些小颗粒物本身就不容易沉降,可以在大气中滞留很长时间,但会对呼吸系统造成危害,可能导致咳嗽,不适等症状。最严重的是由于细颗粒物粒径小,与大粒径颗粒物相比,相同质量浓度下个数更多,这就导致它们能吸附更多的有毒有害物质。例如吸附了致癌物或者致畸物,就有致癌或致畸效应。它们携带的这些致癌致畸物能通过下呼吸道,进入肺泡,使它们携带的有害物质溶解在血液里。而且,由于细颗粒物的表面积大,其对肺部作用的面积也大,为毒物侵入肺部创造了良好的条件,对肺部的危害也就更大。细颗粒物由于质量轻,可以在大气中滞留长达 $7 \sim 30$ 天,所以它可以远距离传输而造成大范围污染。

细颗粒物的成分也是影响颗粒物危害大小的重要因素。细颗粒物中的有害成分主要有多环芳烃及其衍生物、重金属等,而水溶性硫酸及硫酸盐、铵盐、水溶性硝酸和硝酸盐也主要是细颗粒物。目前发现的超过 400 多种致癌性多环芳烃及其衍生物中的多环芳烃化合物是最危险的致癌物,苯并芘是被一致认定的致癌、致突变、致畸型化合物,含氧和含氮多环芳烃也是潜在的诱变物;重金属也是公认的对人体危害极大的细颗粒物成分,如铅影响智力发育导致外周神经病,汞、砷和硅粉等会导致纤维肺、硅肺甚至恶性肿瘤,使人慢性中毒等;水溶性硫酸及硫酸盐、硝酸及硝酸盐和铵盐等成分不但自身有害,而且与部分有害物(As 或 PAHs 等)共同作用危害更大。

已有研究表明,人类每日死亡率的增加都与细颗粒物的浓度相关。世界卫生组织提出细颗粒物对人类健康有很大危害,细颗粒物的安全值是小于 $10\mu g/m^3$。细颗粒物增加到 $35\mu g/m^3$ 的年均浓度时,人死亡的风险会增加约 15%。

本节内容参考长安大学项目组对 PODE 燃料清洁性的试验结果来对比说明 PODE 燃料的清洁性。试验燃料为柴油(D100)、PODE5、PODE10、PODE15。试验转速选定了 1400r/min 与 2000r/min,转矩为 $100 \sim 800N \cdot m$,颗粒物直径 $10 \sim 230nm$。统计的是每立方厘米中的细颗粒物数量(图 14-22 ~ 图 14-36)。

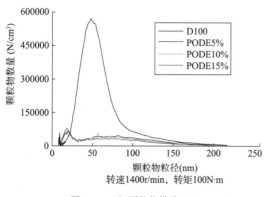

图 14-22 细颗粒物排放(1)

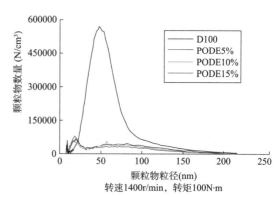

图 14-23 细颗粒物排放(2)

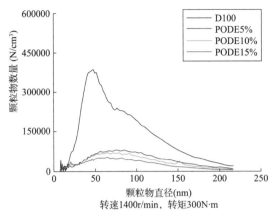

图 14-24　细颗粒物排放（3）

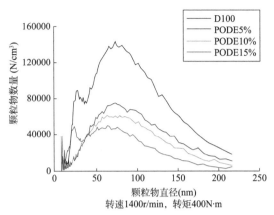

图 14-25　细颗粒物排放（4）

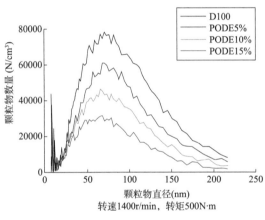

图 14-26　细颗粒物排放（5）

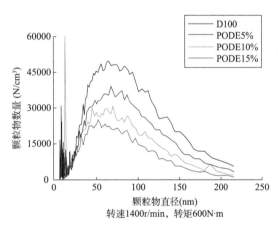

图 14-27　细颗粒物排放（6）

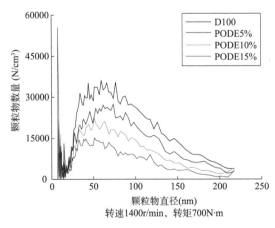

图 14-28　细颗粒物排放（7）

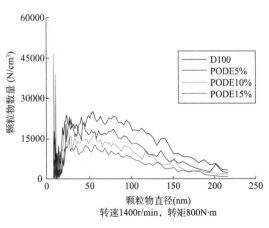

图 14-29　细颗粒物排放（8）

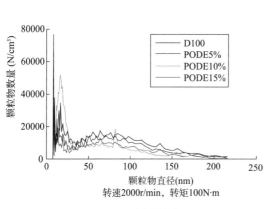

图 14-30　细颗粒物排放(9)

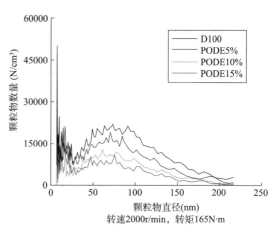

图 14-31　细颗粒物排放(10)

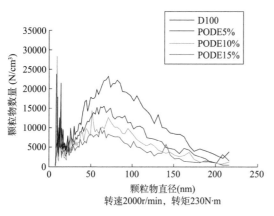

图 14-32　细颗粒物排放(11)

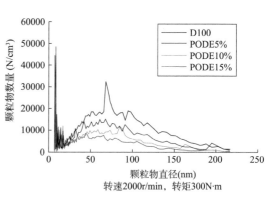

图 14-33　细颗粒物排放(12)

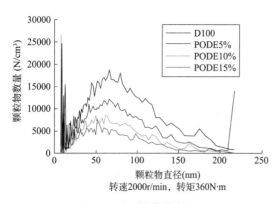

图 14-34　细颗粒物排放(13)

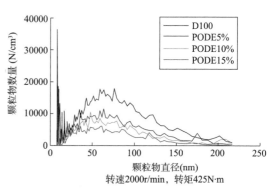

图 14-35　细颗粒物排放(14)

从上图试验曲线可见：

（1）三种 PODE 燃料的细颗粒物排放量相比柴油大幅度减少。

（2）细颗粒物排放量从大到小，无论转速是 1400r/min 还是 2000r/min，顺次都是纯柴油、PD5、PD10、PD15。

（3）不同载荷下的细颗粒物排放量从大到小仍是纯柴油、PD5、PD10、PD15。

（4）细颗粒物排放量最大颗粒直径集中在 25～125nm。

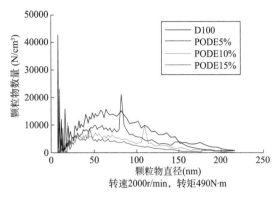

图 14-36　细颗粒物排放（15）

（5）转速 1400r/min 的细颗粒物排放量远大于转速 2000r/min 时的细颗粒物排放量，尤其是纯柴油表现得更为明显。

七、PM1、PM2.5、PM10 颗粒物排放

PM1、PM2.5、PM10 测试数据取自长安大学"聚甲氧基二甲醚应用技术研究报告"，试验燃料为 PODE10%，测试了 PM1、PM2.5、PM10 排放，浓度单位为 mg/m^3，发动机试验转速为 1400r/min，载荷单位为 N·m。试验数据见表 14-5、表 14-6 与图 14-37～图 14-39。

PM1、PM2.5、PM10 测试数据　　　　　　　　　　　　　表 14-5

控制载荷 (N·m)	0 号柴油(mg/m^3)			PODE10%(mg/m^3)		
	PM1	PM2.5	PM10	PM1	PM2.5	PM10
100	0.202	0.217	0.279	0.031	0.031	0.031
200	0.543	0.558	0.496	0.078	0.093	0.109
300	0.899	0.915	0.729	0.140	0.140	0.171
400	0.837	1.535	1.302	0.171	0.202	0.202
500	1.287	1.566	1.287	0.140	0.171	0.186
600	2.697	2.806	1.829	0.171	0.295	0.496
700	3.194	3.240	3.503	0.739	0.977	0.527
800	4.216	3.937	3.906	0.915	1.256	0.977

PM1、PM2.5、PM10 较柴油减少率　　　　　　　　　　　表 14-6

控制载荷(N·m)	PM1(%)	PM2.5(%)	PM10(%)	控制载荷(N·m)	PM1(%)	PM2.5(%)	PM10(%)
100	84.6	85.7	88.9	500	89.2	89.1	85.5
200	85.7	83.3	78.1	600	93.7	89.5	72.9
300	84.5	84.7	76.6	700	76.9	69.9	85.0
400	79.6	86.9	84.5	800	78.3	68.1	75.0

从表 14-6 的试验数据足以证明 PODE 燃料对于降低柴油发动机细颗粒物排放的巨大作用。

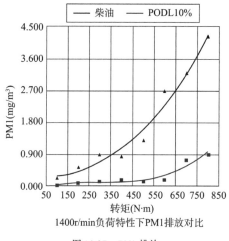

图 14-37　PM1 排放　　　　　　图 14-38　PM2.5 排放

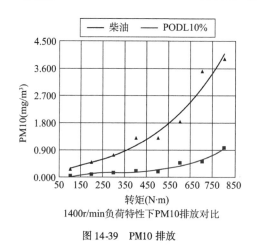

图 14-39　PM10 排放

第五节　PODE 燃料的使用性能

通过发动机台架试验来研究 PODE 燃料的使用性能,分别测试了柴油、PD10 及 PD20 的负荷特性,完整地检测了 PODE10 与 PD20 的外特性。

一、试验条件

(1)试验地点:西安汽车产品质量监督检验站。
(2)环境状况:大气压力 96.8kPa,干球温度 13.5℃,湿球温度 11.0℃。
(3)试验燃料:PODE10,密度为 0.8665/mL;
　　　　　　0 号柴油,密度为 0.8420g/mL。
(4)试验仪器设备:试验仪器设备见表 14-7。

试验仪器设备　　　　　　　　　　　　　　　　表 14-7

名称	规格型号	生产单位	计量鉴定单位
发动机	4100QBZL	昆明云内动力	—
测功机	ED-30	日本三菱重工	陕西省计量研究所
油耗计	DF313	日本小野公司	陕西省计量研究所
通风干湿度计	DHM2	天津气象仪器厂	陕西省计量研究所
动槽水银气压表	DYM1	长春气象仪器厂	陕西省计量研究所
烟度分析仪	AVL4000	AVL公司	陕西省计量研究所

（5）试验项目。

发动机燃用 PODE10、PODE20 与 0 号柴油分别进行以下试验：
①发动机外特性试验；
②发动机转速分别为 2000r/min、2200r/min、2400r/min、2600r/min 负荷特性试验；
③自由加速烟度试验。

二、PODE10 的发动机台架对比试验

PODE10 的自由加速烟度测试结果见表 14-8，发动机外特性试验曲线如图 14-40、图 14-41 所示，负荷特性曲线如图 14-42～图 14-45 所示。

PODE10 的自由加速烟度测试数据（m^{-1}）　　表 14-8

燃料	1	2	3	平均	烟度下降（%）
0 号柴油	2.01	2.56	2.38	2.32	13.24
PODE10	1.69	2.10	2.24	2.01	

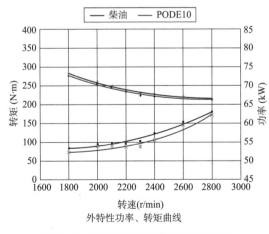

图 14-40　PODE10 的外特性功率、转矩曲线

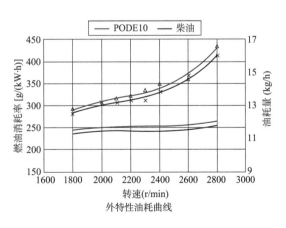

图 14-41　PODE10 的外特性油耗曲线

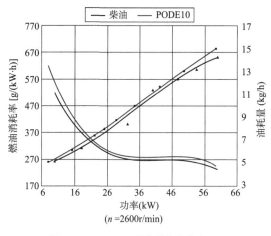

图 14-42 PODE10 的负荷特性曲线（1）

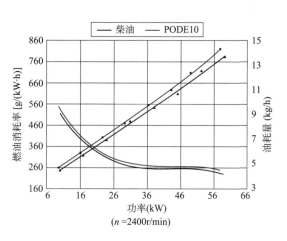

图 14-43 PODE10 的负荷特性曲线（2）

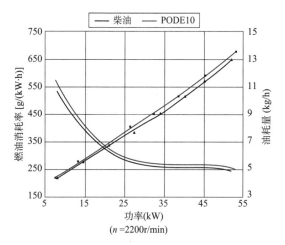

图 14-44 PODE10 的负荷特性曲线（3）

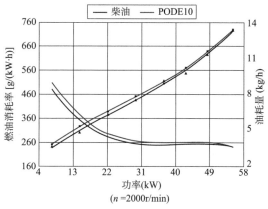

图 14-45 PODE10 的负荷特性曲线（4）

试验发动机使用 PODE10 燃料与使用 0 号柴油相比，外特性在转速 2800r/min 时，输出功率下降 0.8kW，为 1.27%；以 g/kW·h 计，有效燃油消耗率平均上升了 3.85%。在转速 2000r/min、2200r/min、2400r/min、2600r/min 负荷特性上，有效燃油消耗率分别上升了 3.88%、3.89%、3.77%、3.82%；平均上升了 3.84%。自由加速烟度下降了 13.24%。

三、PODE20 的发动机台架对比试验

PODE20 的自由加速烟度测试结果见表 14-9，发动机外特性曲线如图 14-46、图 14-47 所示，负荷特性曲线如图 14-48～图 14-51 所示。

表 14-9 PODE20 的自由加速烟度测试数据（m^{-1}）

燃料	1	2	3	平均	烟度下降（%）
0 号柴油	2.40	2.57	2.50	2.49	37.75
PODE20%	1.54	1.48	1.63	1.55	

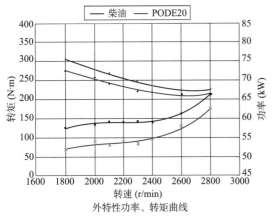

图 14-46　PODE20 的外特性功率、转矩曲线

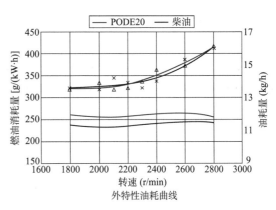

图 14-47　PODE20 的外特性油耗曲线

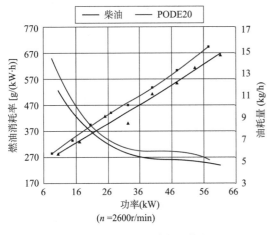

图 14-48　PODE20 的负荷特性曲线（1）

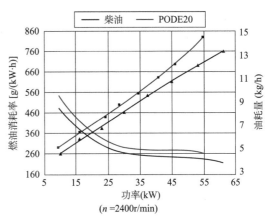

图 14-49　PODE20 的负荷特性曲线（2）

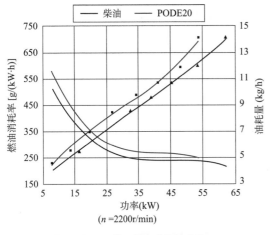

图 14-50　PODE20 的负荷特性曲线（3）

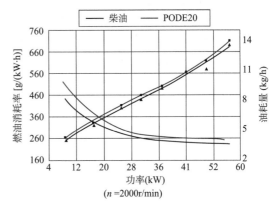

图 14-51　PODE20 的负荷特性曲线（4）

通过试验数据分析,柴油机使用 PODE20 与使用 0 号柴油相比,外特性在转速 2800r/min 时,输出功率下降 1.8kW,为 5.59%;以 g/kW·h 计,有效燃油消耗率平均上升了 8.93%。在转速 2000r/min、2200r/min、2400r/min、2600r/min 负荷特性上,有效燃油消耗率分别上升了

8.78%、8.87%、8.94%、8.54%；平均上升了8.78%。自由加速烟度下降了37.75%。

四、推广应用聚甲氧基二甲醚的意义

目前气候变化在全球范围内造成了空前的影响，极端天气为人类的生活带来了诸多灾难，气候条件的改变导致粮食生产面临威胁，海平面上升造成发生重大性洪灾的风险不断增加，临海城市和国家面临巨大生存危机，全球生态平衡时刻遭到破坏。

PODE 燃料的研究、推广应用是煤炭低碳化利用及车用柴油机燃料清洁化发展的趋势，是国家蓝天保卫战的重要组成部分，符合国家碳达峰与碳中和的战略决策，有利于环境的持续保护与社会经济的发展。

柴油车辆受自身结构、工作特性影响并不适合使用甲醇燃料，柴油的燃烧方式决定了其是重要的污染源，国务院下达的"蓝天保卫战"中已经将其列为重点，本章内容以柴油机为基础，利用大量试验数据料作为突破口，验证了应用 PODE 燃料技术的可行性，开发柴油燃料这一清洁组分具有重大工程应用价值。

PODE 是柴油机理想的清洁燃料，PODE 的十六烷值和密度高于纯柴油；运动黏度、冷滤点、热值、馏程低于纯柴油，说明混合燃料具有良好的蒸发雾化特性，有助于提高燃料混合、燃烧的质量。陕西省石油产品质量监督检验站在对十六烷值为 46.5 的柴油中分别加入 10% 与 20% 的 PODE，则十六烷值达到 47.8 与 48.8，而纯 PODE 的十六烷值则由于超过设备量程而未能检出。可见 PODE 既可用于柴油的调和组分，也可以作为提高柴油十六烷值的添加剂使用。

相关研究表明，聚甲氧基二甲醚是柴油的一个重要的清洁组分，至少从目前的研究成果来看暂没有比聚甲氧基二甲醚更好的。使用中聚甲氧基二甲醚的掺混量应该控制在20%以下比较有利，这样对汽车的燃料消耗量与汽车的动力性能影响较小，柴油发动机不需要进行任何调整，聚甲氧基二甲醚与柴油也能够满足现行国家车用柴油标准。这并不表示柴油机不能够使用高比例的聚甲氧基二甲醚，只是随着聚甲氧基二甲醚比例的增大发动机混合气变稀，要想正常使用必须对柴油机进行调整，尤其是对供油系统进行调整，这样会给使用带来许多不必要的麻烦。伴随着对车用柴油要求的不断升级，而没有清洁组分的加入很难实现，聚甲氧基二甲醚作为将来国七、国八排放标准柴油的清洁组分是最为理想的举措，为此，谢克昌等六位院士向国家相关部门建议推广应用聚甲氧基二甲醚。让我们共同期待聚甲氧基二甲醚的推广应用，期待柴油车辆污染得到有效治理，期待祖国明天的天更蓝、空气更加清新。

附录　推动甲醇汽车发展的指导性政策

第一节　甲醇汽车发展的指导性文件汇总

甲醇汽车发展的指导性文件汇总见附表-1。

甲醇汽车发展的指导性文件汇总　　　　　　　　　　　　　　附表-1

序号	文件名称	文件编号或发文日期
	工业和信息化部文件	
1	《关于开展甲醇汽车试点工作的通知》	工信部节〔2012〕42号
2	《工业和信息化部办公厅关于印发"甲醇汽车试点技术数据采集管理办法的通知"》	工信厅节〔2013〕19号
3	《工业和信息化部办公厅关于陕西省甲醇汽车试点实施方案备案的复函》	工信厅节函〔2013〕410号
4	《工业和信息化部办公厅关于做好甲醇汽车试点验收准备工作的通知》	工信厅节函〔2017〕26号
5	《工业和信息化部办公厅关于印发甲醇汽车试点工作专家组及顾问人员名单的通知》	工信厅节〔2017〕35号
6	《关于在部分地区开展甲醇汽车应用的指导意见》	工信部联节〔2019〕61号
	陕西省人民政府办公厅、陕西省工业和信息化厅、陕西省物价局、陕西省发展和改革委员会文件	
7	《关于加快甲醇燃料推广和开展甲醇汽车试点有关问题的会议纪要》	陕西省人民政府专项问题会议纪要2012年3月31日
8	《陕西省人民政府办公厅关于成立省甲醇燃料推广与甲醇汽车试点协调领导小组的通知》	陕政办函〔2012〕157号
9	《陕西省工业和信息化厅关于恳请将我省列入M85甲醇燃料试点省份的请示》	陕工信字〔2010〕23号
10	《陕西省工业和信息化厅关于加快甲醇燃料推广和开展甲醇汽车试点工作的请示》	陕工信字〔2012〕23号
11	《陕西省工业和信息化厅转发工信部关于开展甲醇汽车试点工作的通知》	陕工信发〔2012〕174号
12	《陕西省工业和信息化厅关于申请甲醇汽车试点工作经费的函》	陕工信函〔2012〕166号
13	《陕西省工业和信息化厅关于成立陕西省甲醇汽车试点工作专家组的通知》	陕工信发〔2012〕256号

续上表

序号	文件名称	文件编号或发文日期
14	《陕西省工业和信息化厅关于同意上海华普汽车有限公司甲醇汽车在陕西试点运行的通知》	陕工信发〔2012〕283号
15	《陕西省工业和信息化厅关于召开甲醇汽车试点工作会议的通知》	陕工信发〔2012〕286号
16	《陕西省工业和信息化厅关于印发编制甲醇汽车试点运行工作方案要点的通知》	陕工信发〔2012〕310号
17	《陕西省工业和信息化厅关于印发省工信厅副厅长王虹安在我省甲醇汽车试点工作会上的讲话的通知》	陕工信发〔2012〕311号
18	《陕西省工业和信息化厅关于拨付甲醇汽车试点工作经费的通知》	陕工信发〔2012〕427号
19	《陕西省工业和信息化厅关于申请增加N1类甲醇汽车试点公告许可的函》	陕工信函〔2012〕310号
20	《陕西省工业和信息化厅关于同意陕西汽车集团有限责任公司甲醇汽车在陕西示范运行的批复》	陕工信发〔2012〕434号
21	《陕西省工业和信息化厅关于组织召开甲醇汽车试点工作会议的通知》	陕工信发〔2013〕7号
22	《陕西省工业和信息化厅转发工信部关于甲醇汽车试点技术数据采集管理办法的通知》	陕工信发〔2013〕61号
23	《关于加快推进甲醇汽车试点工作有关问题的会议纪要》	陕西省人民政府专项会议纪要2013年4月16日
24	《陕西省工业和信息化厅关于组织召开甲醇汽车试点方案评审会议的通知》	陕工信发〔2013〕178号
25	《陕西省工业和信息化厅关于报送甲醇汽车试点实施方案的请示》	陕工信字〔2013〕43号
26	《陕西省工业和信息化厅关于参加工信部甲醇汽车试点实施方案评审会议的通知》	陕工信发〔2013〕235号
27	《陕西省工业和信息化厅关于报请批准我省五市甲醇汽车试点实施方案的请示》	陕工信字〔2013〕59号
28	《陕西省工业和信息化厅转发工信部关于我省五市甲醇汽车试点实施方案的通知》	陕工信发〔2013〕284号
29	《陕西省工业和信息化厅关于做好甲醇汽车试点运行期间数据采集工作的通知》	陕工信发〔2013〕350号
30	《陕西省物价局关于放开甲醇汽油销售价格的通知》	陕价商发〔2015〕23号
31	《陕西省工业和信息化厅关于报请批准宝鸡市甲醇燃料出租车试点实施方案的请示》	陕工信字〔2014〕112号
32	《陕西省工业和信息化厅转发工信部批准宝鸡市甲醇燃料出租车试点实施方案备案的通知》	陕工信发〔2015〕5号

附录 推动甲醇汽车发展的指导性政策

续上表

序号	文件名称	文件编号或发文日期
33	《陕西省工业和信息化厅关于开展甲醇汽车试点自查工作的通知》	陕工信发〔2016〕140号
34	《陕西省工业和信息化厅关于对全省甲醇汽车试点工作进行全面检查的通知》	陕工信发〔2015〕359号
35	《陕西省工业和信息化厅关于转发工信部车用甲醇燃料加注站建设规范和作业安全规范的通知》	陕工信发〔2015〕411号
36	《关于有序做好车用甲醇汽油(燃料)推广工作的通知》	陕发改油气〔2016〕113号
37	《陕西省工业和信息化厅转发工信部关于做好甲醇汽车试点验收准备工作的通知》	陕工信发〔2017〕61号
	西安市人民政府、西安市工业和信息化委员会等单位文件	
38	《西安市工业和信息化委员会关于上报西安市开展甲醇汽车推广应用试点实施方案(草案)的请示》	市工信字〔2012〕93号
39	《西安市工业和信息化委员会关于上报陕西省西安市甲醇汽车试点实施方案(报批稿)的请示》	市工信字〔2013〕25号
40	《西安市人民政府专项问题会议纪要》研究讨论开展甲醇汽车推广应用试点工作有关问题	94 2013年5月2日
41	《西安市人民政府专项问题会议纪要》研究加快推进甲醇汽车推广应用试点工作有关问题	191 2013年8月7日
42	《西安市工业和信息化委员会关于协调甲醇站建设审批有关事宜的报告》	市工信字〔2013〕56号
43	《西安市工业和信息化委员会关于西安亚辉汽车客运有限责任公司建设甲醇汽车燃料自给站的函》	2014年2月14日
44	《西安市工业和信息化委员会关于陕西宝姜新能源有限责任公司承担西安市甲醇汽车试点燃料供给申请报告的批复》	市工信发〔2014〕128号
45	《西安市交通运输局关于新增20辆出租汽车指标组建甲醇汽车试点车队的通知》	市交发〔2014〕240号
46	《西安市工业和信息化委员会关于咨询M100甲醇撬装加注站建设依据的函》	2014年9月2日
47	《西安市工业和信息化委员会关于举办西安市甲醇汽车试点运营启动仪式的请示》	市工信字〔2014〕76号
48	《西安市甲醇汽车试点运营情况报告》	2014年10月16日
49	《西安市工业和信息化委员会关于申请资金补助甲醇汽车试点运营工作的请示》	市工信字〔2014〕89号
50	《西安市人民政府关于印发〈西安市鼓励甲醇汽车产业发展若干政策〉的通知》	市政发〔2018〕54号

续上表

序号	文件名称	文件编号或发文日期
51	《西安市甲醇汽车产业发展协调领导小组关于印发〈西安市推进吉利甲醇汽车推广应用任务落实分解表〉的通知》	西醇车组发〔2018〕1号
52	《西安市安全生产监督管理局关于印发〈M100甲醇燃料加注站安全设施三同时审查暂行办法〉的通知》	市安监发〔2018〕178号
53	《西安市商务局关于印发〈西安市推广应用甲醇出租汽车规范甲醇加注站审批工作实施方案〉的通知》	市商发〔2018〕110号
宝鸡市人民政府、宝鸡市工业和信息化局等单位文件		
54	《宝鸡市工业和信息化局关于成立宝鸡市甲醇汽车试点工作协调领导小组的请示》	宝市工信字〔2013〕18号
55	《宝鸡市人民政府办公室关于成立宝鸡市甲醇汽车试点工作协调领导小组的通知》	宝政办发〔2013〕14号
56	《宝鸡市工业和信息化局关于增加甲醇汽车试点车辆的请示》	宝市工信字〔2013〕256号
57	《关于请支持市邮政局甲醇汽车试点车辆检测和报户的函》	2013年11月5日
58	《宝鸡市工业和信息化局、宝鸡市财政局关于下达2013年产业集群发展专项资金的通知》	宝市工信字〔2013〕324号
59	《宝鸡市人民政府办公室关于印发〈宝鸡市甲醇出租车试点工作实施方案〉的通知》	宝政办发〔2014〕40号
60	《宝鸡市工业和信息化局关于扩大甲醇汽车试点工作的请示》	宝市工信字〔2014〕224号
61	《宝鸡市物价局转发陕西省物价局关于放开甲醇汽油销售价格的通知》	宝市物价发〔2015〕6号
62	《宝鸡市财政局关于下达2014年度节能与新能源汽车推广奖励资金的通知》	宝市财办建〔2015〕94号
63	《关于协调解决我市甲醇汽车试点燃料加注问题的函》	2016年3月29日

第二节 工业和信息化部文件

一、《关于开展甲醇汽车试点工作的通知》(工信部节〔2012〕42号)

山西省经济和信息化委员会、上海市经济和信息化委员会、陕西省工业和信息化厅：

近年来,甲醇燃料作为车用替代燃料越来越受到重视,使用甲醇燃料的汽车开发、试验等工作取得积极成果。为全面科学评价甲醇燃料汽车技术现状、积累甲醇汽车运行管理经验,我部决定在山西省、上海市和陕西省开展甲醇汽车试点。现就做好试点有关工作通知如下：

1. 总体思路

以科学发展观为指导,严格执行汽车产业发展政策,开展甲醇汽车试点运行。坚持积极稳妥、安全第一的原则,因地制宜、科学合理地制订试点方案;全面考核甲醇汽车产业链各环节对试点运行的需求,确定试点目标;明确试点省市主体责任,加强组织领导和各部门间的协调配合,精心组织,共同推进;充分发挥专家及科研机构支撑作用,为试点工作提供技术咨询服务。

2. 主要目标

经过2~3年试点,完成对高比例甲醇汽车适用性、可靠性、经济性、安全性、环保性评价;明确甲醇汽车产品相关技术规范,制定标准,建立甲醇汽车相关标准体系;提出高比例甲醇汽车替代燃料相关配套基础设施改造、建设和管理规范;研究提出甲醇汽车产业政策建议。

3. 基本原则

试点工作按照限定地域、限定燃料、限定用车的基本原则进行。

1) 试点范围

甲醇汽车试点省市应结合本地区资源特点、技术条件和配套基础设施情况,选择具备一定条件的区域或固定线路积极稳妥开展试点,甲醇汽车须在限定的区域和线路试点运行。

2) 甲醇燃料

甲醇汽车试点运行所用甲醇燃料,应是高比例甲醇车用替代燃料 M85 或 M100。M85 应符合《车用甲醇汽油(M85)》(GB/T 23799—2009)要求;M100 应符合《车用燃料甲醇》(GB/T 23510—2009)要求。

甲醇燃料实行定点调配、定点供应、定点加注。考虑试点所需甲醇量不大,原则上应利用焦炉富余废弃煤气、高硫劣质煤所生产的或作为化肥联产的甲醇。需明确调配、供应和加注定点单位;对甲醇及甲醇燃料生产、输配及加注应严格管理。

3) 甲醇汽车

甲醇汽车生产企业应具备相应的汽车生产资质,试点运行所用的甲醇汽车应满足甲醇汽车产品技术要求(见附件1),并列入工业和信息化部《车辆生产企业及产品公告》(以下简称《公告》)。考虑甲醇汽车的特殊性,对甲醇汽车实行专项公告,即对符合甲醇汽车产品技术要求的汽车产品,许可在试点运行时间内进行生产,在试点运行地区投放使用。甲醇生产企业应保证试点所用汽车产品质量,做好试点运行期间售后服务。汽车生产企业应确保甲醇汽车产品终身维护。

4. 工作步骤

试点工作分为准备、组织实施、验收总结三个阶段。试点期限2~3年。是否扩大试点或延长期限,视试点工作进展和总结评估结果另行确定。

1) 试点准备阶段

(1) 确定试点地区。试点省市应按照试点总体思路和基本原则要求,选择具有甲醇资源,具备较强经济、财政和工业发展实力,较好的配套基础设施,对甲醇汽车发展高度关注和重视的地域作为试点地区,选择开展试点工作的运行路线。

(2) 试点方案编制和论证确定。拟开展试点的市(区、县),应按照相关要求组织编制试点方案,报所在省市工业和信息化主管部门。省级工业和信息化主管部门会同有关部门组织审查论证和批复,并报工业和信息化部备案。工业和信息化部组织专家审查论证后,提出备案意见。

(3)试点车型公告。试点所用的甲醇汽车,应符合甲醇汽车产品技术要求,由具备汽车生产资质的汽车生产企业报经工业和信息化部批准列入《公告》,在试点地区销售、使用。

2)组织实施阶段

试点地区按照批准的试点方案组织实施,开展甲醇汽车投放和运营工作,建设甲醇燃料加注设施等。

3)总结评估阶段

试点地区对甲醇汽车技术性能指标、车辆运行、标准规范、加注体系、相关政策等环节进行评估总结,完成试点总结评估报告,报工业和信息化部。

5. 试点方案编制

试点方案是开展甲醇汽车试点工作的基础,试点地区应通过编制试点方案,明确试点工作的基本条件、目标和任务、进度安排、保障措施等。试点方案还应包括以下内容:

(1)本地区开展甲醇汽车试点的条件分析。包括政策规划、产业基础、甲醇汽车及燃料供应、基础设施等支持条件。对已有的甲醇汽车运行、管理等方面的经验应着重描述和分析。

(2)本地区开展甲醇汽车试点的思路和主要目标。

(3)甲醇汽车供应及运行区域或路线分析。拟采用车型(须经工业和信息化部公告)、数量;拟试点运行区域或路线选择(说明选择的理由及有利条件)。

(4)甲醇燃料定点生产企业、甲醇燃料销售政策。

(5)甲醇燃料定点输配及加注站等配套设施建设规划方案,包括建设资金来源。

(6)甲醇汽车试点运行数据记录方案。能及时、动态地跟踪甲醇汽车运行情况,收集、汇总、分析甲醇汽车运行效率、排放情况等。应按运行日志、油耗、安全、卫生、可靠性等分别制订详细的数据或信息采集方案。

(7)应急服务保障方案。按照确保安全、万无一失的要求,针对运行中可能出现的甲醇燃料泄漏、着火等各种突发事件,制订相应的应对处置预案。

(8)试点工作组织管理机构。试点地区应建立由有关部门参加的组织机构,并明确负责人及有关部门、企业、用户的责任、分工、义务和权利等。

(9)支持开展甲醇汽车试点的配套政策等。

6. 精心组织,确保试点工作安全顺利进行

甲醇汽车试点工作涉及面广,政策性强,需要加强组织领导,搞好协调配合,科学制订方案,精心组织实施,确保安全顺利推进。

(1)加强组织领导,明确责任分工。试点地区要加强对试点工作的组织领导,成立试点工作协调领导小组,明确试点工作具体负责部门,按照试点方案确定的目标、重点任务和具体计划,研究确定各项任务分工,落实责任,确保试点目标任务按期完成。试点省市工业和信息化主管部门要加强对试点工作的组织领导,加强与环保、公安、财税、商务、工商、质监、安监等有关部门的协调,及时解决试点中出现的问题。

(2)切实加强安全管理。把确保安全放在试点工作的首位。

按照有利于安全的原则制订试点运行、甲醇供应、应急保障方案及有关措施。要明确安全责任机构、安全责任人,制订详细的安全保障方案。加强甲醇汽车运行安全管理,对汽车

驾驶员进行必要的安全培训,设立专门的维修站,做好甲醇汽车维修人员的安全培训工作。加强甲醇燃料生产、储存、运输、加注安全管理工作,甲醇燃料储存、运输和加注单位必须设置安全防护装置和配备操作人员安全防护装备。制订发生甲醇燃料相关安全事故的应急预案,并明确预案实施机制。

(3)认真落实甲醇燃料定点生产、输配及加注方案。试点市(区、县)要切实做好甲醇汽车运行所涉及的各环节管理,建立健全有关管理制度和规范。加强甲醇燃料生产管理,确保甲醇燃料质量生产关,安排足够的资金支持建设甲醇燃料配套输配及加注设施。

(4)加强基础数据采集。做好基础数据采集、管理,并于年季度末上报工业和信息化部。加快建立基础数据库,定期记录车辆关键技术指标、排放监测、燃料加注量、车辆行驶里程、车辆维修等数据;详细记录汽车驾驶员、加注站工作人员、维修人员等定期身体健康检查有关数据。认真做好甲醇燃料与甲醇汽车适应性、甲醇燃料对人体和环境的影响评估分析。

(5)加强监督检查。试点省市工业和信息化主管部门要牵头建立试点工作进展情况监督检查制度,对试点工作组织阶段性评估和监督检查,试点工作进展情况要及时上报工业和信息化部。

(6)强化科技支撑作用。建立试点运行与甲醇汽车、甲醇供应、添加剂生产企业的互动机制,积极支持有关企业加强甲醇发动机及关键零部件等技术研发,推动甲醇汽车技术创新。

(7)充分发挥专家咨询机构作用。成立甲醇汽车试点工作专家组,充分发挥专家队伍在方案制订、解决运行中具体问题等咨询支持作用。试点省市要高度重视专家咨询工作,重大问题特别是方案选择、安全措施、技术方案等方面应充分听取专家意见,确保科学开展试点工作。

工业和信息化部办公厅
2012 年 1 月 30 日

附件 1:甲醇汽车产品技术要求

1. 甲醇汽车定义

符合 GB/T 3730.1 中汽车的定义,装用专门设计开发的适用车用甲醇(M85 或 M100)燃料或甲醇-柴油双燃料的发动机。

当装用点燃式发动机时,为单一燃料汽车:甲醇为主燃料,用于正常行驶驱动;汽油仅用于紧急情况或起动,并且汽油箱容积不大于 15L。

当装用压燃式发动机时,为双燃料汽车:起动时用柴油,正常行装时为甲醇-柴油双燃料驱动。

2. 适用于甲醇汽车的标准及技术规范

1)甲醇汽车需满足的常规标准检验项目要求

(1)甲醇汽车应进行现行常规燃料汽车申报《公告》所要求的强制性标准检验并符合相应要求,但汽车排放污染物碳氢排放量和汽车燃料消耗量的测量和计算公式应使用甲醇燃料或甲醇/柴油双燃料的参数,燃料消耗量检测结果不作判定。

(2)汽车主管部门对传统汽车的其他管理要求,原则上都适用甲醇汽车。

2）甲醇汽车需满足的专项检验项目要求

（1）防腐蚀性要求。

①甲醇汽车整个燃料系统、排气系统应采用防腐处理以耐受甲醇及其排放物的腐蚀,所有非金属件使用的材料,应参考《硫化橡胶或热塑性橡胶耐液体试验方法》（GB/T 1690—2006）。

进行 M100 溶液的浸渍试验,浸渍前后试件的质量变化不超过 5%,体积变化不超过 15%,力学性能下降不超过 10%。

②甲醇汽车应进行《轻型汽车污染物排放限值及测量方法》（GB 18352.3—2005）或《重型汽车排气污染物排放控制系统耐久性要求及试验方法》（GB 20890—2007）规定的排放控制系统耐久性试验;在整个试验过程中,燃料系统、排气系统应保持功能正常,各个管件及其接头牢固可靠,不应发生明显的腐蚀、变形及泄漏,不应发生导致更换的零部件的故障。

（2）甲醛（HCHO）排放限值及测量方法。

①装用点燃式发动机的甲醇汽车。

轻型汽车应在《轻型汽车污染物排放限值及测量方法》（GB 18352.3—2005）规定的 1 型试验（即常温下冷起动后排气污染物排放试验）,过程中测量甲醛（HCHO）排放,在耐久性试验前后,甲醛排放量都不应超过 10mg/km。

重型发动机的排放参照《重型车用汽油发动机与汽车排气污染物排放限值及测量方法》（GB 14762—2008）进行,甲醛的排放不应超过 50mg/(kW·h)。

②装用压燃式发动机的甲醇汽车。

装用压燃式发动机的甲醇汽车应在《压燃式发动机和装用压燃式发动机的车辆排气污染物》（GB 17691—2005）规定的 ETC 试验过程中测量甲醛（HCHO）排放,甲醛的排放不应超过 25mg/(kW·h)。

③甲醛排放量采样和分析方法参考《轻型汽车及重型发动机甲醛排放的采样和分析方法》（附后）进行。

附:轻型汽车及重型发动机甲醛排放的采样和分析方法。

1. 适用范围

本附录规定了燃用甲醇燃料的汽车或发动机排气中甲醛的采样方法,适用于轻型车整车或重型发动机台架试验中甲醛排放的测量。

2. 采样时间的规定

燃用甲醇燃料汽车的甲醛排放测量可以和常规排放同时进行,排气中甲醛分析样气的采集可以在稀释通道中进行,这时甲醛样气的采集应该和稀释排气的采样同步进行;也可以在常规污染物排气样气的分析结束后,采取稀释排气气袋中的稀释样气。

3. **排气样气的采集方法**

无论轻型车,还是发动机,气体污染物排放的测量都采用全流稀释系统,甲醛样气的采集可以在稀释通道中进行,也可采集稀释排气气袋中的样气进行分析,无论采用何种方法,都不应该对常规污染物的测量和分析产生影响。

（1）稀释排气采样气袋中样气的采样方法。

在稀释排气气袋中需要设置三通阀,在常规污染物分析结束后,稀释排气排空前,利用采样泵采集稀释排气样气。

(2)稀释通道中的采样方法。

可以在稀释通道中采集排气样气,采样时刻应同常规污染物同步进行,采样点的位置应设置在稀释排气采样点附近。

4. 背景气的采样规定

背景气的采集有两种方法,一种是采集背景气气袋中的气体,采样方法同稀释排气采样气袋中样气的采样方法;也可以同步采集稀释空气样气,这时采样点的位置,应设置在稀释空气过滤器后,稀释空气和排气混合三通前,采样和稀释空气背景气的采样同步进行。

5. 甲醛的采样和分析方法

参考《车内挥发性有机物和醛酮类物质采样测定方法》(HU/T 400—2007),利用 DNPH 采样管采集和分析排气中的甲醛成分,利用高效液相色谱分析仪进行分析,获得稀释排气中甲醛的平均浓度,有关采样和分析方法均参考该标准的相关规定。

6. 甲醛排放量的计算

(1)轻型车排放试验甲醛排放量的计算。

在获得稀释排气中甲醛平均浓度的基础上,根据采集样气流量、稀释排气总流量、试验行驶里程,获得以 mg/km 型式表示的排放测量结果,注意计算过程中的排气流量都应折算到标准状态。

(2)发动机台架试验甲醛排放量的计算。

在获得稀释排气中甲醛平均浓度的基础上,根据采集样气流量、稀释排气总流量、总的循环功,获得以 mg/(kW·h)型式表示的排放流量结果,注意计算过程中的排气流量都应折算到标准状态。

二、《工业和信息化部办公厅关于印发〈甲醇汽车试点技术数据采集管理办法〉的通知》(工信厅节〔2013〕19 号)

山西省经济和信息化委员会、上海市经济和信息化委员会、陕西省工业和信息化厅:

为全面科学评价甲醇汽车试点运行情况,规范试点技术数据采集工作,确保技术数据科学可信,我部组织制定了《甲醇汽车试点技术数据采集管理办法》。现印发你们,请遵照执行。

工业和信息化部办公厅
2013 年 1 月 25 日

甲醇汽车试点技术数据采集管理办法

1. 总则

根据《关于开展甲醇汽车试点工作的通知》(工信部节〔2012〕42 号),为全面科学评价甲醇汽车试点运行情况,规范试点工作技术数据采集工作,确保技术数据科学可信,特编制本办法。

本办法规范了甲醇汽车试点工作技术数据采集的类别、条目及具体要求,数据将作为甲醇汽车试点工作评价的重要依据。甲醇汽车的定义、标准及技术规范、专项检验项目按照《关于开展甲醇汽车试点工作的通知》(工信部节〔2012〕42 号)中附件《甲醇汽车技术要求》规定执行。

2. 技术数据采集内容与要求

1) 甲醇汽车整车

(1) 甲醇汽车整车技术数据采集分为装用点燃式甲醇发动机的甲醇汽车整车和装用压燃式甲醇发动机的甲醇汽车整车两类。根据甲醇汽车整车的特殊性,结合甲醇汽车整车使用的特殊要求,采集如下内容和数据:工业和信息化部《车辆生产企业及产品公告》文号(含批次)、车辆产品型号、车辆号牌号码、制造厂商、发动机号、车辆识别代码、行驶里程、排放等级、燃料类型、甲醇燃料箱容积、汽柴油箱容积、起动性能、冷起动性能、限定条件下百公里油耗、加速性能、最高车速、最大爬坡度、车外加速噪声等参数。通过数据分析和对比,评价甲醇汽车整车在使用过程中的性能变化及使用情况。

(2) 采集甲醇汽车整车技术数据应依据制造企业提供的出厂技术数据,按规定的内容建立技术档案。

(3) 试点用甲醇汽车每半年由试点地区工业和信息化主管部门指定的、具有资质的机动车检验检测单位进行检验,检验方法按机动车检验相关规定,检验数据由试点车辆运营单位负责收集汇总。

(4) 试点工作结束后,在试点运行车辆中抽取不少于3辆乘用车、不少于1辆商用车,由试点地区工业和信息化主管部门委托具有国家级检测资质的检测机构负责对甲醇汽车整车起动性能、百公里油耗、加速性能、最高车速、最大爬坡度、车外加速噪声、常规排放检测、甲醛进行测试并提出检测报告。

2) 甲醇发动机

(1) 甲醇发动机技术数据采集分为点燃式甲醇发动机和压燃式甲醇发动机两类,根据发动机的固有特性和使用特性,结合发动机燃用甲醇燃料的特殊要求,采集如下数据和参数:发动机制造厂商、所配车型、发动机号、发动机类型、缸径、冲程、排量、压缩比、最大功率、最大转矩、最低燃油消耗率等参数。通过数据分析和对比,评价甲醇发动机在使用过程中的性能变化及使用情况。

(2) 发动机技术数据采集共进行两次,第一次对所有参与试点工作的甲醇汽车发动机按照要求进行数据采集并建立档案,采集的技术数据为汽车厂商或发动机制造商提供的数据;第二次采集为试点工作结束后,在试点运行车辆中抽取不少于3台乘用车、不少于1台商用车所装配发动机,由试点地区工业和信息化主管部门委托具有国家级检测资质的检测机构负责测试并提出检测报告。商用车用发动机甲醛检测采用台架测试。

(3) 甲醇发动机性能试验按照《汽车发动机性能试验方法》(GB 18297)进行。

3) 甲醛排放和常规排放

(1) 甲醇汽车甲醛排放是技术数据采集的重要内容。通过数据分析和对比,评价甲醇汽车甲醛排放情况。

(2) 甲醛排放检测由试点地区工业和信息化主管部门委托具有国家级检测资质的检测机构,按照《关于开展甲醇汽车试点工作的通知》(工信部节〔2012〕42号)提出的轻型及重型发动机甲醛排放的要求和分析方法,在试点运行车辆中抽取不少于3辆乘用车每年进行一次检测。试点工作结束后,抽取1辆商用车进行甲醛排放检测。检测单位负责提出检测报告。

(3) 对甲醇汽车试点车辆常规排放物碳氢化合物、一氧化碳、氮氧化合物、烟度、颗粒物

(含 PM2.5)进行数据采集,通过数据分析和对比,评价甲醇汽车常规有害气体排放。在试点运行车辆中抽取不少于 3 辆乘用车每年进行一次检测,商用车随甲醛排放检测同步进行常规排放检测。轻型车按《轻型汽车污染物排放限值及测量方法(中国Ⅲ、Ⅳ阶段)》(GB 18352.3—2005)、重型车按《重型汽车排气污染物排放控制系统耐久性要求及试验方法》(GB 20890—2007)进行检测,检测单位负责提出检测报告。

4) 环境影响

(1) 根据甲醇汽车整车及其甲醇燃料加注的特性,对甲醇燃料生产企业和甲醇燃料加注站大气环境中甲醇含量进行监测,通过对监测数据分析和对比,评估甲醇燃料在制备、加注和使用过程中对环境的影响。

(2) 甲醇在大气环境中含量的监测,由试点地区工业和信息化主管部门委托具有环境保护监测资质的机构,按照相关规范,每季度在试点地区甲醇燃料生产企业、甲醇燃料加注站、甲醇汽车驾驶室、发动机及整车实验室、维修车间定期进行监测,采集的数据由试点地区主管部门负责汇总整理。

5) 人体健康

(1) 人体健康数据采集主要是对甲醇燃料生产人员、甲醇燃料加注站工作人员、甲醇汽车驾乘人员、甲醇汽车维修人员的人体健康数据进行分类采集。通过数据分析,对甲醇燃料和甲醇汽车试点运营涉醇工作人员职业健康进行评价。

(2) 根据甲醇汽车及甲醇燃料的特殊性,采集内容和数据有:姓名、性别、年龄、工作单位,常规检查,眼科检查(晶体、眼底、视力),内科检查,皮肤黏膜检查,血常规、尿常规、肝功能、心电图、B 超、呼吸系统、胸部 X 射线检查。

(3) 对参加试点工作的主要涉醇人员每年进行不低于两次职业健康检查,由试点地区工业和信息化主管部门指定涉醇人员所属单位组织在具有省级职业健康检查资质的医院进行。健康检查报告由试点运行单位负责收集汇总。

6) 车辆维护、故障及修理

(1) 根据甲醇汽车的使用特性和试点工作的要求,规定对试点车辆维护、修理及故障排除等相关数据进行采集。通过数据分析,评价甲醇汽车可靠性。

(2) 甲醇汽车维修按汽车制造厂商指定的机构进行,相关记录由试点车辆运营单位负责收集汇总。

7) 甲醇燃料

(1) 甲醇汽车试点使用 M100 和 M85 两种甲醇燃料。数据采集由甲醇燃料供应商、甲醇加注站、甲醇汽车运营单位负责。通过数据分析,评价甲醇燃料的适应性和经济性。

(2) 甲醇燃料供应商负责按每季度向试点地区工业和信息化主管部门提供销售的甲醇燃料种类、购货单位、购货量、销售价格以及添加剂使用情况。

(3) 甲醇燃料加注站负责按每季度向试点地区主管部门提供甲醇燃料进货量、销售量、销售价格。

(4) 甲醇汽车运营单位负责按每季度向试点地区工业和信息化主管部门提供每辆车甲醇燃料加注日期、加注量、行驶里程。

8) 甲醇燃料加注站

(1) 甲醇燃料加注站应根据甲醇汽车试点地区工业和信息化主管部门规划核准设立,采集如下数据：加注站名称、所处位置，储醇罐结构、容积、材料、类型（地上、地下、撬装站），加注机制造商、型号、主要技术参数、密封系统材料、更换零部件及时间、使用寿命、维护周期，过滤器制造商、精度，加注机有无蒸发排放控制措施；计量仪器仪表制造商、精度，公安消防部门核准的证书号、对突发事件的应急处置机制。通过数据分析和对比，评价甲醇燃料加注站实际运营过程中的变化情况。

（2）甲醇燃料加注站数据采集每季度由加注站自行负责进行数据采集，试点地区工业和信息化主管部门随机对采集数据进行抽查校验。

（3）试点工作结束后，由试点地区工业和信息化主管部门委托具有燃料加注装备检测资质的检测机构负责对甲醇燃料加注站及所用加注设备、装置进行评定，并提出评定报告。

3. 技术数据汇总与传输

工业和信息化部设立甲醇汽车试点技术数据中心（依托中国内燃机协会），数据中心开通与试点地区主管部门的网络传输系统，负责对试点地区上传的技术数据进行归类建档，建立甲醇汽车试点工作技术数据库，并组织提出甲醇汽车试点技术数据阶段评估报告。

试点地区主管部门，应建立本地区甲醇汽车试点数据库，按规定的时间、路径和要求上传技术数据，并定期开展技术数据评估工作。

三、《工业和信息化部办公厅关于做好甲醇汽车试点验收准备工作的通知》（工信厅节函〔2017〕26号）

按照《关于开展甲醇汽车试点工作的通知》（工信部节〔2012〕42号）相关要求和工业和信息化部已备案的《甲醇汽车试点实施方案》时间进度安排，决定对完成试点运营的试点城市组织开展验收工作。为保证验收工作顺利进行，现将有关事项通知如下：

1. 试点城市做好试点验收准备工作

各试点城市在试点运营工作结束后，应按要求抓紧完成各项相关检测工作，对试点采集技术数据进行全面汇总整理和分析，尽快做好验收前期各项准备工作。参与甲醇汽车试点工作的甲醇汽车制造与运营、燃料供应与加注、数据采集等单位，分别完成本单位试点工作总结报告。试点城市工业和信息化主管部门牵头组织编制完成试点总体工作总结报告。上海、长治、西安、宝鸡、榆林等已完成试点运营工作的城市，请于2017年3月底前向所在地省级工业和信息化主管部门正式提出验收申请。其他试点城市请在完成试点运营工作后1个月内，向所在地省级工业和信息化主管部门提交正式验收申请。

2. 省级工业和信息化主管部门组织预验收

甲醇汽车试点地区省级工业和信息化主管部门收到试点城市工业和信息化主管部门提交的正式验收申请后，抓紧组织专家对试点工作进行现场验收，对试点总体工作进行审议和评定，形成预验收意见，完成预验收。在完成预验收后1个月内，向工业和信息化部（节能与综合利用司）提出正式验收申请。

3. 工业和信息化部组织正式验收

工业和信息化部（节能与综合利用司）收到试点地区省级工业和信息化主管部门提交的验收申请后，会同国家发展改革委、科技部，组织专家组对试点工作进行现场验收，并召开试点工作验收会，对试点总体工作进行审议和评定，形成专家验收意见，完成试点验收。甲醇汽车试点工作全部总结报告和配套支撑性说明材料(纸质文档和电子版),由甲醇汽车试点办公室统一保存备查。

请你们抓紧做好本地区试点验收前期各项准备工作,并及时提出正式验收申请。

工业和信息化部办公厅
2017 年 1 月 20 日

第三节 陕西省人民政府及相关部门文件

一、《关于加快甲醇燃料推广和开展甲醇汽车试点有关问题的会议纪要》(陕西省人民政府专项问题会议纪要第 22 次)

2012 年 3 月 21 日上午,陕西省人民政府召开专题会议,研究甲醇燃料推广和开展甲醇汽车试点有关工作。省决策咨询委、省政府办公厅、省工业和信息化厅、省发展改革委(能源局)、省环境保护厅、省商务厅、省质监局、省物价局负责同志及有关专家参加了会议。现纪要如下:

会议认为,推广甲醇燃料和开展甲醇汽车试点,对陕西经济发展是一个新机遇,有可能形成我省又一个新兴产业。我省开展甲醇燃料推广工作已有近 10 年历史,基础设施不断完善,技术日趋成熟,现已建成近 200 万 t 甲醇燃料调制能力。此外,我省也是甲醇生产大省,"十二五"末将形成 2000 万 t 以上生产能力。因此,必须抢抓机遇,面向全国,创造市场,实现产业化发展。陕汽集团正在研发的甲醇汽车市场前景十分广阔。省级各有关部门要高度重视甲醇燃料推广和甲醇汽车试点工作,按照积极稳妥、试点先行、分步推进的总体思路,认真组织,加速推进。会议确定:

(1)成立协调机构。甲醇燃料推广和甲醇汽车试点是一项系统工程,涉及发展改革、工业和信息化、环境保护、财政、公安、交通运输、科技、商务、税务、工商、物价、质监、安监、消防等诸多部门,工业和信息化部要求试点省都要成立协调机构。考虑我省实际情况,建议成立由娄勤俭常务副省长任组长的"陕西省甲醇燃料推广与甲醇汽车试点协调领导小组",具体工作由省发展改革委牵头,省级有关部门按职责分工负责。

(2)强力推广 M15、M25 甲醇汽油。2004 年,我省已制定了《车用 M15 甲醇汽油》《车用 M25 甲醇汽油》地方标准;2005 年组织开展了甲醇汽油试点示范,经 5 年时间、150 台车、110 万 km 的路试运行,对燃用甲醇燃料汽车、甲醇燃料技术和产品性能等进行了验证。下一步应强力推广,特别是要抓好 M25 甲醇汽油的全面推广使用。

(3)积极开展甲醇汽车试点工作。根据工业和信息化部对试点工作的总体部署,结合我省各地资源特点、技术条件和配套基础设施情况,研究确定试点区域或路段,尽快编制试点方案,及早开展试点工作。同时,积极协助陕汽集团开发甲醇载重汽车,申请进入工业和信息化部汽车公告。

(4)部门具体分工。

①省发展改革委牵头负责甲醇燃料全面推广工作,各有关单位参与,尽快研究制订方案,明确分工,细化措施,加快推进。

②省工业和信息化厅牵头负责甲醇汽车试点工作,各有关单位参与,按照积极稳妥、安

全第一的原则,抓紧制订试点方案,精心组织实施。

③省财政厅、省国税局负责甲醇燃料推广和甲醇汽车试点有关配套政策的制定工作。

④省质监局负责甲醇燃料推广配套技术标准的修订和甲醇汽油添加剂、甲醇燃料调制中心、甲醇燃料加注站改造和建设技术标准的制订工作。

⑤省商务厅负责甲醇汽油市场管理和销售网络建设。

⑥省物价局负责甲醇燃料价格的制定工作。按照有利于市场推广,兼顾甲醇燃料生产企业、加注站和消费者三方利益的原则,合理制定销售价格。

⑦省公安厅负责改装车辆检验和甲醇汽车注册登记工作。

⑧省环境保护厅负责甲醇燃料对环境影响的监测工作。

⑨省安监局、省交通运输厅、省消防局负责甲醇燃料调配、存储、运输安全防火管理规范的制定,督促落实各环节事故应急救援预案。

⑩省工业和信息化厅、省科技厅负责省内甲醇汽车研发的协调工作。依托陕汽集团,开展甲醇柴油双燃料重型柴油机关键技术研究,开发制造符合相关技术要求的甲醇汽车,尽快报工业和信息化部列入公告,促进我省甲醇汽车产业发展。

2012年3月31日

二、《关于加快推进甲醇汽车试点工作有关问题的会议纪要》(陕西省人民政府专项问题会议纪要第31次)

2013年4月10日上午,陕西省人民政府召开专题会议,研究加快推进甲醇汽车试点有关工作。省政府张宗科副秘书长及省工业和信息化厅、省发展改革委、省公安厅、省科技厅、省财政厅、省商务厅、省交通运输厅、省环境保护厅、省安全监管局、省质监局、省物价局、省国税局、长安大学、陕西延长中立公司,以及西安市、宝鸡市、咸阳市、榆林市和汉中市政府负责同志参加了会议。现纪要如下。

会议认为,甲醇燃料是一种可替代汽柴油的新型清洁燃料,近年来,我省依托煤炭资源优势,大力发展煤基醇醚产业,目前已成为全国甲醇生产大省。开展甲醇汽车试点有利于开拓甲醇市场,促进我省煤化工产业发展;有利于推动新能源汽车研发,加速我省甲醇汽车产业化发展;有利于降低污染物排放和节约车辆营运成本。

会议要求,各试点市和省级有关部门要高度重视,密切配合,勇于创新,大胆试验,积极推动试点工作顺利开展。

会议确定:

(1)各试点市是试点工作的责任主体,要明确本市牵头部门和具体成员单位,细化职责分工,按照试点方案内容,落实启动试点的各项条件。尤其要落实新建加注站地点和建设工作;西安、咸阳、榆林、汉中市要分别落实20辆出租汽车指标,确定运营单位和运营方式,本着有利于试点的要求,简化审批手续,确保车辆尽快到位。

(2)由省商务厅负责加快落实高比例甲醇燃料加注站审批建设工作,对五市各配套建设的2~3座高比例甲醇燃料加注站,要加快审批进度,以保障试点正常进行。省公安厅、省安全监管局、省质监局等部门给予积极配合。

(3)由省物价局负责,按照有利于试点工作的原则,在兼顾各方利益的基础上,尽快制定高比例甲醇燃料价格。

(4)由省国税局负责,督导各地税务部门认真落实 M100 甲醇燃料不征收消费税问题。

(5)由省工业和信息化厅尽快审评各市试点方案,并报工业和信息化部审批,力争 6 月底前启动试点工作。

(6)做好试点数据采集工作。委托长安大学等 2～3 家监测机构,负责甲醇汽车试点数据采集和甲醇汽车适用性、可靠性、经济性、安全性、环保性分析评价,以及相应标准规范、加注体系、配套政策等评估总结。各试点市和相关单位要给予全力配合、支持,确保数据真实可靠。

(7)陕汽集团要按照试点安排进度要求,提供甲醇载重汽车和微型车;陕西延长中立公司和宝姜石化公司要按照国家标准组织生产,提供合格的 M100 甲醇燃料。

2013 年 4 月 16 日

三、《陕西省工业和信息化厅关于加快甲醇燃料推广和开展甲醇汽车试点工作的请示》(陕工信字〔2012〕23 号)

省政府:

按照 3 月 8 日对省工信厅《关于全面推广甲醇燃料工作事项的请示》(省政府批文 159 号)的批示精神,3 月 21 日,召开省决咨委、省工信厅、省发改委能源局、省环保厅、省商务厅、省物价局、省质监局负责同志及有关专家参加的专题会议,对我省甲醇燃料推广和甲醇汽车试点工作进行了认真研究。省工信厅根据会议精神,现就有关事项请示如下:

1. 成立协调领导机构

建议成立"陕西省甲醇燃料推广与甲醇汽车试点协调领导小组",省级有关部门、单位和企业负责同志为领导小组成员。各市成立相应机构,形成省市推广和开展甲醇汽车试点的组织领导体系。

2. 明确部门工作分工

建议对省级各部门作如下分工:

(1)甲醇燃料全面推广工作,由省发改委牵头负责,各成员单位参与。研究制订方案,明确分工,细化措施,加快推进实施。

(2)甲醇汽车试点工作,由省工信厅牵头负责,各成员单位参与。坚持"积极稳妥、安全第一"的原则,因地制宜,科学制订试点方案,明确责任,加强协调,精心组织实施。

(3)支持甲醇燃料推广和甲醇汽车试点的配套政策,由省财政厅、省国税局负责。在甲醇燃料与甲醇汽车研发、甲醇燃料征税、甲醇汽车改装及试点方面,研究提出具体的支持政策。

(4)甲醇燃料推广的配套技术标准,由省质监局负责。组织修订 2004 年发布的陕西省《车用 M15 甲醇汽油》《车用 M25 甲醇汽油》地方标准,并制定陕西省甲醇汽油添加剂、甲醇燃料调制中心、甲醇燃料加注站改造和建设技术标准。

(5)甲醇汽油市场管理和销售网络建设,由省商务厅负责。将甲醇汽油纳入成品油市场管理,并制订相应的管理办法。做好全面推广期间甲醇燃料销售网络建设,如甲醇燃料加油站改造、新建和相应配套设施配置等。

(6)合理制定甲醇燃料价格,由省物价局负责。按照有利于市场推广,兼顾甲醇燃料生产企业、加注站和消费者三方利益的原则,制定甲醇燃料销售价格。

(7)改装车辆检验和甲醇汽车注册登记,由省公安厅负责。做好对加装灵活燃料转换器和安装甲醇柴油发动机使用高比例甲醇汽柴油车辆的安全技术检验。对列入汽车公告的甲醇汽车,办理注册登记。

(8) 甲醇燃料对环境影响监测,由省环保厅负责。做好对甲醇燃料生产、储运、销售和使用环节中对环境影响的监测。不定期对燃用甲醇燃料汽车尾气进行监测分析。

(9) 安全防火规范和各种应急预案,由省安监局、省交通厅、省消防局负责。制定甲醇燃料调配、存储、运输安全防火管理规范,督促落实各环节的事故应急救援预案。

(10) 省内甲醇汽车研发,由省工信厅、省科技厅负责。依托陕汽集团,开展甲醇柴油双燃料重型柴油机关键技术研究,开发制造符合相关技术要求的甲醇汽车,尽快报工信部列入《工业和信息化部甲醇汽车公告》,参与国家的甲醇汽车试点,促进我省甲醇汽车产业发展。

妥否,请批示。

2012 年 3 月 28 日

四、《陕西省工业和信息化厅转发工信部关于开展甲醇汽车试点工作的通知》
(陕工信发[2012]174 号)

西安市工信委、宝鸡市工信局、咸阳市工信委、榆林市工信局、汉中市工信委:

为全面科学评价甲醇燃料汽车技术现状、积累甲醇汽车运行管理经验,工信部决定在陕西等三省市开展甲醇汽车试点工作。按照工信部要求,综合考虑我省各地的资源特点、技术条件和配套设施等,确定在西安、宝鸡、咸阳、榆林和汉中市开展甲醇汽车试点。现将工信部《关于开展甲醇汽车试点工作的通知》(工信部节[2012]42 号)转发你们,并就试点工作提出以下要求:

1. 充分认识开展甲醇汽车试点的重要意义

近几年,依托煤炭资源优势,我省煤基醇醚产业快速发展,已是甲醇生产大省。2011 年,全省甲醇总产能 350 万 t,"十二五"末将达到 2000 万 t 以上。开展甲醇汽车试点,将有利于加快省内甲醇汽车的研发和车用甲醇燃料的推广,实现甲醇汽车和甲醇燃料产业化发展,有可能形成陕西省的一个新兴产业。对降低物流成本,减少环境污染,开拓甲醇市场,促进我省煤化工产业和汽车产业快速发展,推动全省经济较快增长具有重大的现实意义。

2. 深入调查研究,科学制订试点工作方案

针对甲醇汽车试点工作内容,各试点市工信委(局)要加强与甲醇汽车购置或生产企业、甲醇燃料供应企业和相关职能部门的沟通联系,围绕试点积极开展调查研究,尽快了解掌握相关业务知识、政策、要求等,为科学制订试点方案打好基础。要明确负责领导,安排得力人员,认真对照工信部通知,逐条进行研究细化,特别是以市为单位制订试点方案上,五个市应结合自身实际,及早着手,抓好试点方案编制。各市编制好的试点方案,按程序报省工信厅会同有关部门、专家组织审查论证和批复,报工信部提出备案意见后才可实施。

3. 加强组织领导,确保试点工作顺利进行

甲醇汽车试点工作涉及面广,政策性强。3 月 21 日省政府第 22 次专题会议研究决定,省政府将成立"陕西省甲醇燃料推广与甲醇汽车试点协调领导小组",省工信厅牵头负责甲醇汽车试点工作,加强与环保、公安、财税、商务、工商、质监、安监等有关部门的协调,及时解决试点中出现的问题和遇到的困难。各试点市政府也要成立相应协调领导机构,加强试点的组织领导,并按照试点方案确定的目标、重点任务和具体计划,明确部门分工,落实工作责

任,确保试点工作顺利进行和按期完成。

将成立由省内院校、科研机构、化工、汽车、环保等方面专家组成的甲醇汽车试点工作专家组,为编制试点方案、落实安全措施、解决运行中具体问题等,提供咨询支持。

4. 详细制订应急方案和工作措施,加强试点运行管理

一是切实把确保安全放在试点工作的首位。按照有利于安全的原则制订试点运行、甲醇供应、应急保障方案及有关措施。二是认真落实甲醇燃料定点生产、输配及加注方案。各试点市要切实做好甲醇汽车运行所涉及的各环节管理,建立健全有关管理制度和规范。三是制订可行的基础数据采集方案,做好基础数据采集、管理,并于年季度末上报省工信厅(节能与综合利用处)。四是加强监督检查。各试点市工信委(局)要牵头建立试点工作进展情况监督检查制度,对试点工作组织阶段性评估和监督检查,试点工作进展情况要及时上报省工信厅。

5. 试点车辆安排和燃料供应

经研究,西安市、榆林市、汉中市参与试点的甲醇小轿车由陕西延长中立公司购置,宝鸡市参与试点的甲醇微型车和参与榆林市试点的甲醇载重车由陕汽集团负责安排投入,以上四市甲醇燃料供应由陕西延长中立公司负责。咸阳市参与试点的甲醇小轿车和甲醇燃料供应,由陕西宝姜石化公司负责。

各试点市要加强与有关企业和相关职能部门的沟通,认真按照工信部要求,因地制宜,科学编制方案,积极采取措施,推进试点工作安全顺利进行。省工信厅近期将组织五市、相关企业和专家参加的会议,对试点工作进行安排部署。

2012 年 4 月 18 日

五、《陕西省工业和信息化厅转发工信部关于甲醇汽车试点技术数据采集管理办法的通知》(陕工信发〔2013〕61 号)

西安市工信委、宝鸡市工信局、咸阳市工信委、榆林市工信局、汉中市工信委:

为全面科学评价甲醇汽车试点运行情况,规范试点技术数据采集工作,现将工信部办公厅《关于印发〈甲醇汽车试点技术数据采集管理办法〉的通知》转发你们,请结合本地区实际,抓好贯彻落实。

陕西省工业和信息化厅
2013 年 2 月 25 日

注:"甲醇汽车试点技术数据采集管理办法"参见本附录第二节的工业和信息化部文件。

六、《陕西省工业和信息化厅关于报请批准我省五市甲醇汽车试点实施方案的请示》(陕工信字〔2013〕59 号)

省政府:

根据工信部对开展甲醇汽车试点工作的要求,我省确定在西安、宝鸡、咸阳、榆林和汉中五市开展试点。省工信厅及时组织五市编制完成了各自的甲醇汽车试点实施方案,于2013年5月3日上报工信部。

5月28日,工信部在北京组织专家对我省五市的试点实施方案,进行了评议论证,并通过审查。6月7日,工信部办公厅印发了《关于陕西省甲醇汽车试点实施方案备案的复函》(工信厅节函〔2013〕410号),同意进行备案,要求按专家组评审意见进一步修改完善并报陕

西省人民政府批准后组织实施。按此要求,我厅已组织西安、宝鸡、咸阳、榆林和汉中市对各自的方案,进行了修改完善,现将五市的甲醇汽车试点实施方案上报省政府,请予批准。批准后,我厅将按省政府第22次、31次专题会议明确的职责任务,组织各试点市,积极协调相关职能部门和运营单位,加快落实甲醇燃料加注站配套建设、加快试点车辆到位等保障试点的各项条件,尽快启动我省甲醇汽车试点运营工作。

以上请示妥否,请批示。

陕西省工业和信息化厅
2013年6月13日

七、《陕西省工业和信息化厅关于做好甲醇汽车试点运行期间数据采集工作的通知》(陕工信发〔2013〕350号)

各试点市工信委(局),各有关单位:

目前,我省宝鸡市甲醇汽车试点运行已正式启动,做好甲醇汽车试点运行期间的数据采集已成为试点工作的重要任务。根据工信部办公厅关于印发《甲醇汽车试点技术数据采集管理办法》(工信厅节〔2013〕19号)的通知要求,结合我省实际,现就做好试点运行期间数据采集工作提出以下要求:

(1)高度重视数据采集工作。抓好甲醇汽车试点运行期间数据采集报送,确保填报数据的真实可靠,是关系试点成败和取得成效的关键。各试点市和参与单位要高度重视,加强对数据采集工作的组织领导,指定专人,落实责任,认真做好试点数据的采集、汇总和上报工作。

(2)加强数据汇总和分析评估。长安大学负责试点运行期间的数据汇总、各项检测、数据库建立和阶段性评估等工作,各试点市和参与单位要给予全力配合和支持,主动与负责各市的数据采集联系人沟通衔接,按照规定的时间、路径和要求及时上报有关数据。对数据报送中遇到的技术问题,长安大学要及时给予指导解决,确保数据报送通道的顺畅。

(3)及时建立数据采集报送制度。根据工信部《甲醇汽车试点技术数据采集管理办法》,我省进一步制定了《甲醇汽车试点运行数据采集表1-16》(包含工信部制定的12个附表)、《甲醇汽车试点运行数据采集表填写单位与说明》(以下简称采集说明),在此基础上,各试点市工信委(局)要会同参与单位,认真按照采集说明的要求,进一步研究制定本市的数据采集报送制度,明确任务分工,明确牵头单位和个人,明确填报方法和流程,严格按规定要求,及时采集报送有关数据,为科学评价甲醇汽车奠定工作基础。

陕西省工业和信息化厅
2013年8月6日

第四节 西安市人民政府及相关厅局文件

一、《西安市商务局关于印发西安市推广应用甲醇出租汽车规范甲醇加注站审批工作实施方案的通知》(市商发〔2018〕110号)

各区县、开发区成品油行业主管部门:

根据西安市人民政府办公厅关于印发《西安市推广应用吉利甲醇出租汽车实施方案的

通知》(市政办发〔2018〕105号)要求,我局制订了《西安市推广应用甲醇出租汽车规范甲醇加注站审批工作实施方案》,现印发你们,请认真贯彻执行。

西安市商务局

2018年5月31日

西安市推广应用甲醇出租汽车规范甲醇加注站审批工作实施方案

根据西安市人民政府办公厅《关于印发西安市推广应用吉利甲醇出租汽车实施方案的通知》(市政办函〔2018〕105号),为扎实开展推广应用吉利甲醇出租汽车工作,做好甲醇加注站的审批,参照《成品油市场管理办法》及国家商务部、陕西省商务厅关于加油站申报审批程序的有关规定,制订本实施方案。

1. 指导思想

紧扣"追赶超越"和"五个扎实",围绕"五新"战略任务和"聚焦三六九,振兴大西安"目标,坚持省、市"做大整车、做强配套、做优服务"的汽车产业发展思路,加快推进我市甲醇汽车产业项目落地实施,全力提升我市产业竞争力、辐射带动力,推动我市出租汽车行业转型升级。

2. 工作原则

(1)甲醇加注站申报审批参照加油站相关规定,遵照"行业牵头,属地管理"的总体原则,各区县、开发区加油站行业主管部门按照本方案要求,负责本辖区甲醇加注站申报和日常监管工作。

(2)新建综合式加注站(同时具备加注汽油和甲醇燃料)的加油部分,按照加油站建设的规定和程序办理,上报省商务厅审批。现有加油站通过改造增加甲醇燃料加注的,按此方案执行。

(3)凡在西安市范围内从事向甲醇汽车加注甲醇燃料经营活动的企业,必须按照本方案规定的条件、程序和要求,履行经营审批手续。未经市商务局审批,不得擅自从事甲醇燃料经营活动,一经发现,所在地加油站行业主管部门应向同级有关行政管理部门提出行政执法建议,依法处置,一律予以取缔。

(4)全市甲醇加注站的审批数量根据我市甲醇汽车推广情况实行总量控制。

3. 甲醇加注站申报条件

(1)具有稳定的甲醇燃料供应渠道。

(2)甲醇加注站的设计、施工符合工业和信息化部办公厅编制的《车用甲醇燃料加注站建设规范》和《车用甲醇燃料作业安全规范》及相关标准。

(3)甲醇加注站建设符合国家土地管理、消防、安全、环境保护等有关规定。

(4)具备甲醇燃料检验、计量、储存、消防安全等知识的专业技术人员。

4. 甲醇加注站的申报审批程序

申请从事甲醇加注站经营的企业,要具备规定的申报条件,在甲醇加注站总量控制允许的情况下,向所在区县、开发区加油站行业主管部门提出申请,区县、开发区加油站行业主管部门严格审查后,将符合要求甲醇加注站企业的初步审查意见及申请材料报市商务局。

甲醇加注站申请必须提供的材料(一式两份)有:①区县、开发区加油站行业主管部门的申请文件;②建设主体的申请文件;③土地使用证明;④甲醇加注站建设可行性论证书;⑤设计施工图纸、平面图,施工方案和设计单位资质;⑥甲醇加注站经营申请表;⑦环保部门出具的环评意见书;⑧建设主体营业执照及法人代表身份证;⑨备案文件(适用于要求到当地发改和其他部门备案的区县、开发区);⑩工商部门预核准名称或《工商营业执照》复印件。

市商务局收到符合规定的甲醇加注站建设申请文件后,下达是否准予建设的批准文件。企业凭市商务局批准文件到有关部门办理相关建设手续,区县、开发区加油站行业主管部门在核实建设规划许可、土地使用等开工建设手续齐全后,方可开始建设。

经市商务局批准的新建甲醇加注站应当在一年内开工建设,对不能按时落实规划用地批准建设的甲醇加注站,市商务局批准文件自下发之日起一年后自动作废。

5. 甲醇加注站竣工验收程序

甲醇加注站建设完工后,建设主体向所在区县、开发区加油站行业主管部门提出验收申请,验收合格后,由所在区县、开发区加油站行业主管部门向市商务局上报验收合格的意见和相关材料一式两份。①经营主体和区县、开发区加油站主管部门的申请文件;②甲醇加注站竣工验收表;③经营主体的甲醇加注站及其配套设施的产权证明文件;④工商行政管理部门核发的经营主体《工商营业执照》;⑤土地使用证明;⑥县级政府及其县级以上规划住建部门核发的《建设用地规划许可证》和《建设工程施工许可证》;⑦县级政府及其县级以上公安消防、环境保护、水域监管、气象及质检部门依法核发的甲醇加注站及其配套设施的许可文件、验收合格文件;⑧县级政府及其县级以上安监部门核发的《危险化学品经营许可证》;⑨已在经营企业出具的3年内未发生较大及以上火灾、安全、环境污染事故的情况证明资料(适用于已经经营1座以上甲醇加注站企业),新开工企业提供加强安全、消防和环境等工作,以及承诺经营合格甲醇燃料的情况说明;⑩经营主体提供具有长期、稳定的甲醇燃料供应渠道的供应协议;⑪经营主体提供甲醇加注站安全生产管理规章制度及安全操作规程;⑫经营主体法定代表人身份证复印件;⑬甲醇加注站设计施工图和平面图;⑭备案文件(适用于要求到当地发改和其他部门备案的区县、开发区)。市商务局完成审核合格后,下发同意甲醇加注站验收的批复文件。企业在甲醇加注站相关工商执照、危险化学品经营许可证、气象合格证等相关证照齐全后,方可营业。

6. 加强日常监管,规范甲醇加注站经营管理

甲醇加注站审批工作是市政府授权的审批项目,各区县、开发区加油站行业主管部门要进一步规范行政行为,健全相关的配套制度,减少程序,简化手续,明确审查、审批责任,接受社会监督。

各区县、开发区加油站行业主管部门负责本辖区内甲醇燃料加注站的监督管理,对辖区内合法建设和经营的甲醇加注站负有监督、管理、查处的责任,会同有关部门查处违规建设甲醇加注站与违规经营甲醇加注站行为。

二、《西安市商务局关于加快推进加油站地下油罐更新改造的通知》

各区县、开发区、西咸新区成品油行业主管部门:

根据省商务厅《关于推进加油站地下油罐或防渗池建设改造和油气回收工作的通知》(陕商函〔2018〕59号)文件要求,我市加油站地下油罐必须于2019年底前全部更新为双层罐或完成防渗池建设。为保障此项工作顺利完成,现将有关事项通知如下:

(1)各区县、开发区、西咸新区成品油行业主管部门要与辖区内未开始施工的加油站签订治理时间责任书,明确每座加油站的具体改造月份(避开冬防期11月15日至次年3月15

日),中石油、中石化、延长壳牌三大公司管辖的加油站责任书必须有其市级公司分管领导签字并盖章认可。

(2)所有需要改造的加油站自签订治理时间起两个月内必须开工治理,否则从第三个月起停业。

(3)所有需要改造的加油站最晚的开工时间为2019年6月30日以前,从2019年7月1日起,凡未动工的加油站一律停业治理,地下油罐更新改造完工后才可恢复营业。

(4)已停业的加油站和改造时段内停业的加油站,不进行双层罐改造或防渗池建设不得开业。

(5)所有新建的加油站必须使用双层罐,否则不予验收。

(6)各区县、开发区、西咸新区成品油行业主管部门需填写加油站地下油罐更新改造计划表,并将电子版及盖章版于3月28日(周三)前报送市商务局市场秩序处。

各区县、开发区、西咸新区成品油行业主管部门认真贯彻落实,合理制订计划,分期分批进行加油站地下油罐更新改造工作,在确保安全和不影响供应的情况下,2018年底完成本辖区内在营加油站80%以上的地下油罐更新改造。

西安市商务局
2018年5月31日

第五节　宝鸡市人民政府及相关厅局文件

一、《宝鸡市工业和信息化局关于增加甲醇汽车试点车辆的请示》(宝市工信字〔2013〕256号)

省工信厅:

按照工信部《关于开展甲醇汽车试点工作的通知》和省工信厅关于我省甲醇汽车试点工作总体安排部署,我市甲醇汽车试点工作于2013年8月22日启动。首批参与试点的15辆微型客(货)车已投入运行,运营情况良好,试点工作正有序推进。

目前,我市甲醇生产和甲醇燃料调配建设项目进展顺利。徐矿集团在凤翔长青工业园投资建设的150万t煤制甲醇项目,一期60万t甲醇装置预计本月投产;延长中立公司宝鸡分公司现有的甲醇燃料调配中心,日调配能力50t,在建的陈仓区阳平镇年产20万t甲醇燃料调配基地,预计年底竣工。我市甲醇燃料来源稳定可靠,已具备较大范围开展甲醇汽车试点的条件。

按照省政府提出的关于加快我省汽车产业发展和治污降霾·保卫蓝天行动的有关要求,为积极应对日益突出的燃油供求矛盾和大气污染问题,探索宝鸡新能源汽车产业发展模式,促进宝鸡煤化工产业和汽车产业快速发展,经市政府研究,决定扩大甲醇汽车试点示范运行范围,在首批投入运营的15辆甲醇微车基础上,再投入80辆(其中一期30辆)吉利SMA7151型甲醇轿车(该车型已通过工信部2012年第45号公告),以出租车形式进行试点运营。

妥否,请批示。

宝鸡市工业和信息化局
2013年10月20日

二、《宝鸡市工业和信息化局关于扩大甲醇汽车试点工作的请示》(宝市工信字〔2014〕224号)

省工信厅:

按照工信部《关于开展甲醇汽车试点工作的通知》(工信部节〔2012〕42号)和省工信厅关于我省甲醇汽车试点工作的总体安排部署,我市甲醇汽车试点工作于2013年8月22日启动。首批参与试点的15辆微型客(货)车已投入运行,运营情况良好,试点工作正有序推进。

目前,我市甲醇生产和甲醇燃料调配建设项目进展顺利。陕西长青能源化工有限公司投资建设的150万t煤制甲醇项目,一期60万t甲醇装置已于2013年投产;延长中立公司在陈仓区阳平镇建设的年产20万t甲醇燃料调配基地,已于2013年年底竣工投产;我市甲醇燃料来源稳定可靠,已具备较大范围开展甲醇汽车试点的条件。

按照省政府提出的关于加快我省汽车产业发展和治污降霾・保卫蓝天行动的有关要求,为积极应对日益突出的燃油供求矛盾和大气污染问题,探索宝鸡新能源汽车产业发展模式,促进宝鸡煤化工产业和汽车产业快速发展,经市政府研究,决定扩大甲醇汽车试点示范运行范围,在首批投入运营的15辆甲醇微车基础上,计划今年再增加100辆吉利SMA7151型甲醇轿车(该车型已通过工信部2012年第45号公告),以出租汽车形式进行试点运营。现将《宝鸡市甲醇出租车试点实施方案(送审稿)》随文报来,特请示省工信厅在以下几方面给予支持:

(1)将新增加的100辆甲醇出租汽车纳入全省甲醇汽车试点工作计划,为实现新增车辆尽早投入运营,恳请省工信厅尽快对《宝鸡市甲醇出租汽车试点实施方案》给予审核批复。

(2)甲醇汽车运营成本高于燃气车辆,请求省工信厅对试点工作给予专项资金支持。

(3)在试点工作准备就绪后,我市拟举行甲醇出租车试点工作启动仪式,在节俭隆重的原则下,为扩大影响,拟邀请工信部苏波副部长、原机械工业部何光远部长、节能司司长及有关领导与专家出席,恳请省工信厅协调支持。

妥否,请批示。

宝鸡市工业和信息化局
2014年10月11日